U0681339

图书在版编目（CIP）数据

中国卫生财政支出的实证分析／孙菊著．—北京 ：中国社会科学
出版社，2010.12

ISBN 978 - 7 - 5004 - 9349 - 5

Ⅰ.①中… Ⅱ.①孙… Ⅲ.①医疗保健事业－财政支出－研究－
中国 Ⅳ.①F812.45②R199.2

中国版本图书馆 CIP 数据核字(2010)第 230128 号

责任编辑　孙晓晗
责任校对　郭　娟
封面设计　久品轩
技术编辑　王炳图

出版发行　中国社会科学出版社
社　　址　北京鼓楼西大街甲 158 号　　　邮　编　100720
电　　话　010 - 84029450（邮购）
网　　址　http：//www.csspw.cn
经　　销　新华书店
印　　刷　北京奥隆印刷厂　　　　　　　装　订　广增装订厂
版　　次　2010 年 12 月第 1 版　　　　印　次　2010 年 12 月第 1 次印刷
开　　本　710×1000　1/16
印　　张　14.5　　　　　　　　　　　插　页　2
字　　数　242 千字
定　　价　32.00 元

凡购买中国社会科学出版社图书，如有质量问题请与本社发行部联系调换
版权所有　侵权必究

序

早在 60 多年前的 1948 年，旨在维护人类基本权利的联合国文献《世界人权宣言》就规定，人人享有为维持他本人和家属的健康和福利所需要的生活水准，包括食物、衣着、住房、医疗和必要的社会服务的基本权利。经由联合国的推动，健康是一种基本的权利，已成为一种普适的和进步的价值观。根据中国宪法的精神，1987 年通过的《民法通则》不但规定了公民享有生命健康权，而且更深化了这一权利的内容：第一，健康权与生命权（生存权）同等重要；第二，生命健康权是其他权利的基础，"如果公民的生命健康权得不到保障，那么公民的其他权利就无法实现或很难实现"。

对于健康的重要性，正像本书的作者在文献研究中总结的那样，除了因为健康是基本人权外，还因为它是最基本的自由和重要的人力资本。20世纪 80—90 年代，经济学家阿马蒂亚·森提出了他的发展观，他认为人的发展才是社会的目标，财富、收入、技术进步、现代化等只不过是发展的手段。而人的发展的重要内容之一是健康，因为它是人的重要的"可行能力"，是实质性的自由。森的发展观和可行能力理论通过影响联合国发展署而对世界各国的社会政策产生了深刻的影响，健康水平已经成为评估各国社会政策的重要指标。许多经济学家一直关注健康与收入的关系，健康对收入的长期的和正面的影响应该是有共识的。

关于健康的重要性，上述所有的观点都非常正确，只是我还想从公平与效率的关系进行一些讨论。我认为，健康之所以重要，还因为健康是公平竞争的起点。政府供给健康就是提供公平竞争的机会，在这一点上，健康与教育的意义和地位是一样的。政府提供机会公平相较于提供其他再分配一类的公共品而言，是改善收入分配的公平且效率损失最小的手段。这些认识来自我亲身经历过的一件小而感人的事情和长期从事社会保障理论和政策的研究。那是 1996 年夏天，我们一家有一段时间住在美国波士顿地区，女儿在上小学。上学第一天，女儿从学校带回一封致家长信，内容是宣传免费午餐政策的。信件的大意是说美国政府为中低收入家庭的孩子提供半费或免费午餐，这是居民的权利，家长别不好意思申请该福利。让我深受感动且不能忘怀的是信上用粗壮的黑体写的一句话："挨饿的孩子是无法与他人竞争的。"适当的食品是健康的保证，而健康是市场机制下公平竞争的起点，政府应该为居民（不仅限于公民）提供这样的机会。这是美国中小学免费午餐政策中包含的价值观。我们可以看到，即便是最崇尚自由主义的美国，提供机会公平也是其社会政策的重要内容和价值取向。市场经济中，收入的分配是按要素进行的，所以市场并不解决分配结果上的差异问题，正像保罗·A.萨缪尔逊说的，在分配方面，市场是个瞎子。于是社会就希望政府通过再分配手段对社会进行干预。再分配无非是两个手段，一是通过收税向下拉动高收入水平，二是通过各种社会保障项目转移支付向上拉动低收入水平，使收入的鸿沟得以缩小。虽然我们可以从理论上说明，再分配未必一定损害效率，但现实中，公平与效率之间的平衡是很难拿捏得当的，再分配伤害效率的现象常常发生。正因为如此，干预主义与自由主义的争论一直无休无止。不过，即使是反对政府对分配结果进行干预的自由主义者也并不反对机会的公平。"人生而平等"是人类追求的理想，而现实生活中恰恰是人生而不平等，每个人生来拥有的禀赋就多寡不一，人生竞争的起点是不同的。公平也是人类普适的价值观，政府要想保证收入的公平且在可接受的范围内平等，最有效的办法是提供机会的公平，而提供机会的公平最有效的手段莫过于提供教育和健康。健康、教育和公平是最易和谐互动而无冲突的普适价值观。

健康是重要的，获取健康的途径有多种，其中重要的手段是卫生事业。卫生事业中，重要的内容是公共卫生、医疗服务、药品生产和流通，至于说到医疗保障，这个制度并不是必须的，它只是提高医疗服务可及性的手段，当政府通过提供医疗服务来保障居民的健康时，是不必独立存在一个医疗保障制度的，如以英国为代表的国民服务体系便是如此，再如经济体制转型前中国城镇政府既是医疗服务的供给者，又是医疗消费的购买者，城镇民居享受的健康保护并没有通过保险制度。药品的生产和流通，以社会主义市场经济的观点来看，虽然政府对其安全性和价格的监管是必要的，但供给的主体是市场，这一点是有共识的。关于公共卫生，我们从

20 世纪 80 年代初开始在对于"预防与治疗"关系的认识上发生了偏差，并由此放松了政府对该领域的投入和管理，导致了轻预防重治疗的问题。但近些年，随着外部性理论在公共卫生领域的运用，广泛的讨论达成了广泛的共识：即公共卫生是健康的重要保证；公共卫生的投入较之于医疗服务的投入有更高的效率；由于公共卫生具有外部性的特点，公共卫生的投入应该是政府的责任。2009 年公布的新医改方案中，政府明确了政府对公共卫生的责任。20 世纪 90 年代，中国放弃了政府供给的"劳保医疗"计划，选择了第三方付款的社会医疗保险制度为城镇企业职工提供保障，2003 年在广大的农村推行政府出资为主农民出资为辅的新型农村合作医疗，2007 年开始试行并推广城镇居民医疗保险，这些制度都是社会保险制度，因为高度的共识而得以快速发展。

获取健康最重要的手段之一是医疗服务，而对医疗服务领域的认识远没有达成共识。

新中国成立的第一个 30 年，或者说在计划经济条件下，在经济发展水平绝对低下的条件下，中国以较低的卫生事业费用投入，以其与之匹配的低下的医疗服务技术水平，获得了非常高的健康产出和健康获取的公平性。中国以不到 3% 的卫生总费用，通过低技术水平的农村合作医疗制度为 82% 的农民和初级医疗服务体制的城镇居民提供了基本的医疗服务，中国人口的预期寿命由新中国成立前的 35 岁上升到 1981 年的 66.4 岁。也许有人争辩说，因为当时中国人口的健康水平差，早期的卫生费用投入有效益递增的作用，即使考虑了这一因素，这一时期的卫生费用投入高效率也是不能否认的。那时，中国农村人口占 80% 以上，健康产出高水平的主要贡献来自于农村，没有农村人口预期寿命的延长是推不动整体人口的预期寿命延长的。这一阶段健康水平的产出和公平性的产出，最重要的经验不是卫生支出的总量，而是卫生支出中政府的责任的体现，以及体现在支出结构中的指导思想：面向工农兵、预防为主、团结中西医、卫生工作与群众运动相结合。这一时期，卫生事业领域重视预防；重视医疗资源的城乡均衡配置；重视医疗资源向农村倾斜；重视医疗技术水平与经济发展水平的匹配而不是超越经济的供给能力；重视利用中国的传统医疗技术和丰富而廉价的中药材。总之，在卫生领域政府有效地利用了"看得见的手"，这只手不仅管财政支出也管资源的配置。

进入 20 世纪 80 年代，这是一个由社会主义计划经济向社会主义市场经济转型的年代，市场机制在农业、工业的引入和成功给卫生事业做了示范，关于公共产品的理论在学界开始流行。在这种大背景下，虽然我们知道健康的重要性，并且有 1987 年《民法通则》规定健康是基本人权，但当我们在纠结健康是私人产品还是公共产品、医疗服务的消费是私人消费还是公共消费时，我们忘了健康是基本人权，健康及医疗服务消费是私人的事情这样的观点渐渐占了上风并体现在卫生政策中，政府这只看得见的手渐渐变得若隐若现，政府支出在减少，政府配置资源的功能在削弱；我们从来没有说预防不重要，但现实中公共卫生没有与经济同步发展，天平向医疗服务的一方在倾斜。另一方面，医疗服务机构得到较多的自由向市场寻求收入，医疗资源在市场机制这只看不见的手的引导下，越来越向大城市集中，离半数以上的中国农民越来越远；追求高于经济发展水平的医疗技术成为一种风尚，医疗服务和药品的价格上涨高于收入的增长。在医疗服务领域向市场化改革的同时，20 世纪 80 年代初，中国农村因为集体经济的解体，为数以亿计的农民提供初级医疗服务和住院后补偿的农村合作医疗制度崩溃了；至 90 年代中期城镇劳保医疗制度及公费医疗制度的改革，将原本被保护的就业人口的家属从保护网中推了出来。这样，医疗资源的集中和服务价格的上升与医疗服务购买能力的削弱的双重作用经过近二十年的积累，使得医疗服务在物质上和经济上越来越不可及，对于广大农民尤其如此。"看病贵、看病难"日益成为一个严重的社会问题。尽管中国的卫生总费用占 GDP 的比重在上升，但由于政府责任的削弱，这一时期健康产出的水平低于 20 世纪 50—80 年代，最差强人意的是医疗服务的公平性越来越差，根据世界卫生组织 2000 年对 191 个成员国卫生系统绩效的评估，中国排在第 144 位。

所幸的是，21 世纪初，中国开始对过去二十余年的理论和政策进行了深刻的反思，对医疗服务未来的发展方向进行了广泛的讨论，并达成了基本的共识：公立医院应该回归它的公益性，政府应该对基本医疗服务负责。但事实上我们还有许多具体的问题需要回答：卫生支出越多越好吗？政府的支出越多越好吗？政府支出的结构重要吗？资源的地区配置有多重要？如何正确配置政府的支出？

本书的作者是位年轻的学者，她花了数年的心血试图通过对中国卫生财政支出的实证分析来回答上述问题。在本书中，作者运用理论研究和经验分析方法，系统深入地分析了卫生财政支出与经济增长的关系、卫生财政支出对卫生总费用的约束、卫生财政支出对医疗机构的激励和卫生服务提供效率的影响、卫生财政支出对卫生服务利用公平性的影响以及卫生财政支出的健康产出效应等，得出了一些重要的研究结论，并为新一轮以"政府主导"为方针的卫生投入政策提供了有益的政策建议。

当然，卫生财政支出的研究是一个宏大且重要的研究课题，本书的研究还有待深入和提高。期望作者能在这一研究领域继续耕耘，取得更大成绩。

李 珍

2010 年 8 月于北京北沙滩

目　录

引　言

一　研究背景

新中国成立 60 年来，中国的卫生系统经历了两个截然不同的发展阶段，得到了两种截然相反的评价。在经济发展水平落后的计划经济时代，以很少的投入，取得了骄人的成绩，不仅用最低廉的成本保护了世界上最多人口的健康，而且公平状况良好。发展经济学家德热兹（Jean Dreze）和阿玛蒂亚·森（Amartya Sen）曾经以中国经济改革前的农村卫生制度为例，论证发展中国家完全可以在低收入水平下借助公共支持实现基本医疗服务广泛的可及和可得性①。然而，随着计划经济向市场经济转轨，卫生事业的发展却严重滞后于经济和其他社会事业的发展。虽然经济在持续增长，物质基础越来越雄厚，卫生投入越来越多，但医疗卫生体系暴露出的问题却越来越突出，越来越严重，健康状况的改善速度在下降，健康公平性也越来越差。

自医疗卫生体制改革以来，医疗技术装备水平全面改善，医疗服务机构的数量、医生数量以及床位数量都比计划经济时期有了明显的增长，医疗服务领域的供给能力全面提高；医疗服务机构组织方式的改革明显地提高了医疗服务机构及有关人员的积极性，内部运转效率有了普遍提高。但与此同时，医疗卫生体制改革带来的问题和矛盾也越来越突出，出现了诸多不和谐的方面。主要有：公共卫生体系不健全，难以有效控制重大疾病的流行；城乡之间和区域之间居民的医疗卫生服务差距扩大，大多数农民和城市低收入居民缺乏基本医疗保障，医药费用负担沉重；看病难、看病

---

① Dreze & Sen: *Hunger and public action*, Clarendon Press, Oxford, 1989, pp. 206 – 210, 转引自朱岭《健康投资与人力资本理论》，《经济学动态》2002 年 8 月。

贵问题突出①；因病致贫、因病返贫仍然是威胁中低收入和贫困人群的主要卫生问题。2003 年，卫生部进行了第三次中国卫生服务调查，结果显示：中国城乡居民应就诊而未就诊的比例为 48.9%；患者应住院而没有住院的比例高达 29.6%；在住院患者中，主动提出提前出院的比例为 43.3%，其中六成以上是因为支付不起相关费用；农民应住院而没有住院的比例更是从 1998 年的 63.7% 上升到 75.4%；因病致贫、因病返贫的农民占全部贫困农民的比例上升到 33.4%；在西部地区的农村，62% 的患者因为经济困难应治疗而没有治疗，75.1% 的患者还没有治愈就要求提前出院②。

在健康改善方面，平均预期寿命从新中国成立前的 35 岁提高到 1981 年的 66.4 岁，再到 2005 年的 70 岁；婴儿死亡率从新中国成立前的 200‰ 左右下降到 1981 年的 34.7‰，再到 2005 年的 19‰③。从这两个国际通用的指标来看，中国居民的健康水平总体上已经处于发展中国家的前列，达到中等收入国家水平。然而，如此辉煌的成就主要是在 20 世纪 80 年代以前取得的（王绍光，2003）。1979 年中国开始了市场化导向的改革，从那以后，经济高速增长，人民生活水平显著提高，对卫生的总投入也急剧上升；名义上卫生总费用从 1978 年的 110.21 亿元上升到 2007 年的 11289.48 亿元，占 GDP 的比重从 3.02% 提高到 4.52%④。然而，健康改善速度不但没有同比上升，甚至是下降的。健康改善速度从非常突出的位置下降到与某些同等水平国家接近甚至比这些国家还慢。改革开放之后的 20 年里，从 1980—1998 年，中国的婴儿死亡率降低了 26%，而同期低收入国家平均下降了 27%，中等收入国家平均下降了 43%，高收入国家平均下降了 60%。和印度的预期寿命差距从 14 岁下降到 7 岁⑤。

不仅如此，中国的健康公平性也在不断恶化，婴儿死亡率的基尼系数

---

① 高强：中国医疗卫生体制改革与发展的有关情况，第八届中国发展高层论坛，http://www.moh.gov.cn/newshtml/18213.htm。

② 数据来源：卫生部统计信息中心：《中国卫生服务调查研究报告——第三资国家卫生服务调查分析报告》，中国协和医科大学出版社 2004 年版，第 43 页。

③ 数据来源：《2009 年中国卫生统计年鉴》，http://www.moh.gov.cn/publicfiles/business/html-files/zwgkzt/ptjnj/200908/42635.htm。

④ 同上。

⑤ 数据来源：由王绍光的《中国公共卫生的危机与转机》（发表于《比较》第七辑）中的数据计算而得。

从 1980 年的 0.22 上升到 1995 年的 0.35（张晓波，2003）。居民的健康分布存在巨大的地区差异。2001 年，人均预期寿命最高地区达 76.41 岁，最低地区只有 63.53 岁。与世界各类国家相比，中国在健康及医疗卫生资源的分布上呈现明显的"一个国家，四个世界"（见下表）[①]（王绍光，2003）。李日邦等人（2003）利用四大类 27 个指标构造了健康评价的指标体系，计算了全国各省（直辖市、自治区）的健康指数，结果发现，大城市和东部沿海经济发达地区与西部经济欠发达地区的居民健康水平存在较大的地区差异。全国人口的评价健康指数为 36.08，最高的北京，健康指数达 60.15，而最低的西藏的健康指数只有 10.44[②]。

中国居民健康与医疗资源分布状况表

	预期寿命（岁）	每千人口医生数（个）	每千人口医院床位数（个）
北京	76.41	4.62	6.28
辽宁	72.27	2.45	4.08
湖北	68.67	1.72	2.17
西藏	63.53	1.99	2.43
发达国家	78.6	3.14	8.57
转型国家	68.4	2.99	6.53
一般发展中国家	67.3	1.12	2.08
最不发达国家	52.0	0.14	0.67

资料来源：卫生部：《中国卫生统计年鉴》2002 年；Wagstaff, A.（2000）. Research on Equity, Proverty and Health Outcomes: Lessons from the Developing World. Washington, DC, World Bank，转引自王绍光《中国公共卫生的危机与转机》，《比较》第七辑。

在 2000 年 WHO 的报告中，WHO 首次使用三个指标对各国的医疗卫生系统的绩效评价，这三个指标是：（1）居民健康的状况与公平性；（2）医疗卫生系统的反应性；（3）卫生筹资负担的公平性。在所有评估的 191

[①]　"一个国家，四个世界"是胡鞍钢在分析中国的地区发展差距时提出的概念，载《中国财经时报》，2001 年 4 月 17 日。

[②]　四大类指标包括人口状况（预期寿命、老年人口系数、人口自然增长率、各类人群死亡率）、身高状况（19—22 岁男女青年评价身高）、疾病状况（各种主要疾病死亡率）和文化素质（文盲及各种文化程度人口比例）。

个成员国中，中国排在第 144 位，次于毗邻的人口大国印度（112 位）。在卫生筹资的公平性方面，中国的排名更差，排在第 188 位，倒数第 4，与巴西、缅甸、塞拉利昂等国一起排在最后，被列为卫生筹资负担最不公平的国家之一。在中国，穷人的医疗负担占其收入的比例要远远高于富人医疗负担占其收入的比例，而一向被认为"贫富差距极大"、"收入分配极不公平"的人口大国印度却排名第 43 位，远远超过中国而位居世界前列，伊拉克，一个遭受将近十年经济制裁的国家，也排在第 56 位。而其他所有人口众多的国家，像巴基斯坦、印尼、埃及和墨西哥，它们的医疗卫生体制也比中国更公平[①]。

　　1978 年，世界卫生组织和联合国儿童基金会发表了著名的《阿拉木图宣言》，提出 2000 年"人人享有卫生保健"的目标。中国作为世界卫生组织成员国之一，也一直致力于追求这一目标。2000 年，中国的 GDP 早已翻了两番，然而离"人人享有卫生保健"的目标却还很遥远。

　　近年来，关于如何进一步推进中国的医疗卫生改革，切实解决目前出现的，诸如"看病难、看病贵"、居民健康改善速度降低和健康公平性下降等问题，实现"人人享有卫生保健"引起了前所未有的关注。2005 年 7月国务院发展研究中心发布的题为《对中国医疗卫生体制改革的评价与建议》的报告更是将关于医改的讨论推向了一个新的高潮。目前，政府必须干预医疗卫生市场以解决市场失灵并维护公平性已经是共识，但对于采取何种手段进行干预、市场和政府究竟应如何发挥作用等一些问题仍存在分歧。目前主要有两种解决的思路：政府主导和市场竞争。事实上，上述两种思路都是运用一定的政策手段和制度设计来克服医疗服务市场的市场失灵，并保证医疗服务提供的公平性。但二者在对一些问题的认识上有所不同，从而导致了不同的政策选择和制度安排。尽管如此，政府应当增加对医疗卫生领域的投入是双方的共识。无论采取哪一种观点所倡导的改革方案，都要求政府增加卫生投入[②]。

　　目前，必须增加政府卫生投入的观点，不仅是学界的共识，亦已被中

---

　　①　WHO, The World Health Report 2000—Health System : Improving Performance. 转引自王绍光《政策导向、汲取能力与卫生公平》，《中国社会科学》2005 年第 6 期。

　　②　刘民权等：《中国的医疗卫生体制改革——市场失灵、公平性与政府职能》，人类发展论坛2006 年健康与发展国际研讨会。

国政府高层采纳。党的十七大在十六大确立的全面建设小康社会目标的基础上对中国未来发展提出新的更高要求，其中，针对医疗卫生制度，不再笼统地讲健全社会保障体系，而是提出了"人人享有基本医疗卫生服务"的清晰目标。报告提出"健康是人全面发展的基础，关系千家万户幸福"，要"建立基本医疗卫生制度，提高全民健康水平"，"要坚持公共医疗卫生的公益性质，强化政府责任和投入，完善国民健康政策，鼓励社会参与，建设覆盖城乡居民的公共卫生服务体系、医疗服务体系、医疗保障体系、药品供应保障体系，为群众提供安全、有效、方便、价廉的医疗卫生服务"。在第九届中国发展高层论坛上，卫生部部长陈竺指出，深化医药卫生体制改革的基本目标就是要建立覆盖全民的基本卫生保健制度，实现人人享有基本医疗卫生服务。基于中国全面建设小康社会的考虑，中国提出的"健康中国2020战略"的基本目标是，到2010年，初步建立覆盖城乡居民的基本医疗卫生制度框架，实现卫生事业发展"十一五"规划纲要规定的各项目标①，使中国进入实施全民基本卫生保健国家行列。到2015年，使中国医疗卫生服务和保健水平位于发展中国家前列。到2020年，建立起比较完善覆盖城乡居民的基本医疗卫生制度，全民健康水平接近中等发达国家。陈竺指出医疗卫生体制改革必须确立政府在提供公共卫生和基本医疗服务中的主导地位，强化政府责任和投入，中央和地方要增加卫生投入，逐步提高政府卫生投入占财政总支出的比重和占卫生总费用的

---

①　总体目标：到2010年在全国初步建立覆盖城乡居民的基本卫生保健制度框架，使中国进入实施全民基本卫生保健国家行列；到2010年在全国普遍建立比较规范的新型农村合作医疗制度和县、乡、村三级医疗卫生服务体系，初步解决农村公共卫生和农民看病就医问题；到2010年在全国城市初步建立比较完善的社区卫生服务体系，不断提高服务水平，为城市居民提供安全、方便、价廉的公共卫生服务和基本医疗服务；到2010年初步建立国家基本药物制度，保证群众基本用药，有效降低药品价格；到2010年基本建立比较规范的公立医院管理制度，坚持公益性质，坚持为人民健康服务的方向。主要健康指标：人口平均预期寿命：到2010年达到72.5岁，比2005年增加0.5岁；婴儿死亡率：到2010年，控制在14.9‰以内，比2005年下降21.6%；5岁以下儿童死亡率：到2010年，控制在17.7‰以内，比2005年下降21.3%；孕产妇死亡率：到2010年，控制在4‰以内，比2005年下降16.1%；儿童国家免疫规划疫苗接种率城市达到95%以上，农村达到90%以上，分别比2005年提高10%。主要疾病控制指标：到2010年，艾滋病病毒感染人数控制在150万以内，性病年增长幅度控制在10%以内；新涂阳肺结核病人发现率达到70%以上，治愈率保持在85%以上，有效治疗传染性肺结核病患者200万人以上；全人群乙肝表面抗原携带率控制在7%以内，5岁以下儿童乙肝表面抗原携带率降至1%以下；血吸虫病疫区流行得到基本控制，95%以上的县（市、区）实现消除碘缺乏病目标。

比重。

在 2009 年 4 月 6 日发布的《中共中央国务院关于深化医药卫生体制改革的意见》中进一步明确了政府、社会与个人的卫生投入责任，确立政府在提供公共卫生和基本医疗服务中的主导地位。公共卫生服务主要通过政府筹资，向城乡居民均等化提供。基本医疗服务由政府、社会和个人三方合理分担费用。《意见》还强调，中央政府和地方政府都要增加对卫生的投入，逐步提高政府卫生投入占卫生总费用的比重，使居民个人基本医疗卫生费用负担有效减轻；政府卫生投入增长幅度要高于经常性财政支出的增长幅度，使政府卫生投入占经常性财政支出的比重逐步提高。

那么，提高政府卫生投入首先必须回答如下的问题：

第一，关于政府卫生投入不足已经是共识，但政府卫生投入的规模应当是多大？目前政府卫生投入与经济增长之间究竟保持了怎样的关系，是相互协调，还是严重落后于经济增长？

第二，提高政府投入就一定能解决问题吗？换句话说，有钱就足够了吗？已有的政府投入给卫生服务体系究竟带来了什么？它纠正了市场失灵，提高了效率，改善了公平了吗？

第三，对地域广阔，社会经济发展非常不均衡的中国能否实现统一的卫生财政政策，如何才能促使政府卫生投入能够更加公平和有效的使用？

对上述问题的研究是非常有必要的，并且具有很强的政策意义，如果我们对这些问题没有清晰的认识，再多的政府投入也仍然解决不了健康和医疗卫生问题，甚至卫生投入的低效带来的危害可能比投入不足更大。

然而，现有的研究并没有很好地回答上述问题。已有文献偏重于对政府卫生支出本身的描述性研究，主要研究成果集中在对政府卫生投入的依据、水平、结构以及对投入不足的原因分析。如一部分学者从卫生经济学的经典理论，如医疗市场的信息不对称、外部性公共产品等方面阐述政府介入卫生领域，提供财政支出的理由（孙菊，2003；代英姿，2005；胡苏云，2005）。也有学者从健康投资和人力资本理论的角度分析政府介入卫生领域的理由（朱玲，2002）。王小林（2006）通过横向的国际比较研究，中国政府卫生支出占卫生总费用的比例过少，不但低于世界平均水平，也低于很多并不发达的亚洲国家。刘民权等（2006）从政府的卫生支出占财政总支出的比重以及政府卫生支出占卫生总费用的比例等指标揭示了中国的政府卫生投入曾出现逐年下降的趋势。刘军民（2005）认为中国政府间卫生投入责任的划分不合理，政府卫生支出在各层级政府间的高度分权，在过去10年中，从支出结构上看，中央政府卫生支出仅占卫生预算总支出的5%，中央本级卫生支出约为2%，其余均来自地方政府，而在地方政府层次，县、乡、镇又共支出了预算的55%—60%。赵郁馨等（2005）测算，2004年农村卫生事业费占全国卫生事业费的38.56%，城市人均卫生事业费80.32元，而农村仅为22.45元，城市是农村的3.6倍，在资金配置上严重不均衡。王小林（2006）分析，无论是变异系数还是极差都反映了中国省级间的卫生财政支出的差异较大。代英姿（2005）认为本应由政府承担的，纯粹公共卫生服务和具有较强的公共服务性质的卫生服务项目，政府提供不足。其次，公共卫生支出配置的不合理还表现在医疗服务项目的配置上，国家对医疗服务财政拨款的80%用于城市医疗机构，而城市80%的拨款用于大医院。对投入不足的原因分析，有学者认为，卫生财政投入不足的原因主要归因于社会变迁和财政分权化（Hossain，1996；Wong，1997；刘远立等，2001）。朱玲（2002）认为，主要原因应是政府没有把公共卫生支出当作人力资源投资，而只是把它视为一种福利性消费，并且试图借助市场的作用解决卫生筹资和医疗成本控制问题。王绍光（2003）认为中国的卫生问题是由中国在改革和总体发展思路中过度相信经济增长和市场的作用导致的。

　　近年来也有一些学者开始关注政府卫生投入的绩效分析。赵郁馨等人（2005）认为，在政府增加投入的同时，有必要站在另一个角度进行思考，即如何评价和提高政府卫生资金使用的目标效率。部分学者研究了政府卫生投入的公平和效率问题（赵郁馨等，2005；张毓辉等，2005；林皓等，2007；张宁等，2006）。王俊（2007）对政府卫生支出的有效机制进行了深入的分析；程晋烽（2008）研究公共卫生支出的绩效管理问题。尽管这方面的研究并没有改变国内卫生经济研究中反映出的轻绩效研究的主流趋势，但可看出，国内理论界已经开始重视对政府卫生投入的效果分析。

　　如前所述，中国的卫生改革已经进入了一个新的时期，党的十七大和《中共中央国务院关于深化医药卫生体制改革的意见》已经为未来的改革指明了方向，并提出了清晰的目标。在此大背景下，对政府卫生支出绩效进行系统研究具有明显的现实意义。

二 本书的特点

本书首先以公共经济理论为基础，在分析政府卫生支出的目标和作用途径的基础上，构建了一个卫生财政支出的系统分析框架，包括卫生财政支出与经济增长的关系、卫生财政支出对卫生总费用的约束、卫生财政支出对医疗机构的激励和卫生服务提供效率的影响、卫生财政支出对卫生服务利用公平性的影响以及卫生财政支出的健康产出效应等。

其次，通过实证研究的方法，可以给政策制定者提供大量的依据。刘国恩（2001）指出，中国学者在研究卫生经济问题时，通常强调规范研究和投入分析，在今后针对中国卫生经济的研究中，应当注重实证分析和产出分析。确实，国内学者关于医疗卫生问题的研究侧重于在制度和体制的层面上进行，虽然对引发人们的思考和讨论大有益处，但由于缺乏实证分析的证据，使得有些结论缺乏说服力和可信度。

最后，本书从研究方法上对国内已有研究进行了拓展。如使用面板数据对政府卫生财政支出的健康产出效应的研究。国外学者利用健康生产函数，评价公共卫生支出对健康产出影响研究很多，但国内这方面的研究比较少。王俊（2007）对政府卫生财政支出的有效机制进行了深入的研究，但具体在健康改善机制的研究方面，使用的健康指标是一般人口死亡率。一般人口死亡率对包括公共卫生支出政策在内的卫生政策的效果，以及对社会、经济环境的变化的敏感度不高，本书的研究中使用了更敏感的健康指标，即婴儿死亡率和5岁以下儿童死亡率指标，并且研究了政府卫生支出健康产出效应的区域差异。另外，针对医院效率的研究中使用了DEA的超效率模型，并在对医院DEA效率分析的第二阶段Tobit模型中，使用了面板数据。

三 本书的结构和主要内容

本书共分七章内容，书后附有参考文献。

第一章，卫生财政支出的理论依据与分析框架。本章从基本人权、健康本身的价值及其对经济增长的贡献、卫生服务市场对竞争性市场的偏离以及市场机制无法解决社会公平等角度论述了政府干预卫生领域的理由。

在本章中，我们提出的卫生财政支出的实证分析框架由五个部分构成：
（1）分析政府卫生财政支出水平与经济增长水平之间的关系；（2）分析卫生财政支出对卫生总费用的制约效应；（3）分析财政补助对医疗服务生产效率的影响；（4）分析卫生财政支出对卫生服务公平性的影响；（5）分析卫生财政支出与居民健康之间的关系，该机制是政府卫生支出绩效评价中的核心机制，其他机制都是围绕这一机制产生的。

第二章，文献研究。根据本书研究主题，我们从卫生财政支出的规模与结构、卫生财政支出与经济增长、卫生总费用、财政补助与医院效率、卫生财政支出与卫生服务公平性以及卫生财政支出与居民健康等五个方面，对国内外的重要文献进行了全面的梳理和分析。

第三章，卫生财政支出规模、经济增长与卫生总费用。首先，我们在比较了国内外政府卫生支出统计口径的基础上，分析了中国卫生财政支出的规模、结构及其在时间上的变化趋势。其次，通过对时间序列的单位根检验和协整检验，我们发现，中国的卫生总费用尽管增长较快，但总的来说还是与经济增长协调的，其收入弹性系数为1.10，这一数据也与国际经验数据相符。但政府预算卫生支出的增长速度明显落后于经济增长速度，其收入弹性系数只有0.79。政府预算卫生支出的收入弹性不仅小于世界的平均水平，而且小于卫生总费用的收入弹性。另外，提高政府卫生支出在卫生总费用中的比例有利于制约卫生总费用的上涨。

第四章，财政补助与医疗效率。随着卫生财政管理体制的改革，政府对医院的财政补助政策发生了巨大的转变，伴随着这些转变，医院彻底变成了医疗市场上的逐利者。医院的公益性逐步下降，尽管医疗服务生产过程中的技术效率有所提高，但却已经远远偏离了资源配置的效率标准。利用数据包络分析（DEA）的超效率模型，本章计算了各地区城市医院从1992年到2005年的生产效率。城市医院经历了效率降低到效率递增的过程。财政对医院的补助在1998年以前对提高医院的经营效率具有积极的影响，但在1998年以后，财政补助的这一作用不但消失了，反而有可能成为医院低效率的原因。

第五章，卫生财政支出与卫生服务公平。中国的卫生财政支出不管是从筹资来源，还是从受益归属来看都是利富而不是利贫的。也就是说，中国的卫生财政政策进一步强化了个人经济收入水平与医疗卫生之间的关联度，没有实现其再分配的功能。卫生筹资是累退的，低收入组家庭的卫生服务筹资水平比高收入组要高许多，收入越高，医疗保健支出无论是占收入的比例，还是占非食品支出的比例都越低。导致的结果是，不仅城乡之间居民的卫生服务可及性和卫生服务利用差别明显，而且城乡不同收入人群之间卫生服务利用的差异也在扩大。

第六章，卫生财政支出与国民健康改善。基于中国各省份的面板数据的分析，健康生产模式存在一定的地区差异，不同的经济发展水平下，健康的决定因素是不相同的。在经济欠发达的内陆省份，健康的主要决定因素是人均 GDP、卫生财政支出水平、城镇私人的卫生支出水平以及代表公共卫生状况的农村卫生厕所的使用率；在经济较为发达的沿海省份，健康的主要决定因素是教育程度和代表医疗资源数量的每千人口医生数，另外，人均 GDP 的作用是弱显著的。卫生财政支出对健康有积极的影响，但对经济欠发达的内陆省份的健康影响更大。相比内陆省份，卫生财政支出在沿海地区的健康产出弹性不仅低，而且显著性水平降低。卫生财政支出水平的提高还有利于缩小地区间的健康差异。我们计算了婴儿死亡率的集中指数和 5 岁以下儿童死亡率的集中指数，并对其作了因素分析，发现随着经济增长越快，健康的地区差异越大，但政府卫生支出对改善健康的地区差异具有积极的影响。

第七章，主要结论与政策选择。本章在总结前面实证分析结论的基础上，提出了相应的政策建议。主要政策建议包括三个部分：一是通过转变思想、加强立法，合理划分政府间的卫生支出责任，保证卫生财政支出与经济增长协调发展，并具有可持续性；二是完善转移支付制度，解决卫生财政支出的地区差异和城乡差异；三是提高卫生财政支出的有效性。

第一章　卫生财政支出的理论依据与分析框架

不管是发达国家还是发展中国家，卫生总费用中都有相当一部分是来源于政府的财政预算，即便是世界低收入国家，2005 年财政预算支出平均也占到卫生总费用的 36.48%。2006 年全球卫生总费用达到了 4.7 万亿美元，一般政府卫生支出占 69%，其中狭义的政府卫生支出，即主要以税收为基础，包括中央政府、省级政府以及其他地方政府的卫生支出占卫生总费用的 34%①。卫生财政支出作为政府公共支出的一个组成部分，伴随着卫生总费用的持续和快速的上涨，必然对政府财政收支形成压力。因此，从理论上理解政府卫生财政支出的理由是非常有必要的。本章将对政府干预卫生领域的理论依据作一全面的梳理，并在此基础上，提出卫生财政支出的系统分析框架。

第一节　卫生财政支出的理论依据

一　健康与卫生财政支出

（一）健康：基本人权

健康是个人福利和作为人的尊严的一个重要条件，在若干国际和国家层面的文书中作为人权得到保障。相当一些国际人权公约和国家宪法使用各自具体的用语规定健康为人权。通过规定健康为个人权利或借助具体的国家义务，明示了国家对国民健康应承担的责任。《世界人权宣言》中规定，"人人享有为维持他本人和家属的健康和福利所需要的生活水准，包括食物、衣着、住房、医疗和必要的社会服务"。《经济、社会、文化权利

---

① 数据来源：http：//www.who.int/nha/use/Pie_ 2006. pdf。

国际公约》中规定，"人人有权享有能达到的最高的体质和心理上的健康标准"。《阿拉木图宣言》中指出"健康是一种基本人权，达到尽可能高水平的健康是一个世界范围内最重要的社会目标"。中国的《民法通则》第 98 条规定，"公民享有生命健康权，生命健康权是生命权和健康权的统称。如果公民的生命健康权得不到保障，那么公民的其他权利就无法实现或很难实现"。

较广义的健康权包含多方面的社会经济因素，不仅是指对及时和适当的卫生保健服务的权利，还包括了一系列决定健康的基本因素，如食物和营养、使用安全饮用水、适当的卫生条件、安全而有益健康的工作条件和有益健康的环境、获得健康方面的教育和信息等，而且能够参与社区、国家和国际层面上的卫生方面的决策。因此，健康权通常被认为是社会、经济文化权利的一部分，因为它谋求保障个人在健康方面免于遭受社会和经济的不公平，具有经济和社会的性质；同时它还谋求保障可获得的卫生服务且能够充分适应于个人的文化背景，具有文化性质。

健康权的核心内容来自于世界卫生组织的"所有人的健康"和"初级健康保健"战略，主要由卫生服务和健康的基本前提构成①。在完整健康权的框架中还包括了四条健康权的指导原则，一是健康服务的便利性：国家须在数量上满足整个人口对健康服务的需要。二是健康服务在财政、地理和文化上的可获得性：财政上的可获得性要求健康服务必须负担得起（还应对那些负担不起需要的保健服务的人安排健康服务的支付办法）；地理上的可获得性要求，每个人均在本地范围内可获得服务；文化上的可获得性要求，那些服务必须尊重人民的文化传统。三是健康服务的质量：可获得的健康服务须具有适当标准，包括服务适于具体条件的要求。四是在获得现成可得的健康服务上的平等：每个人应该平等地获得健康服务，并适当关注社会中的弱势群体的情况。在上述指导原则中，"健康服务"一词既指获得卫生保健服务，也指健康基本前提所必不可少的服务。

国际法规定所有的人权包括健康权主要由国家承担，具体包括尊重的

---

① 　健康保健指孕期和儿童健康保健，包括计划生育；主要传染病的免疫注射；对常见疾病和损伤的适当治疗；提供基本药物。健康的基本前提：关涉普遍健康问题以及预防和控制这些问题的方法和教育；促进事务提供和适当的营养旅程分提供安全用水和基本卫生。参见 B. 托比斯《健康权》，载艾德等著，黄列译《经济、社会和文化权利》，中国社会科学出版社 2003 年版，第 199 页。

义务、保护的义务和实现的义务。但是国家要注意保护作为整体公众健康的必要性和维护个人利益之间的平衡。尊重的义务指尊重平等获得可得到的健康服务的义务以及不得妨碍个人或群体获得可利用服务的义务、不得采取损害人们健康的行为的义务；保障的义务指国家要采取立法及其他措施以确保人民获得平等健康卫生服务的义务和免受第三方侵害健康的义务；实现的义务指通过国家健康政策和在健康上投入足够比例的可获得的运算的义务；以及提供必要的健康服务或创设条件的义务。由于各国不同的经济发展和资源现状，经济、社会和文化权利（包括健康权）的普遍核心内容是很不具体的。因此有学者建议发展特定国家的最低核心内容或经济和社会权利的"门槛"。参照健康权的指导原则，考虑到健康服务的可获得性、质量和平等性，国际经济、社会和文化权利委员会提出了一系列的参考指标：（1）政府用于健康的经费在国民生产总值中的百分比；（2）初级卫生保健支出在政府卫生总经费中的百分比；（3）可以获得专业人士治疗常见病和受伤的人口比例；（4）可以获得20种基本药物的人口比例；（5）怀孕期间可以获得专业人士检查及生产时接受后者服务的孕妇比例；（6）可以获得专业人员看护的婴儿比例；（7）新生儿获得主要传染病免疫治疗的比重；（8）预期寿命；（9）婴儿死亡率；（10）人口享有安全饮用水情况；（11）人口享有适当排泄物处理设备情况。为在这种评估中充分体现人权视角，必须要求按性别、城市—农村、社会—经济或民族群体来考察这些指标[①]。

（二）健康：最基本的自由

随着人类的不断发展，人们对"发展"的理解越来越深刻，并赋予"发展"更多更广的含义。20世纪80年代，尤其是90年代以来，以阿马蒂亚·森为代表的一批发展经济学家，在批判狭隘发展观的基础上，提出了围绕能力、权利和福利而建立起来有关发展的理论体系，建立了一种基于"拓展人们能力"的发展观，使得人们对健康和卫生服务的理解已经突破了传统权利层面上的认识。阿马蒂亚·森的发展目标是以社会上所有人的福利状态为价值标准，财富、收入、技术进步和现代化固然可以称为人们追求的目标，但是它们最终还是发展的工具，只有人的发展、人的福利

----

① B. 托比斯：《健康权》，载艾德等著，黄列译《经济、社会和文化权利》，中国社会科学出版社2003年版，第206—207页。

才是发展的根本目标。根据森的观点，过一个相当好的生活有三点是最基本的：健康、教育和资源占有。在这一发展观中，健康被看做是一种重要的人类"可行能力"①，以及一种"实质意义上的自由"。联合国发展署（UNDP）也提出，长寿且健康的生活是人类发展的首要目的之一，为人类发展过程所要扩展的最关键的三大选择之首②，而经济增长仅仅是发展的手段之一。自 1990 年以来，联合国发展署（UNDP）每年发表的《人类发展报告》依据人均收入、期望寿命和教育水平三大因素的人类发展指数，从经济、教育和健康三方面对世界各国人民的生活状况作出评估。

　　森的自由观不是一个抽象的概念，而是具有实质意义上的个人自由。森认为"实质自由指享受人们有理由珍视的那种生活的可行能力，包括免受困苦（如饥饿、营养不良、可避免的疾病、过早死亡等）的基本可行能力，以及能够识字算数、享受政治参与等自由③。可见，健康是一项最重要的可行能力。生存下来而不至于过早死亡的能力是一种具有特殊价值的最重要的自由。任何一个人的所作所为都要以活着为前提，并且，几乎没有人不想活得更长久。在人类发展报告中，确定为最重要的人类可行能力需要满足两个条件，第一，必须是世界各地人们普遍认为有价值而加以重视的；第二，它必须是基本的，即缺少这种可行能力，将阻止其他可行能力的实现④。健康之所以被认为是最重要的可行能力之一，就在于它同时满足了这两个要求。

　　首先，健康作为一项重要的可行能力具有广泛的普适性。"享有长寿（而不是壮年就过早死亡），以及在活着的时候享受好日子（而不是过一种痛苦的、不自由的生活）的可行能力——那几乎是我们每个人都珍视而且向往的"（Sen，2002），并且，它比财富更重要。事实上，对这一认识，

----

① 可行能力（Capacity）是森提出的"可行能力视角"（Capacity Approach）的一个重要概念，指人们可能实现的一组功能性活动。可行能力与功能性活动的区别是：前者为实际存在的可能性或自由（可行能力），后者为已经实现的状况和行为。

② 人类发展所要扩展的三大最关键的选择是：长寿且健康的生活、获得教育以及获得确保体面生活所必需的资源（UNDP，Human Development Report，UN，1990）。

③ 阿马蒂亚·森著，任赜、于真译：《以自由看待发展》，中国人民大学出版社 2002 年版，译者序言第 3 页。

④ Fukuda – Parr，Sakiko，2003，The Human Development Paradigm：Operationalizing Sen's Ideas on Capabilities，Feminist Economics，9（2 – 3），pp. 301 – 317.

并不是直到最近才形成的。早在 2000 多年前，古希腊思想家德漠克利特和赫拉克利特就曾清晰地对此进行过论述：如果没有健康，则金钱和其他任何东西都是没有用的。2000 年后，法国哲学家笛卡特又将健康称为"最高物品"，是"生活中所有其他物品的基础"，因为"再多的财富也不能换来长寿"（Anand，2002）。

其次，健康是一种最为基本的可行能力。人的一切活动都必须建立在健康地活着的基础之上。并且，与一个拥有较少基本物品却身体健全的人相比，一个拥有更多基本物品的残疾人有更小的过上正常的生活（或追求他的目标）的可能性。一个老人或一个更可能生病的人，即使拥有更丰富的基本物品，一般仍然被认为处于更大的不利地位（Sen，1999）。这就是健康的基本性方面，换句话说，如果一个人失去了健康，则将在很大程度上限制其获得其他的可行能力，例如，受教育的机会、参与社区生活的能力、心理愉悦的程度等。并且，这种限制是无法通过其他途径获得替代性满足的，因为它往往从最底部摧毁了扩展其他自由或选择，抑或可行能力的可能性①。

在森的理论中，自由是发展的目的，也是发展的手段。自由是发展的目的，即自由在发展中具有"构建性作用"。构建性作用是关于实质自由对提升人们生活质量的重要性。自由是发展的手段，即自由在发展中起到工具性作用。在森的《以自由看待发展》一书中将工具性自由分为五类：政治自由、经济条件、社会机会、透明性担保和防护性保障，其中两个涉及医疗保健和健康。森提到的社会机会指的是在"社会教育和健康保健及其他方面所实行的社会安排"。防护性保障指的是"提供社会安全网，以防止受到影响的人遭受深重痛苦、甚至在某些情况下挨饿以至死亡"②，即为那些遭受天灾人祸或其他突发性困难（如失业、疾病）者、贫困者以及老人、残疾人提供社会安全网。由此可见，医疗保健和健康对于人的自由

---

① 从这个角度看，健康也是人类主体性（agency）发挥的基础。人的主体性表现为人不仅是发展的受益者，也是发展的创造者（Sen，2002）。健康作为主体性的基础，是个体参与社会、改造社会的基本能力的体现。过早死亡和疾病缠身将体现为人类主体性的丧失或不完全实现。见王曲《健康的价值及若干决定因素》，《经济学（季刊）》，2005 年 10 月，第 5 卷第 1 期。

② 阿马蒂亚·森著，任赜、于真译：《以自由看待发展》，中国人民大学出版社 2002 年版，第31—33 页。

是非常重要的。自由既是发展的目的，又是发展的重要手段，作为构成自由要素之一的健康，是发展密不可分的一部分，是人的发展的"基础设施"建设。森也提出，为了更好地发挥市场的作用，需要适当的公共政策，包括医疗卫生政策①。

（三）健康：重要的人力资本

对健康的公共支持除了源于上述两个重要的原因之外，还在于健康是人力资本的一个重要组成部分。人力资本是通过教育、培训、医疗卫生保健等投资形式体现在人身上的具有经济价值的健康、知识、经验、技能、智力等质量因素的总和。人力资本理论把个人的健康状况看做一种资本存量，它大致分为两部分：一部分是人生来具有的，如遗传方面的因素等；另外一部分是人后天所获得的，其方式包括营养、医疗卫生、体育锻炼和自我保健等。经济学家很早就把健康看做人力资本的一个组成部分。早在 1909 年，费希尔（Irving Fisher）在提交给国会的"国家健康报告"中就提出，从广义的角度看待健康首先是一个财富的形式。在报告中，Fisher 界定了疾病所带来的损失包括：1. 因为早亡而丧失的未来收益的净现值；2. 因为疾病而丧失的工作时间；3. 花费在治疗上的成本。Fisher 估计美国的健康资本存量在 1900 年为 2500 亿美元，大大超过了其他形式的财富数量。

正式将健康作为人力资本构成部分提出的是舒尔茨（Mushkin）。Mushkin（1962）提出，人力资本是体现于人身体上的知识、能力和健康，认为健康和教育同为重要的人力资本，并比较了它们的异同，分析了两者相互促进的关系。沿着 Denison 的思路，他计算出了美国在 1900—1960 年由于人口死亡率的下降带来的经济收益约为 8200 亿美元，从而归纳出了疾病对人力资本和劳动生产率造成损失的"3D"框架（Death, Disability, Debility）。贝克尔（Becker, 1994）认为人力资本是多年的连续教育、良好的健康、充足的食物和营养的结果。他把健康作为人力资本的一个重要方面。Fuchs（1966）也持类似的观点。

健康和教育作为人力资本的两个主要的组成部分，它们有共同之处，也有不同的地方。健康和教育对人们收入能力的影响都是长期的，因而对

---

① 胡苏云：《健康与发展：中国医疗卫生制度的理论分析》，《社会科学》2005 年第 6 期。

健康和教育的支出是一种资本性投资。健康与教育不同之处在于，健康主要是通过增加可劳动的时间，而不是主要通过增加生产率来提高收入能力的。在此基础上，20 世纪 60 年代，新古典增长模型将资本从物质资本扩大到人力资本。研究经济增长模型的经济学家先后建立了人力资本增长模型，把人力资本作为一个变量加入经济数学模型，来分析人力资本对经济增长的贡献，比如说我们熟悉的乌扎华（Hirofumi Uzawa）模型和卢卡斯（Robert E. Lucas Jr）模型。国内外众多的实证研究已经充分表明了健康作为人力资本的重要组成部分对促进经济增长、提高劳动生产率、增加就业机会以及增加个人收入的显著性作用（Fogel，1991，1994a、b；Ehrlich & Lui，1991；Barro，1996，1997；Bloom et al.，2001；Bhargava et al.，2001；Jamison et al.，2003）。他们的研究表明，某一时点上的健康水平（一般用期望寿命或类似的合计指标表示）通常是之后一段时间里经济增长的重要促进因素，并且，健康对经济的这种促进作用似乎比教育对经济的促进作用更有预测性。Fogel 曾把对人口健康和营养状况的评估引入到对欧洲经济历史的一系列研究中。他发现，健康和营养的提高可能解释了英国在 1780—1979 年 200 年时间中人均收入年增长率达到 1.15% 的原因的两成到三成。即 200 年的经济增长中约有 1/3 应归因于营养和健康水平的提高；Barro 提出了对新古典增长模型的扩展，即将健康资本的概念结合进模型之中，研究结果显示，初始点的健康人力资本对其后一段时间的经济增长有显著的正影响，其中，初始出生期望寿命（对数形式）的相关系数达到 0.042。保持其他条件不变，可推算得出：如果初始期望寿命从 50 岁上升到 70 岁，则经济增长率将因此每年上升 1.4 个百分点。

二　效率、公平与卫生财政支出

根据 Grossman（1972）理论，健康的资本存量是随着时间不断折旧的，但人们可以通过适当的方式生产健康来抵消折旧，其中卫生保健服务就是健康生产的投入要素之一。可见，人们对卫生服务的需求并不是需要卫生服务本身，而是派生于对健康的需求。一个医疗卫生体系的根本目的，就是要通过提供医疗卫生服务来满足人们的健康需求，尽最大可能来提高人们的健康状况，包括健康水平的提高和健康公平性的改善。

一个社会中能够用于医疗卫生领域的资源是有限的，因此卫生服务的生产必须是有效率的，以保证有限的资源投入生产出尽可能多且合乎要求的医疗卫生服务以满足人们的需求，最大限度地提高健康水平。同时，从促进健康公平的角度，还必须保证卫生服务能够在人群中公平合理的分配。

　　根据经济学理论，完全竞争市场可以通过价格机制和竞争机制实现效率目标。但完全竞争市场必须满足以下假定：信息是充分的；产品是同质的；有无数的买者和卖者，他们都无法单独影响市场价格，是价格接受者；进入和退出市场没有障碍；不存在明显的外部性、公共物品和自然垄断等。但卫生服务市场的许多特性远远偏离了竞争性市场的假设，导致市场机制无法发挥优化配置资源的作用来达到效率目标。同时，经济学理论亦已证明，即便市场满足关于完全竞争的假定，竞争性市场的帕累托均衡状态并不一定是社会合意的，但市场机制很难依靠自身的力量达到公平目标，因为根据公平的需要来调整人群中初始禀赋的分配显然超出了市场机制的范畴。Arrow（1963）在他的那篇经典性文章中就指出，当一系列严格的假定无法满足时，市场就无法达到一个最优状态，但社会至少会在一定程度上认识到现实与最优状态之间的差距，此时，非市场的社会制度就会出现，并试图填补这一差距。而政府公共支出制度正是这种非市场的社会制度中最常见，也是最主要的一种。

（一）卫生服务市场对竞争市场的偏离

1. 信息不对称和信息不完全

传统的经济学理论通常假设被分析的市场是信息充分的。在完全信息的基础上，所有的决策者，包括需求者和供给者，对这个市场上任何可及的产品或服务的价格和质量拥有完全的信息。但卫生服务市场中不完全信息却是广泛存在且影响深远，其不仅来源于医疗服务市场，也存在于医疗保险市场。

　　医疗服务就性质来说属于一种私人需求，因为大部分医疗产品的消费和服务的享用是完全可以排他的，其价格也可以用市场的边际法则来确定。但医疗服务的市场又不同于标准的竞争市场。完全竞争市场的有效性极大的依赖于交易双方拥有完全信息。但医疗服务市场存在典型的信息不对称和信息不完全问题。

　　信息不对称的问题产生于交易双方对信息的掌握程度不同，一方比另一方了解更多关于交易的信息。由于具有极强的专业性，医生（供给方）比病人（需求方）拥有更多的关于疾病诊断、治疗方案的选择、治疗效果、潜在的风险和副作用以及治疗费用等方面的信息。这种信息不对称，使得供需双方的关系从完全竞争市场上的相互平等的关系，演变成了一种委托—代理关系，患者将诊断治疗决策权赋予医生，成为委托人。一个完美的代理人能将患者的利益置于首要地位，根据卡尔耶（Culyer, 1989）的研究，作为完美代理人的医生会做出和患者了解情况而为自己做出的决定相一致的决定①。但是问题在于医生不仅是患者的代理人，同时又扮演着医疗服务供给者的角色，他们还代表医院，甚至还是某些药品的销售代理人。多重角色集于一身，使他们在提供医疗服务的过程中，不仅扮演着病人的治疗顾问的角色，为患者拟定治疗方案，同时还会谋求其本人的切身利益。如果提供服务项目的类型和数量与其经济收入之间有着密切的联系，医生就可能依靠信息上的优势，诱导需求，鼓励病人过度消费②。而医疗服务的异质性又不可避免地加剧问题的严重性，一方面，医疗服务异质性使得消费者对医疗服务的比较变得非常困难；另一方面，医疗服务的异质性，加上信息的不对称和不完全也使患者缺乏搜寻最低价格的动力和能力，从而医疗卫生市场中的价格机制不能发挥正常的作用。此时，生产效率标准往往就被放在了次要的地位，医生会在技术许可范围内提供最佳的服务，而不是考虑增加医疗的边际收益是否超过边际成本。从而，微观效率和宏观效率都受到损害③。

---

① 舍曼·富兰德、艾伦·C. 古德曼、迈伦·斯坦诺著，王建、孟庆跃译：《卫生经济学》，中国人民大学出版社 2004 年版，第 209 页。

② 诱导需求的数据：Rossiter 和 Wilensky 从 1977 年对 4000 人的详细的卫生服务利用和支出的调查资料的分析中发现，在被调查者的就诊中，由病人引起的门诊次数占 57%，由医生引起的门诊次数占 43%. 参见 Rossiter 和 Wilensky "A Reexamination of Physician Services：The Roieof Physician – Initiated"，Inquiry，20，Summer 1983，and "Identification of Physician – Initiated Demand"，Journal of Human Resources，19（2），sping 1984. 另一方面 Rice 在老年保险市场也发现了由医生诱导需求的证据。他发现对不同服务的补偿率越低，服务提供的强度越大。如对医疗服务的补偿率降低 10%，导致医疗服务强度增加 6.1%；对手术补偿率降低 10%，导致手术服务的强度增加 1.5%. 参见 Rick "The Impact of Changing Medicare ReimbursementRateson Physician – Initiated Demand"，Medical，21（8），August 1983。

③ 微观效率是指医疗卫生机构提供卫生服务时具体的生产效率。这种效率体现在某种卫生资源的投入与其所完成的卫生服务产品的数量之间的关系，可以用医生日负担诊疗人次数、病床使用率等指标来衡量；宏观效率是指整个社会为获得一定的防治效果而付出的成本。一般通过对比各国的卫生费用指标（一般使用卫生总费用占 GDP 比例）和健康指标就可以对国家间的医疗卫生宏观效率进行比较。

　　另一方面，市场上消费者最优均衡的实现的前提是需求曲线真实地表达消费者的实际感受，这就要求消费者掌握必要的、完全的信息。在医疗服务市场上，由于消费者在信息上的劣势，需求曲线往往难以表达实际情况。如图 1—1，曲线 MPV 显示了真实的个人边际效用，但消费者的无知可以导致需求曲线的偏离，进一步导致消费不足（D_1）或消费过度（D_2），从而市场均衡数量就偏离了最优数量。而且，医患之间不完善的委托—代理会使这种偏离变得更为严重。此外，当知识和能力与社会经济地位相同相关时，不公平将出现[①]。

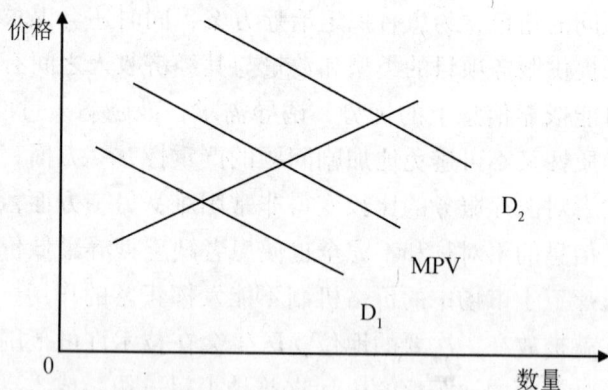

图 1—1　消费者的信息劣势对医疗服务需求的影响

　　此外，医疗保险市场中的选择问题也是源于信息不对称。由于个人疾病风险、医疗卫生习惯和风险态度不同，对医疗服务的需求也有所不同，健康状况不佳的人显然需要更多的照顾、更多的医疗服务和更多的药物，未来需要更多的医疗费用。潜在的被保险人掌握着他们自己未来的医疗费用信息。但保险人并不能准确地知道被保险人的所有疾病风险，从而无法将高风险和低风险的人群区分开来。只根据平均风险和平均预期损失来制定保险的价格——保险费率。从而产生了逆向选择问题：高健康风险者愿意购买保险，而低健康风险者不愿购买保险。逆向选择必然带来经济低效率，表现在高健康风险人群需要更多的保险来预防未来的医疗开支，并且面临的是一个有利的价格，因此过度投保，他们会为

---

① 尼古拉斯·巴尔著，郑秉文等译：《福利国家经济学》，中国劳动与社会保障出版社 2003 年版，第 302 页。

本来不会投保的风险进行投保，而低健康风险人群因为面临一个不利的价格而投保不足。这种低效率甚至在某些情况下导致了有效市场的消失①。

　　与此同时，私人保险公司是追求利润最大化的，从而产生风险选择的问题。风险选择也称"撇脂"或"摘樱桃"，即吸纳健康状况良好的人群，拒绝健康状况很差或具有较高风险的人群。如果保险人能够有效阻止"逆向选择"，并能够从那些低风险、相对健康的消费者那里"撇脂"的话，他们就能获得经济效益。在一个自由市场上，健康计划能够在许多不同的方面进行风险选择：他们可以排除被认为是高风险消费者的服务；提供服务吸引低风险消费者（例如健康俱乐部会员）；为相对健康的小区提供便利设施；对相对健康的街区进行针对性的广告；为吸引低成本的消费者设计附加保险利益；等等②。

　　选择问题决定了保险市场是一个不完全的市场，在自由的保险市场上，医疗保险是无法做到广覆盖的。许多消费者——尤其是那些最需要保险的人群——可能无法获得保险，一种是因为价格极其昂贵，另一种是因为市场上根本就没有满足他们的保险商品，如患有癌症、艾滋病等的患者，出任何价钱都不可能买到保险。因此，政府必须要通过某种干预，或者是提供部分或全部的强制性保险，或者是直接为居民提供医疗服务的方式来保证所有人对医疗服务需求的实现。

　　2. 公共物品

　　政府干预介入卫生领域的另一个重要理由是保障具有公共物品或准公共物品性质的卫生服务的有效提供。现代公共财政学理论，依照社会产品的消费特征，可以将全社会物品分为三类：纯公共物品、准公共物品和私人物品。纯公共物品是指向全社会共同提供，且同时具有消费上的非竞争性和受益上的非排他性产品或服务。而既具有公共物品特性，又带有私人物品特性的物品为准公共物品。公共物品在受益上具有非排他性，无法对

---

　　①　除了低效率之外，还存在着收入从低风险消费者向高风险消费者的转移。舍曼·富兰德、艾伦·C. 古德曼、迈伦·斯坦诺著，王建、孟庆跃译：《卫生经济学》，中国人民大学出版社 2004 年版，第 208 页。

　　②　雅诺什·科尔奈、翁笙和著，罗淑锦译：《转轨中的福利、选择和一致性——东欧国家卫生部门改革》，中信出版社 2003 年版，第 47 页。

其进行定价销售，从而导致"搭便车"现象，所以依靠市场交换和价格机制发挥作用的竞争性市场无法有效提供公共物品，这也是市场失灵的重要表现，由此，只有依靠政府使用非市场的方式——公共财政来解决公共物品的供给问题。

在卫生领域中，很多服务具有公共物品的性质或具有较强外部性的准公共产品性质，如安全的饮用水、环境卫生、传染病与寄生虫病防治、卫生监督、健康教育、学校卫生等公共卫生产品，以及信息、医学研究等，这些产品的有效提供只有依靠政府的资助才有可能实现。其次，有一些医疗卫生项目虽不具有明显的非竞争性和非排他性，但却具有很强的正外部效应，从而按照边际成本定价会造成私人边际收益与边际成本的偏离，完全由私人提供会引起消费不足，这些项目主要包括：计划免疫和预防接种、妇幼保健和计划生育、重大疾病控制与预防等①。

另外，个人医疗服务的消费上也存在着外部性，即消费的外部性。如果市场参与者非常关心其他人接受的卫生保健服务，而不仅仅关心他们自己的卫生保健，就会发生显著的外部性。在私人慈善市场中，这种外部性可能很难内部化，进而会导致卫生保健市场的低效率②。医疗服务消费的外部性与传染病防治、免疫接种等外部性有所不同，但他们的经济学推理是一致的，即竞争性市场倾向于在较低的产出（消费）水平上进行低效率的生产（消费）。很多学者认为，这是政府推行社会医疗保险计划最有力的依据。

3. 垄断

在医疗服务领域中，还广泛存在垄断现象。利润最大化的垄断者在边际收益等于边际成本的水平上生产，因为边际收益曲线位于需求曲线的下方，垄断者索取的价格超过生产的边际成本，价格与边际成本之间的差距导致了福利损失。在医疗服务领域中，多种原因导致了垄断的出现。首先，医疗卫生是具有较高的专业性而且关系居民的健康和生命安全的特殊行业，因此政府一般都会设置严格的进入标准，任何新设立的医院都要受到严格的资格审

---

① 世界银行在《1993 年世界发展报告》中指出，公共卫生通常包括以下六大类活动：计划免疫；以学校为基础的医疗卫生服务；计划生育和营养的信息及某些服务；减少烟草和酒精消耗的计划；为改善居民环境而采取的行为调控和信息服务；防治艾滋病。参见世界银行《1993 年世界发展报告》，中国财政经济出版社 1993 年版，第 8—10 页。

② 舍曼·富兰德等著，王健等译：《卫生经济学》，中国人民大学出版社 2004 年版，第 463 页。

查，这就使医疗卫生行业的进入存在障碍，不可能是完全竞争的。其次，高水平医疗卫生机构的设立需要有较高水平的固定资产和人力资本投资以及技术需要，而在一个相对狭小的市场中，对这些医疗机构的承载能力是有限的，因此容易出现小区域内的自然垄断。如中国农村地区，一个一般规模乡镇的卫生需求只能支持一所乡镇卫生院的生存。即使一个地区医院数量较多，由于各医院的办医特色、医生专长、管理制度等方面的不同，使它们提供的服务并不是同质的，从而使市场形成类似垄断竞争的局面。

（二）市场机制与社会公平

医疗服务往往与社会追求收入平等、社会公平的目标相联系。社会公平是政府介入卫生领域的另一个重要理由。福利经济学第一定律表明，完全竞争市场中的均衡是帕累托有效的，但是帕累托有效并不考虑公平因素。因此完全竞争的医疗卫生市场可能达到这样一种有悖于公平目标的均衡：一部分人享用了大多数医疗卫生服务，而另一部分人则处于缺医少药的状态。同时福利经济学第二定律中讲到，每一种帕累托有效状态，都可以从某种初始禀赋的分配状态出发通过完全竞争达到。这表明只要市场是完全竞争的，那么就可以通过调整资源的初始禀赋来达到任何一种帕累托有效的状态，当然也就包括社会上大多数人都认为公平的那种帕累托有效状态。但市场本身显然无法根据公平的需要来调整人群中初始禀赋的分配，因此市场机制很难依靠自身的力量达到公平目标。更何况，卫生服务市场本身已经严重地偏离了竞争性市场的假设条件。此时，需要政府干预是确定无疑的。

在现实中，市场机制的作用与公平性目标的偏离表现为：市场机制使医疗卫生资源向发达地区集中，无法实现资源在地区间配置的公平；市场机制可能排斥低收入者对医疗卫生服务的利用和对医疗保险的获得，无法实现资源在人群间的公平配置。因此为了达到公平性目标，政府首先应当对医疗卫生资源的配置进行区域规划，并使用财政手段对低收入者和无劳动能力的人群进行转移支付或对他们的医疗卫生消费进行补贴，从而使所有人都能够按需要获得医疗卫生服务。

由上述分析达到的见解：由于卫生服务市场的特征，以及市场机制本身的缺陷①，完全依赖市场机制配置卫生资源的结果必然导致效率和公平

---

① 无法自发的满足社会公平的目的。

的双重缺失：在微观的个人层面上表现为：①消费不足（某些公共产品和准公共产品）和消费过度（私人的医疗服务）并存；②卫生服务分配的不公平，社会弱势人群无法获得他们所必需的基本卫生服务；在宏观层面上表现为：①卫生费用迅速上涨，缺乏成本效益，没有取得最大的健康水平，卫生资源配置效率低下；②健康公平性差。正是由于这些原因，即便美国这样的崇尚自由市场经济的国家，2003 年，公共卫生支出也占到了卫生总费用的 44.4%[①]。

在实践中，政府对卫生领域的公共支出，除了能够获得以上所述的效应外，作为整个国家的社会政策的一部分，还承担着另外一个角色：收入再分配职能。公共经济学理论说明，现代政府只需承担两种职能，一是弥补市场失灵，二是调节收入分配。虽然，福利经济学第二定理认为，政府能通过购买力的再分配将经济从一种有效配置转向另一种。也就是说，这样的再分配能在没有任何效率损失的情况下完成。但前提条件是，它要在总量分配下进行。总量分配要求每个人的税收或转移支付是建立在他的内在特点上，而不是他的市场行为上，然而，个人比政府更清楚自己的这些内在特点，这一信息不对称使得总量分配成为不可能。任何收入再分配的尝试都会产生超额负担。造成效率损失。因此，再分配政策的选择极为重要。两种比较好的政策是标记政策和定向政策。标记政策是将收入再分配给具有很强救济需求特征（如老龄、残疾）的人。定向政策是限制市场行为的某些方面来更准确地辨别出救助需要者。比如政府可能限制转移支付接受者的收入，或要求他们消费一定量的某一特殊商品（比如公共住房）[②]。公共卫生支出可以同时具有标记政策和定向政策的特征。首先，它是向居民直接提供或鼓励居民消费卫生服务这一具体的商品，是定向政策的一种具体应用；其次，各国公共卫生支出政策的实践表明，相当比例的公共卫生支出的补助对象是社会弱势群体，如老龄人口、残疾人、低收入者等，具有明显的标记政策的特征。

此外，还有一些观点支持政府介入卫生领域。一种观点认为，政府的一个重要责任就是通过宏观经济政策来稳定经济。虽然宏观经济并非总是集中在特定的经济部门——货币、财政和赤字政策的变化对卫生保健计划

---

① 数据来源：OECD Health Data 2005。

② 约翰·利奇著，孔晏、朱萍译：《公共经济学教程》，上海财经大学出版社 2005 年版，第 349 页。

有着重要的影响，而税收和利率的变化则会影响私人卫生保健支出。另一种观点认为，政府介入能促进个人对有益物品的消费。有益物品被认为是对个人有意而不考虑个人偏好的物品。对艺术、义务教育和其他物品强制消费的支持，部分地来自于这一观点，即个人并不总是清楚其最佳利益所在。例如，关于安全带、酒精、烟草、麻醉药的使用和其他公共健康问题的政策的制定和实施，在某种程度上反映了有益物品的思想①。

第二节　卫生财政支出的分析框架

一　卫生财政支出的目标

政府卫生财政支出的根本目标是在有限的卫生资源条件下，获得最大限度的健康产出，而这一目标的实现必须依赖对卫生服务市场的有效调节。从这个角度，我们可以将政府卫生支出的目标划分为中间目标和最终目标（见图1—2），中间目标是为最终目标服务的，也只有实现了中间目标，最终目标才可能实现。政府卫生支出的绩效分析实质上就是要评估这一系列目标的达成情况。

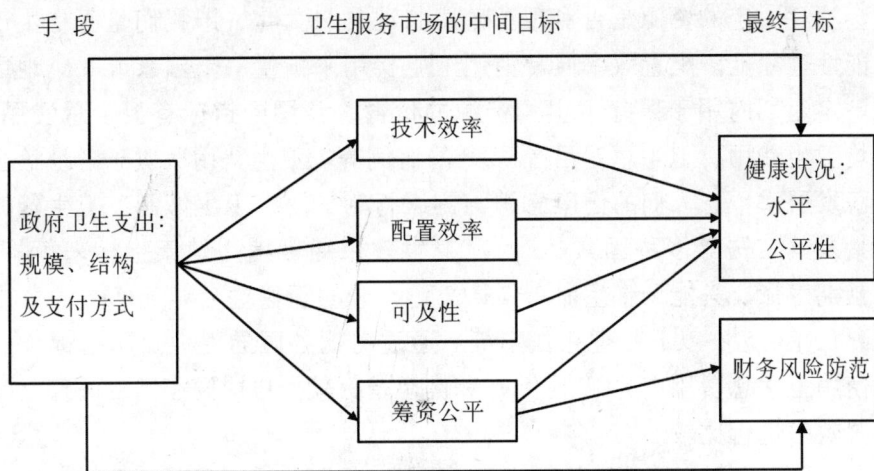

图1—2　政府卫生支出的中间目标与最终目标

中间目标是政府调节卫生服务市场要实现的目标，即卫生服务供给的

---

① 舍曼·富兰德等著，王健等译：《卫生经济学》，中国人民大学出版社2004年版，第486页。

效率和分配的公平。卫生财政支出的最终目标就是通过影响卫生服务市场上生产和分配来实现的。

（一）提高卫生资源利用的效率

政府卫生财政支出首先是要修正卫生资源配置中市场机制的无效率状态。关于效率的定义非常多，但核心思想无外乎是，在有限的资源条件下实现最大的产出。具体到卫生服务市场，效率分析主要涉及两个方面：首先是卫生服务的生产过程要实现技术效率，在最佳的生产方式上生产；其次是全部卫生服务的提供要实现配置效率。

1. 技术效率，是指医疗卫生机构提供卫生服务时具体的生产效率。这种效率体现在某种卫生资源的投入与其所完成的卫生服务产品的数量之间的关系上，可以用医生日负担诊疗人次数、病床使用率等指标来衡量；或者也可以用医疗卫生机构提供某种服务的单位成本，如平均每次手术成本、平均每次门诊的成本等指标衡量。

2. 配置效率，是指卫生财政支出在不同的卫生服务项目上分配，保证生产出合适的卫生服务，使得健康产出最大化。与健康产出相对应的配置效率，不再考虑单个医疗卫生机构提供服务的成本，而是考虑整个社会消耗一定的资源是否实现了健康状况的最大化，即我们是否在生产可能性边界上。配置效率通常使用卫生费用来衡量一个国家或一个地区在一定时期内用于医疗卫生的资源的价值，常用的指标有卫生总费用、人均卫生费用、卫生总费用占 GDP 的比例等。卫生费用取决于各地社会经济发展水平、人们的健康意识与健康行为、医疗卫生体制、卫生资源总量及其结构等多种因素[1]。医疗卫生效果通常使用健康指标来衡量，如预期寿命、失能调整生命年（DALY）、质量调整生命年（QALY）、婴儿死亡率、5 岁以下儿童死亡率等。通过对比各国的卫生费用指标（一般使用卫生总费用占 GDP 比例）和健康指标就可以对国家间的医疗卫生配置效率进行比较。

技术效率和配置效率并不总是一致的。有可能出现的情况是：医疗卫生机构的技术效率很高，能够生产出足够的医疗服务满足人们的需求，但从整个社会的角度，轻预防重治疗，导致居民的患病率很高，卫生服务市

---

[1] 胡善联主编：《卫生经济学》，复旦大学出版社 2003 年版，第 47 页。

场的资源配置是缺乏效率的。因为提供更多的公共卫生服务可能使社会消耗更少的资源达到相同甚至更好的人口健康水平。

（二）促进卫生资源分配的公平

所有的理论对效率的理解基本一致，但对什么样的卫生资源分配是公平的？社会应当满足何种意义上的卫生服务的需要？持有不同社会公平理论的人有不同的理解[①]。我们认为，作为中间目标，政府卫生支出的公平目标包括以下两个方面。

1. 可及性的公平。可及性的公平意味人们接受卫生服务的机会和条件是相等的，也就是说，居民应当可以按照其实际需要获得医疗卫生服务，而不受收入、地域等因素的制约。如英国学者 Adam Wagstaff 等人提出"有同样医疗需要的人接受同样的卫生服务，不管他是富人或穷人，老人或年轻人，白人或黑人"[②]。可及性分为经济可及性（Affordability）和物质可及性（Availability）。经济可及性是指保障所有居民对医疗卫生服务都负担得起。物质可及性（地理可及性）指卫生资源配置上的公平性，保障居民在需要医疗卫生服务时在多大程度上可以及时、准确地得到服务，而不受地域、信息和体制因素的限制。

2. 筹资的公平性。筹资公平是指根据收入或支付能力来筹集卫生服务经费，而不是患者实际发生的卫生费用。可以分为水平公平和垂直公平。前者是指具有相同支付能力的人应支付相同的费用；后者是指具有不同支付能力的人支付的卫生费用不同，支付能力高的人支付较多的费用，支付能力低的人支付较低的费用。卫生财政支出的筹资公平目标就是要保障每个人都能获得财务保护，而不至于因病致贫。

二　卫生财政支出的作用途径

卫生财政支出主要是通过其筹资规模、支出结构和支付方式影响

---

① 如效用主义者追求的是社会总体满意度的最大化。其抓住了不同目标之间可以取舍的思想，因而，为了大多数人的更大利益，社会可能愿意接受对少数人的某种的损害。在这种观点下，不能实现社会中所有个人健康水平的最大化，健康公平性状况将令人担忧。参见舍曼·富兰德等著，王健等译《卫生经济学》，中国人民大学出版社 2004 年版，第 474 页。

② Wagstaff, A. et al. , "On the Measurement of Horizontal Inequity in the Delivery of Health Care", Journal of Health Economics, 1991（10）, pp. 169 – 206.

卫生服务市场上供需双方的行为来实现它的目标的。支出规模反映了政府对卫生发展及国民健康事业上承担责任的意愿及大小。支出规模越大，在卫生总费用中的比例越大，说明政府干预卫生领域的意愿越强。而且，政府支出在卫生总费用中的比例越大，对供方的制约作用越强，对提高卫生服务的生产效率和控制卫生费用的上涨都有明显的优势，而且，政府卫生支出还可以在国家的宏观层面上，根据健康发展的需要，安排卫生服务项目投资的优先次序，更有效地提高卫生资源配置的宏观效率。

　　其次，支出结构或支出方向的不同也对目标的达成有很大的影响。支出方向有两种分类的方法。第一是按卫生服务产品的性质划分：如果公共支出的较大的比例用于一些成本效益良好的公共产品、准公共产品及外部性很好的私人产品，往往能获得较好的卫生资源配置的宏观效率，改善健康水平效果好，但对居民疾病的财务风险的保护功能较弱；反之，如果较大比例用于医疗服务的话，对健康目标实现的效果差，但对居民疾病风险的财务保护功能较强。所以，在经济发展水平不高、卫生资源非常有限的国家，政府往往面临两难的选择，这就需要在健康的目标和财务风险保护的目标之间进行权衡。第二是按市场交易的主体来划分：是补贴供方还是补贴需方。补贴供方有两种方法，一是对供方形成预算约束，影响供方的行为，但预算约束的效果取决于对供方补助额的大小。例如，中国政府也对卫生机构进行补助，期望通过影响供方的行为来实现居民对卫生服务的广泛可及，但是补助金额太小，效果较差。二是对供方生产某些特定的卫生服务进行价格补贴，如对提供计划免疫服务进行价格补贴；补贴需方也有两种方法可以选择，一是代表消费者到卫生服务市场购买卫生服务，二是对消费者消费卫生服务进行价格补贴。

　　另外，还可按补贴的人群进行划分：是只资助社会上的弱势人群，还是保障所有居民的基本的卫生服务需要。美国就是采用前一种形式，卫生服务筹资上更多的是强调个人对卫生服务应当承担的责任，政府只资助社会上的弱势群体：老人和穷人，保障最低的公平；英国则采用后一种思路，强调的是最广泛意义上的公平。

　　最后，卫生财政支出的费用支付方式，包括对供方的支付方式和对需方的支付方式，也是一个重要的影响因素，它显著地改变供需双方的行为模式。不过支付方式影响主要集中在对资源的微观使用效率上，如促使供方在更低的成本上提供更合适的卫生服务，以及控制需方的道德风险等，而对公平性的影响则比较弱。

可见，政府卫生支出的最终目标是以最小的投入获得最大的产出，但财政支出并不必然表现为促进健康，它只是实现目标的必要条件，而非充分条件，其实际效果依赖于支出规模、支出方向和支付方式等的不同组合。

三　卫生财政支出的分析框架

Filmer 等人（1999）提出了一个系统模型，作为考察和评价政府卫生支出作用和效果的框架。在这之前，对政府卫生支出的研究大多关注某一个领域，如关注公共支出的成本效果分析，强调公共支出结构的重要性，倾向于增加对成本效果好的卫生服务项目的支持力度；关注公共部门提供卫生服务的净效应，强调政府支出的作用应是对私人卫生服务的补充，而不是替代；关注公共部门的效率，强调政府支出的重点是改善卫生服务公共提供者的绩效。Filmer 等人（1999）首次提出了系统评价的观点，并将这些问题联系起来，他们认为，为了评价政府卫生支出的作用，必须回答以下的问题，即政府卫生支出的边际效用的大小？给定预算下，公共资金在不同的项目上如何分配才能使得个人健康达到最优？如何制定相关政策（王俊，2007）？在基础上，Filmer 等人构建了分析政府卫生支出的系统分析框架（见图1—3）。在这个框架下，政府卫生支出的有效性取决于三个机制：一是效率机制，即公共支出必须能够生产有效的卫生服务；二是公共卫生部门对个人消费卫生服务的净影响机制，即这些卫生服务必须能够改变（影响）居民消费的有效卫生服务总量；三是健康决定机制，即居民消费的这些额外的卫生服务（由公共支出生产的卫生服务）对健康生产是具有成本效果的。只有同时满足这三个方面要求，公共支出才是有效的。这也说明了为什么理论上认为公共支出应当对健康具有积极的促进作用，尤其是对发展中国家，但实践中公共支出的效果却又很小。

Filmer 等人（1999）的系统分析模型，对我们分析和评价政府卫生支出的效应具有很大的启示，但有两个方面原因限制了它在评价中国卫生财政支出中的应用：一是数据，尤其微观数据的缺乏，使得具体到中国问题时无法对每一个机制进行研究；二是该框架是以自由竞争的医疗卫生模式

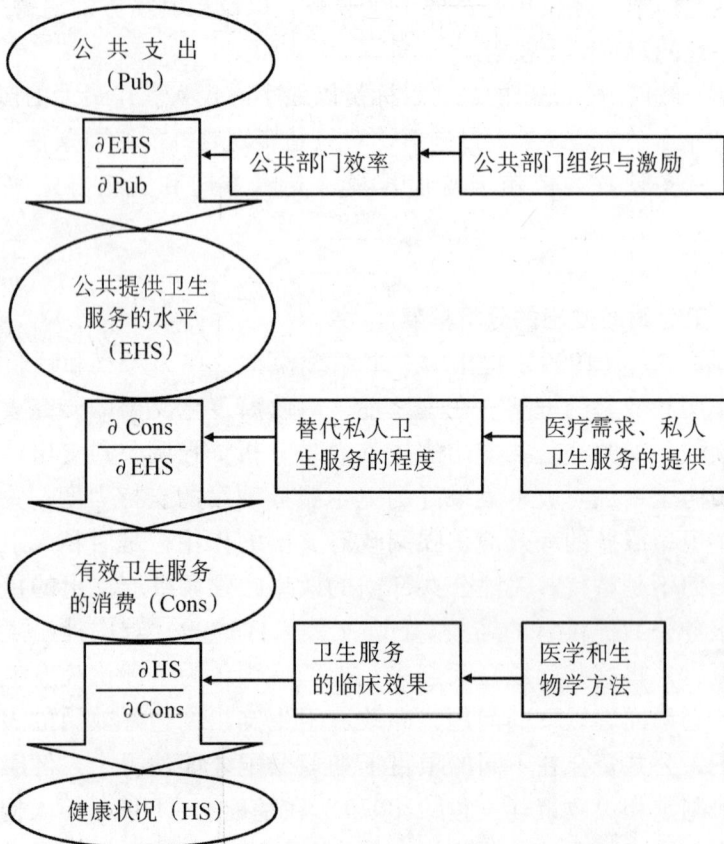

图1—3 从公共支出到良好的健康

资料来源：Filmer D. , Pritchett L. , *The impact of public spending on health*: *Does money matter*? Social Science & Medicine, 1999, 49, pp. 1309 – 1323。

为基础的，私人部门在卫生服务提供中占有一席之地，甚至是一个比较重要的角色，这显然与中国的国情相去甚远（王俊，2007）。基于此，本书在 Filmer 等人（1999）模型的基础上，考虑卫生财政支出的目标，并且结合实证分析数据的可得性问题，构建了中国卫生财政支出的一个分析框架，从五个方面对中国卫生财政支出的绩效进行实证分析，见图1—4。其中，"对医疗服务提供效率的影响"和"对医疗服务分配公平的影响"是用来评价卫生财政支出中间绩效的。

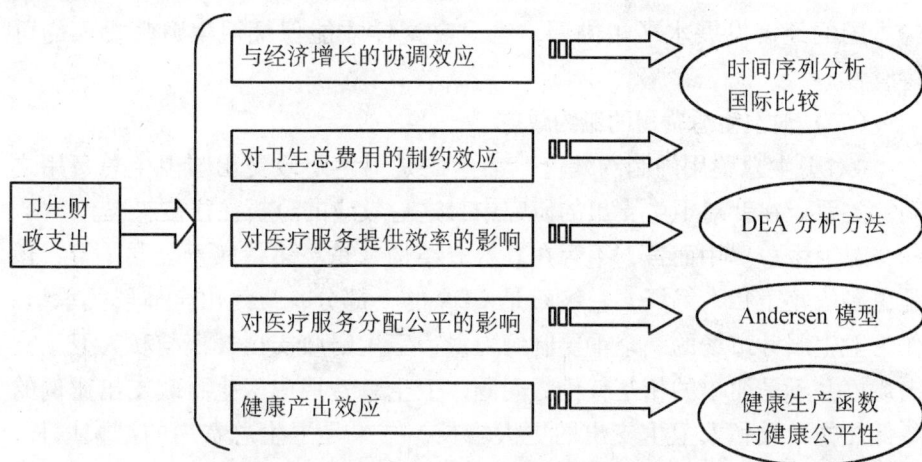

图1—4　卫生财政支出的分析框架

（一）与经济增长的协调效应

"与经济增长的协调效应"就是说明政府卫生财政支出水平与经济发展水平之间的协调关系。理想状态下，卫生支出水平既不能超过经济增长的承受能力，也不应严重低于经济能力。

卫生财政支出是政府致力于提供卫生服务时占用的全部公共资源，是政府干预卫生领域的物质基础，是卫生总费用的一部分。在卫生总费用中，卫生财政支出应当有一个合适的规模，政府支出的比例越小，私人支出的比例就越大，这样，不仅个人的医疗负担越重，而且个人的卫生服务需求与其收入的关联度也越大，公平性就越差，与此同时，卫生服务市场上集体购买力量的缺失也必然影响到卫生服务市场的效率。从这个角度，卫生财政支出的规模不能太低。在实践操作中，若干的政策文件中对政府卫生财政支出的水平及其增长速度都已经做出了明确的规定。2009年这些规定被进一步强化，财政部、发改委、人保部、民政部、卫生部联合出台的《关于完善政府卫生投入政策的意见》要求，中央和地方政府都要增加卫生投入，政府卫生投入增长幅度要高于经常性财政支出增长幅度，使政府卫生投入占经常性财政支出和卫生总费用的比重逐步提高，有效减轻居民基本医疗卫生费用负担。

但同时，卫生财政支出也是政府公共支出的一部分，是以普通税收为基础的，来源于政府预算，卫生财政支出水平过高必然挤占了其他的公共资源，影响到整个公共支出的效率。所以卫生财政支出水平一定要与本国的经济发展水平相协调，也只有这样才能保证卫生财政投入的可持续性。

（二）对卫生总费用的制约效应

"对卫生总费用的制约效应"表达的是卫生财政支出与卫生总费用之间的关系。在针对卫生支出的研究中，这一效应的分析往往被忽视。

对卫生总费用而言，不管在其筹资结构上是更多依赖于公共筹资，还是更多依赖于私人筹资，它终归是 GDP 的一部分，最终由全体居民承担。作为卫生服务市场的一个重要制约力量，卫生财政支出规模与私人卫生支出规模并不是简单的相互替代的问题。卫生总费用中卫生财政支出比例的降低往往导致私人卫生支出的更大增长，结果是卫生总费用的更快增长，获得同样的健康水平，最终必须投入更多的资源，导致了卫生资源配置的宏观效率降低。当然，卫生财政支出的另一方面的可能影响，是通过降低卫生服务的价格，从而抑制了卫生总费用的上涨。卫生财政支出对卫生总费用的实际影响究竟是怎样的，需要实证研究来回答。中国的具体的状况是伴随着卫生财政支出比例不断下降，卫生总费用在快速上涨，二者之间的关系如何？卫生财政支出比例的持续下降是否是卫生总费用上涨的原因？这些是迫切需要研究的问题。

（三）对医疗服务提供效率的影响

"医疗服务提供效率的影响"考察的是卫生财政支出对医疗机构服务提供效率的影响，包括医疗服务生产的技术效率和配置效率。医疗服务的有效生产是促进健康水平提高的前提条件。

卫生财政支出影响的是包括医疗服务在内的全部卫生服务的供给效率，但本书中，由于数据的限制，我们只研究医疗服务的供给效率。纯粹的市场机制是无法保证医疗服务生产效率的，卫生财政支出的首要目的就是要改变医疗机构的激励机制，纠正医疗机构的行为，促使其按最有效的方式生产。如果医疗机构的投入产出效果低下，则说明政府的补助资金没有转化为高效良好的卫生服务，就谈不上居民对医疗服务的可及性、公平性及满意度问题。

（四）医疗服务分配公平的影响

"医疗服务分配的公平机制"考察的是卫生财政支出对医疗服务分配公平性的影响，卫生服务的利用公平是改善健康公平性的前提条件。

美国学者 Andersen 于 1968 年首次提出卫生服务利用行为模型，这一卫生服务利用的行为模型包括四个主要部分：环境因素（Environment）、人群特征（Population characteristics）、健康行为（Health behavior）和健康结果（Health Outcomes）。根据此模型，个人对医疗服务的需求受到很多因素的影响，包括疾病风险、受教育水平、就医态度、个人收入、医疗服务的物质可及性（地理分布的可及性），等等。其中个人收入水平和卫生服务的物质可及性是两个关键性变量。在同等情况下，收入水平越高、离医疗服务机构距离越近，就医越方便，对卫生服务的利用水平越高。卫生财政支出的作用就在于：一是促进医疗资源在物理空间上的分配公平性，不管居民身处何处，其对卫生服务的便捷程度是相同的；二是减弱个人收入与医疗服务利用之间的关联度，使得居民不会因为经济原因而无法获得医疗服务。纯粹的市场机制是无法保证居民在卫生服务利用上的公平性的，这也是需要卫生财政支出的理由。

（五）健康产出效应

"健康产出效应"描述的是卫生财政支出与居民健康之间的关系，是政府卫生支出绩效评价中的核心，其他机制都是围绕这一核心问题产生的。"医疗服务提供效率的影响"与"医疗服务分配公平的影响"的效果被综合地反映在"健康产出效应"之中。

在现代医学模式下，健康的决定因素很多，除了医疗保健之外，还包括环境因素、生活方式和遗传因素。Grossman（1972）在微观健康需求理论的基础上提出了健康生产函数的概念，说明了各变量在医疗服务生产过程中通过健康资金的需求对健康状况所产生的影响，这些变量包括教育、收入等社会经济变量，也包括年龄、婚姻等个人特征变量。这里的"健康产出效应"是基于宏观生产函数基础上的分析，以群体健康状况为研究对象，卫生财政支出作为一个重要解释变量而被引入模型。

在系统分析的框架下，卫生财政支出的绩效是由五个环节共同决定的，其中任何一个环节效率降低，都将导致卫生财政支出整体效率的下降。当然，五个环节并非同等重要，其中最主要的是"健康产出效应"，即卫生财政支出是否能够有效地改善人们的健康状况？如果经验研究得出支持性的结论，那么增加政府的卫生投入是合理的；如果得出否定性结论，关键问题就不再是增加政府的卫生投入，而是寻找低效的原因。此时，可以从其他环节，特别是"医疗服务提供效率的影响"和"医疗服务分配公平的影响"的经验研究中寻找部分原因。

第二章 文献研究

关于卫生财政支出的研究涉及很多方面，在本章中，我们仅就与本研究相关的主题作一个简要的文献回顾和分析。

第一节 卫生财政支出的规模与结构

已有关于卫生财政支出规模与结构研究的研究结论基本一致，倾向于认为，中国的卫生财政支出规模较小，总量不足，且存在支出结构不合理的现象。

已有文献对政府卫生财政投入总量不足问题的研究基本上是从两个方面进行的。第一是横向的国际比较研究，将中国的政府卫生投入的水平与发达国家和发展中国家的平均水平进行比较，结论是：尽管近年来中国加大了政府的卫生投入，但政府卫生投入的总体水平低于世界平均水平。政府卫生投入占 GDP 的比重不仅低于发达国家，也低于中等收入国家，仅略高于世界最低收入国家水平（2001 年世界发展指标；代英姿，2004；苗俊峰，2005），且中国政府卫生支出占卫生总费用的比例过少，不但低于世界平均水平，也低于很多并不发达的亚洲国家（王小林，2006）。无论采用政府预算卫生支出，还是广义政府卫生支出来评价，中国卫生总费用中的公共支出部分在国际上均处于较低水平。而居民个人所承担的支出比重过大，影响了居民对医疗卫生服务的可获得性（雷海潮、刘新亮，2008）。

第二是纵向的分析，从政府的卫生支出占财政总支出的比重以及政府卫生支出占卫生总费用的比例等指标揭示了中国的政府卫生投入呈现出逐年下降的趋势（刘民权等，2006）。刘媛媛（2006）也认为，中国卫生财政支出不但在卫生总费用中的比重不断下降，而且其增长速度长期滞后于财政支出和中国 GDP 的增长。那丽（2002）利用卫生总费用的筹资来源法和机构法计算全国、甘肃省及榆中与和政两县政府卫生投入。采用平减指数法对财政支出与政府卫生支出的增长率进行分析，得出结论：目前中国政府卫生投入量逐年下降，机构分布不合理，城乡差别大，效率低下。

对卫生财政支出的结构分析包括以下几个方面。首先是关于政府间财政支出结构的讨论。刘军民（2005）认为中国政府间卫生投入责任的划分不合理，政府卫生支出在各层级政府间的高度分权，在过去10年中，从支出结构上看，中央政府卫生支出仅占卫生预算总支出的5%，中央本级卫生支出约为2%，其余均来自地方政府，而在地方政府层次，县、乡镇又共支出了预算的55%—60%。这表明中国地方政府（特别是基层政府）是卫生公共支出的主体，这与世界上大多数市场经济国家通常由中央政府和省级政府为主承担医疗卫生支出的制度安排相反。张振忠等（2008）认为，"分税制"体制下的财力上收与支出责任下沉的矛盾非常突出，在卫生筹资上同样存在着这一问题。

其次是关于卫生财政支出的地区差距和城乡差距的讨论。王小林（2006）分析，无论是变异系数还是极差都反映了中国省级间的卫生财政支出的差异较大。越是财力差的地区，卫生财政支出的水平越低。世界银行专家的研究同样证实，中国公共卫生支出的开支向富裕地区倾斜，而在区域内则向经济发展条件好的省份倾斜。黄小平等（2008）运用泰尔指数对中国卫生财政支出的地区不平等问题进行了研究，结果表明，近年来中国三大经济带之间、经济带内部省际之间财政卫生支出的差距呈日益缩小趋势，而经济最为发达的东部地区省际财政卫生支出的差异是造成全国财政卫生支出分布不均衡的重要原因。缩小全国财政卫生支出的差异，实现卫生筹资的地区公平，关键在于缩小三大地区内部省际差异，尤其应该采取措施缩小东部地区省际差距。赵郁馨等（2005）测算，2004年农村卫生事业费占全国卫生事业费的38.56%，城市人均卫生事业费80.32元，而农村仅为22.45元，城市是农村的3.6倍，在资金配置上严重不均衡。

其三是关于卫生财政支出使用结构的讨论。代英姿（2005）认为本应由政府承担的，纯粹公共卫生服务和具有较强的公共服务性质的卫生服务项目，政府提供不足。而且，公共卫生支出配置的不合理还表现在医疗服务项目的配置上，国家对医疗服务财政拨款的80%用于城市医疗机构，而城市的80%的拨款用于城市的大医院。田文华、梁鸿（2002）分析了中国卫生总费用投入状况及分配与利用上存在的问题，并提出了政府根据经济发展状况应增加卫生投入；对卫生的投向应集中于公共卫生服务和保证贫困弱势人群的基本医疗服务和优先发展社区卫生服务。

另外，有部分学者探讨了政府卫生投入不足的原因。有学者认为，卫生财政投入不足的原因主要归因于社会变迁和财政分权化（Hossain，1996；Wong，1997；刘远立等，2001）。朱玲（2002）认为，导致政府卫生投入不足的主要原因是政府没有把公共卫生支出当作人力资源投资，而只是把它视为一种福利性消费，并且试图借助市场的作用解决卫生筹资和医疗成本控制问题。王绍光（2003）认为中国的卫生问题是由中国在改革和总体发展思路中过度相信经济增长和市场的作用导致的。

第二节　卫生财政支出与经济增长、卫生总费用

卫生支出一直以来都是卫生经济学家研究的重要课题，大多集中在对国内生产总值与卫生支出之间关系和对卫生支出规模等问题的讨论上。根据统计口径，广义政府卫生支出（公共卫生支出）包含卫生财政支出，国外学者对卫生财政支出的研究是纳入到对卫生总支出（卫生总费用）的研究中的。过去几十年里，关于这一主题的最主要的研究集中在对卫生总费用的决定因素的研究方面，关于卫生支出的收入弹性分析又是其中的重点，政府卫生支出对卫生总费用的影响被包括在这一研究之中。

Kleiman（1974）和 Newhouse（1977）首先对人均卫生支出和人均 GDP 关系进行了研究。Newhouse（1977）提出开创性的假设，认为人均收入是卫生费用上涨最主要的决定因素，并收集了 1970 年 13 个国家的数据，发现卫生费用上涨的决定因素中 92% 可用人均 GDP 解释，卫生费用收入弹性的可信区间为 1.13—1.15，从此揭开了研究卫生费用决定因素的序幕。此后，学者们利用不同的样本数据对卫生费用的收入弹性作了大量的研究（Kleiman，1974；Newhouse，1977，1987；Maxwell，1981；Leu，1986；OECD，1987；Culyer，1988，1989；Pfaff，1990；Gerdtham et al.，1988、1992a、b；Parkin et al.，1987；Gbesemete 和 Gerdtham，1992；Gerdtham，1992；Hitiris 和 Posnett，1992；Sahn，1992；Viscusi，1994；Gerdtham et al.，1998；Barros，1998；Roberts，1998），一个普遍的研究结论是，人均 GDP 是卫生费用的一个重要的解释变量，卫生费用的收入弹性略高于 1。例如，Leu（1986）收集了 1974 年 19 个 OECD 国家的横截面数

据，发现卫生费用的收入弹性为 1.18—1.36；Parkin 等（1987）用 1987年的横截面数据发现卫生费用的收入弹性为 1.12—1.18。但也有研究认为，卫生费用的收入弹性接近于 1 或小于 1。Hitiris 和 Posnett（1992）收集了 1960—1987 年 20 个国家的混合数据，发现人均卫生费用和人均收入有很强的相关性，卫生费用的收入弹性大概为 1。Gbesemete 和 Gerdtham（1992）用 1984 年 30 个非洲国家的横截面数据估计卫生费用的收入弹性略低于 1。Gerdtham 等（1998）分析了 1970—1991 年 22 个国家的数据，发现收入弹性为 0.7—0.8。

在早期的研究中，卫生支出的解释变量只有人均 GDP，随后，考虑到遗漏变量可能夸大卫生支出的收入弹性，在模型中开始引入除人均 GDP 之外的其他因素。Leu（1986）、Gerdtham et al.（1992a、b，1998）、Gerdtham（1992）、Hitiris 和 Posnett（1992）以及 Roberts（1998）在研究中进一步分析了其他因素对卫生总费用的解释力度，如人口年龄结构、医疗卫生制度因素、卫生总费用中政府卫生支出的比例等等。此后，学者们开始在卫生支出决定因素的研究框架下分析政府卫生支出的作用。

关于政府卫生支出对卫生总费用的影响，研究结论并不一致。既有研究表明，提高政府卫生支出的比例能够制约卫生总费用上涨，也有研究得出相反的结论。Leu（1986）利用 19 个 OECD 国家 1974 年的数据进行的研究显示，公共筹资和医疗服务的公共提供显著地增加卫生总费用的水平。公共卫生支出比例提高 10%，卫生总费用将提高 2%—3%；在总床位中公共提供的床位比例提高 10%，卫生总费用将提高 8%—9%[①]。但 Gerdtham et al.（1992a、b）利用 1987 年的截面数据和 1974 年、1980 年和 1987 年的混合截面数据所进行的研究却得出了与 Leu（1986）相反的结论。人均 GDP 仍然是卫生支出增长的一个重要的解释变量，但与 Leu（1986）不同的是，公共卫生支出比例提高 10%，卫生总费用将降低 5%。Gerdtham（1992）利用 22 个 OECD 国家 1972—1987 年的面板数据再次检验了人均 GDP、公共卫生支出比例、老年人口比例以及通货膨胀对卫生总费用的影响，研究结论是：公共卫生支出比例对卫生总费用的短期弹性是

---

① Leu 的解释是：公共卫生支出降低了消费者对医疗服务的价格，从而扩大了医疗服务的需求，而提高公共提供床位的比例提高卫生总费用的途径有两条：一是由于官僚作风，公共医院或私立非赢利性医院总是扩大预算以提高自己的效用；二是由于缺乏有效竞争，这些医院的单位成本比较高。

-0.21，即提高公共卫生支出比例能够降低卫生总费用，但二者之间不存在长期的关系。Barros（1998）得出了相似的结论。Roberts（1998）利用20个OECD国家1960—1993年的数据再次对卫生总费用的影响因素进行了静态和动态研究，解释变量包括人均GDP、老年人口比例、公共卫生支出比例以及卫生服务的相对价格；结果认为，公共卫生支出比例每提高10%将使卫生总费用增长7%，从而重复了Leu（1986）的结论，而与Gerdtham et al.（1992a、b）、Gerdtham（1992）以及Roberts（1998）的结论相反。

另外，针对绝大多数对卫生支出的分析主要集中于卫生总费用却没有考虑它组成要素的情况，Clementa et al.（2004）提出运用协整方法分析卫生总费用、政府卫生支出、个人卫生支出与GDP的协整关系，发现不同的国家以及卫生支出的构成不同对卫生政策的影响效果是不同的，同时政府卫生支出与私人卫生支出具有不同的行为模型，显示出截然不同的估计参数以及不同的断裂时期。研究还认为，减少政府卫生支出并不意味着总支出的减少，因为私人卫生支出可能以更快的速度增长，所以，卫生政策可能产生意想不到的结果。

从研究方法上看，早期的研究主要是利用截面数据进行跨国比较研究，但由于其本身固有的缺点，20世纪90年代以来的研究大多都采用纵剖面数据（panel data）。虽然纵剖面数据相对于横截面数据有很多的优点，但它也产生了许多横截面数据所没有的特殊问题，如变量的平稳性问题，如果忽略这一点就会产生伪回归的问题。因此，20世纪90年代以来的研究在分析卫生支出与相关变量关系时，首先对数据进行单位根的平稳性检验。早期的大部分研究显示卫生支出与GDP是非平稳的（Hansen & King，1996；Blomqvist & Cater，1997）。随着面板数据的日益成熟，学者们开始偏好基于面板数据的单位根检验。之后随着计量技术的不断发展，在关于卫生支出的研究中开始使用一系列包括时间趋势的检验，并且开始考虑结构突变的因素。如Jewell，Lee，Tieslau和Strazicich（2003）通过能够识别的结果突变模型，发现在一层或两层断裂情况下，卫生支出与GDP是平稳的。这对研究者和政策制定者具有重要的意义，使得他们能够在一个面板数据的回归框架下对卫生支出与GDP以及其他重要的影响因素之间建立模型，获得有意义的结果。

国内关于卫生支出的研究中，杜乐勋和赵郁馨等人组成的"中国卫生总费用核算小组"从 20 世纪 80 年代以来对中国卫生总费用进行的核算是其中最主要的研究成果。在卫生费用核算的基础上，早期的中国卫生经济的文献主要是从制度层面和体制层面，利用跨国数据和分地区数据，运用统计对比的方法，对政府卫生支出规模与经济的关系进行讨论。近年来随着计量经济学的发展和国外卫生经济学方法的引入，中国一些学者开始利用协整理论、单位根检验等方法，从实证的角度讨论包括政府卫生支出在内的卫生总费用的规模问题。

大多数研究表明，中国的卫生总费用的收入弹性是大于 1 的。赵郁馨（2000）等使用中国 1978—1998 年的统计数据，估计出中国卫生总费用的平均收入弹性为 1.2，表明中国医疗卫生发展是在与国民经济增长保持同步的基础上，略快于国民经济增长。何平等（2005）在协整和误差修正模型的基础上分析中国卫生总费用与 GDP 之间的长期和短期关系，结果认为，二者之间的长期弹性为 1.52，短期弹性为 0.69。陈洪海（2005）在需求函数的框架下，采用协整方法研究了中国卫生总费用与经济增长之间的关系，结果表明：真实人均 GDP 与真实人均卫生费用之间存在着长期均衡关系，卫生支出的收入弹性为 1.319。王俊（2007）在结构突变的单位根检验的基础上研究人均 GDP 对人均政府预算卫生支出的影响，研究显示，政府预算卫生支出的收入弹性为 1.22。

国内一些学者也对政府卫生支出对卫生总费用的影响进行了有益的探讨。研究结论比较一致，即政府卫生支出的下降是中国卫生总费用快速增长的重要原因。何平平（2006）从生产函数出发，利用最小二乘法建立一个卫生总费用增长因素的计量经济模型；并利用中国 1978—2003 年的数据进行实证。结论为：经济增长是中国卫生总费用增长的最主要因素，1996 年以来政府公共预算卫生支出占财政支出百分比的弹性为负值，表明政府公共预算卫生支出比重的增加有抑制卫生总费用增长的作用，而医生诱导需求对卫生总费用增长的影响不大；人口老龄化还没有对医疗费用增长产生显著影响。郑云萍（2006）建立卫生总费用、GDP、人口老龄化和政府预算卫生支出之间的误差修正模型，并基于该模型来判断变量间短期和长期因果关系。研究结论表明，1978—2004 年的医疗体制改革和政府预算卫生支出的相对降低导致了卫生总费用的增加，而人口老龄化因素对中国卫生总费用增长也存在显著推动作用。

综上所述，国外关于卫生支出的研究已经进行了相当长时间，而国内关于这一主题开展的实证研究时间不长，另外，考虑时间序列数据特征，对变量进行平稳性检验只是在最近的研究中才开始引起注意，本书的研究将是对关于这一主题研究的有利补充。

第三节 财政补助与医院效率

国内外学者开展了很多关于医院效率方面的研究。从研究方法上看主要有比率分析法、随机生产前沿模型和数据包络分析法（DEA）。比率分析法是利用一系列的投入与产出的比值来衡量医院效率的一种方法，主要包括单位成本指标和生产率指标两类。前者的代表指标为诊次成本和床日成本；后者是测定生产一个产出单位（如病人）与投入（人力资源等）的比值，代表指标是单位时间内（一般为一年）每位工作人员所服务的诊次和床日，床位使用率。比率分析法比较简单直观，因而是传统的效率分析方法，但由于其是建立在指标平均值有效的假设之上，反映的是不同比较对象之间平均效率比率指标的差异，不能反映出影响效率指标的多种影响因素的效应。而且不适用于多投入和多产出的医疗机构的效率比较。鉴于这些局限性，大量文献中使用的是 DEA 和随机前沿分析法这两种分析方法，本文采用的是 DEA 法。

DEA 是用线性规划来测量决策单元的相对效率。目前这一方法已经是评价卫生机构技术效率较为成熟和较为先进的方法之一，可以用来分析医院的资源管理和服务产出，是卫生服务研究的基准方法。DEA 在国外医院效率分析研究中的应用非常广，特别是近十几年 DEA 的研究文献报道很多。Sherman（1984）是较早将 DEA 方法应用于医疗卫生领域的学者，他对马萨诸塞州的 7 个教学医院中外科医疗单元的经济效益做出了评价，并将结果同传统的效率分析方法结果比较，结论证明，DEA 能够更有效地为医院的管理者提供有用的信息，指导医院提高效率，降低服务成本。这是第一篇运用 DEA 进行医院效率测量分析的研究报告，于 1984 年发表在 Med Care 上，开创了 DEA 在卫生经济学领域应用的先河。此后，大量的文章讨论了 DEA 方法在医院和医疗卫生系统中的应用。其中包括大量的利用 DEA 方法对医院效率进行的研究。Grosskopf 和 Valdmanis（1987）用 DEA 方法分析了加州 82 所非营利公立医院与私立医院的绩效，认为公立医院比私人非营利医院具有较高的经营绩效。Sexton 和 Leiken（1989）运用 DEA 方法研究了美国退伍军人医疗管理中心的管理效率，研究结果显示，全美国有三分之一的医疗管理中心相对无效率，在不降低服务水平的前提下消除这种非有效现象，每年可节约 3 亿美元的成本。Vivian 和 Valdmanis（1990）在利用 Grosskopf（1987）所做的研究的基础上，用 DEA 模型评估了密歇根州病床数超过 200 个的 41 家医院的所有权（公立和私人非赢利）与医院效率间的关系。结果同样显示 8 家公立医院比 41 家私人非赢利医院有较高的效率。Dittman（1991）应用 DEA 分析了医院的效率同当地的劳动力市场，卫生服务机构间的竞争以及服务区域内的人口学状况之间的关系。并提出了使用数据包络分析方法时应当注意的几个技术细节：（1）DEA 测量的效率是相对的效率，不能当成医院的绝对效率；（2）医院的投入要素与服务产出之间有密切的因果关系，当投入要素或是产出有所变化时，医院的效率得分将会有变化；（3）医院的效率得分和卫生资源的潜在服务能力有赖于医院对投入水平的控制。Valdmanis（1992）再度利用 DEA 模型评估了 1982 年密歇根州立政府所属的公立医院与私人非赢利医院的经营效率，结果发现公立医院在专门技术上相对于私人非赢利医院更有效率。Finkler（1993）应用 DEA 验证决策单元的价格和技术低效率。由于医院之间服务的对象在病种、病情方面不尽相同，因此，Finkler 提出应当使用病例综合指数消除医院之间的差异。从而使用 DEA 得出医院的生产前沿面和成本效果前沿面。Kuo 等（2000）用 DEA 分析1994 年加州 394 家急诊医院的效率，研究结果发现契约管理型医院及教学医院的经营效率明显较高。Ozcan 等人（1996）评估了 85 所精神病院的效率，认为其中 9.4% 的医院是 DEA 有效的，平均效率得分为 0.647，如果这些医院全部达到有效率，每年就可以节省 720 万美元的费用，减少 1715名正式工作人员，并减少 1129 张床位。Burgess 和 Wilson（1998）用 DEA 模型分析了美国 1985 年至 1988 年公立医院的技术效率，并用回归分析探讨了技术效率的影响因素，研究结果显示市场竞争程度对效率没有显著影响；平均住院日对医院效率有正向影响；提高卫生技术人员与非技术人员比例有助于提高效率。Dalmaumatarrodona 和 Junoy（1998）也分析了市场竞争和医院效率的关系。他们先用指标度量了市场集中程度（the market level of concentration），然后用 DEA 模型得到每个医院的技术效率和规模效率。最后用受限因变量的 Tobit 模型进行回归分析，结果显示市场竞争者个数与医院效率存在正相关性。Shelton 和 Shen（1998）探讨了 1989 年至 1994 年美国维吉尼亚医院效率的变化及其相关影响因素，研究结果发现医院所在区域对效率没有显著影响。

国内使用 DEA 方法计算医院效率分数的文献也较多。DEA 方法在中国最早由中国人民大学博士生导师魏权龄教授于 1987 年正式提出并进行应用研究。随后，DEA 方法由此逐渐为卫生经济和医院管理领域内的专家学者所认知和接受。陈志兴等（1994）率先应用该方法评价了上海市 10 所综合性市级医院的运行效率。随后，应用 DEA 方法评价医院效率的相关研究日益增多。徐金耀等（1995）、徐西林（1996）分别用 DEA 方法对上海市 10 所市级医院、上海市 16 所区中心医院和南京地区 40 所医院的效率进行了研究，并在宏观控制的基础上提出了效率改进的措施。庄宁等（2000）应用 DEA 方法评价了全国 12 个省市 34 家医院的技术效率。卞鹰等（2001a、b）对山东淄博市及江苏南通市不同性质的医院的效率进行 DEA 方法研究，计算了四类医院 1990 年至 1999 年的 DEA 效率的变化，发现企业医院的效率下降最显著。并研究了改革对这些医院效率影响的因素，如卫生经济改革（外部政策因素）、医院管理制度改革（内部管理因素）及医院投入产出因素等。庞瑞芝（2006）利用 2004 年中国各地区、各类型和各级别医院共 249 家的数据资料，利用 DEA 方法分析了城市医院效率，结果发现：病床数、中高级技术人员比例、门诊住院比例、门诊病人治疗有效率、药品收入比例以及门诊人均费用都是影响效率的重要因素。范雪瑾等人（2004）分析了杭州市所属 7 个市（县、区）中心城镇医院的效率和医疗市场竞争程度的关系，研究结果显示，垄断性越高，竞争程度越低，医院的平均效率越低。林皓等（2007）研究的卫生总费用中政府卫生投入的多少与医院效率之间的关系，研究发现，医疗体制改革以来中国各类性质的医院效率都有下降的趋势。其中县及县以上医院与农村乡镇卫生院的医院效率值的下降与政府投入的减少均有一定的相关性。

纵观国内外的文献，学者们对医院效率的研究集中在以下两个方面，一是研究医院的技术效率本身，并对 DEA 非有效的单元提出改进措施；二是研究医院效率的影响因素，主要探讨了医院的性质、市场竞争程度、医院所处的地理区域、医院的人力资源结构、医院的融资结构等因素对医院的效率的影响。其中，关于医院的财政激励与医院效率关系的研究文献不多，但研究结论基本一致，即医院获得的财政补助与其效率之间并没有显著性的关系，甚至，在医院融资结构中，财政补助比例越高反而是导致医院 DEA 非有效的一个关键因素。例如，Luoma 和 Jarvio 等（1996）运用 DEA 方法研究了财政激励与芬兰卫生中心的效率的关系，研究显示，来自中央政府的高比例的配套补助是卫生中心非有效的一个重要因素。过度依赖资源供给往往增加非有效，因为这将降低医院进行"控制成本"和"提高成果"的动机。国内学者卞鹰等人（2001b）的研究结论也显示，在医院总收入中，随着政府财政补助比例的增高，医院单元成本越高，效率越低。

目前，由于国内外针对医院财政补助对效率影响的研究文献比较少。所以对二者之间的真实关系还有待进一步的实证研究。我们在对财政补助与医院效率关系的研究中，第一次在医院效率的分析中引入 DEA 的超效率模型，并且，在对医院效率影响因素的分析阶段，构造了面板数据的 Tobit 模型。国外有部分研究文献所采用分析方法是构造截面数据 Tobit 回归模型，如 1996 年 Luoma 和 Jarvio 等的研究。在国内学者的研究中更是直接采用对医院效率进行一般的线性回归，如 2001 年的卞鹰等人的研究。用 DEA 方法计算得出的医院效率的数据是典型的截尾数据，而对截尾数据直接采用一般的 OLS 线性回归必然损失了相当的信息，其研究结论因此也有待商榷。

另外，虽然针对医院财政补助对医院效率影响的实证研究文献相对较少，但国内仍然有部分学者对医院的财政补助机制、补偿模式及其存在的问题进行了积极有益的探讨（胡苏云，2006；金春林，2005；刘军民，2007），并得出了相对一致的研究结论，即中国的公立医疗机构普遍存在补偿不足、补偿不到位的问题，导致医院行为发生扭曲。

第四节　卫生财政支出与卫生服务公平性

卫生服务公平是各国政府致力于干预卫生领域的重要目标。关于什么叫公平？世界卫生组织（WHO）和瑞典国际发展合作组织（Swedish International Development Cooperation Agency，简称 SIDA）在 1996 年一份倡议书《健康与卫生服务的公平性》（*Equity in Health and Health Care*）中强调：公平（Equity）不同于平等（Equality），它意味着生存机会的分配应以需要为导向，而不是取决于社会特权。Whitehead 则认为，不同国家间或一个国家内部不同社会人群之间的健康状况和卫生服务理由确实存在着明显的差别，且这些差别可以进行统计学测量。但并非所有的差别均代表不公平性，只有那些不可避免的或不应该有的差别才被认为是不公平，且在不同国家、不同时间，对不公平状态也有着不同的界定（孟庆跃、严非，2005）。可见，健康和卫生服务公平性就是要求努力降低社会人群中在健康和卫生服务方面存在的不公正和不应有的社会差距，力求使每个社会成员均能达到基本生存标准。它包含三个层次的含义，即卫生服务可及性的公平、卫生服务筹资的公平和健康公平。

关于卫生服务可及性和卫生服务利用的公平性研究方面，赵郁馨、张毓辉等（2003）对甘肃省 3946 户 13505 人运用标化的定量分析方法，根据相同需要获得相同服务的原则，测量人群卫生服务利用的公平状况，结果显示甘肃省居民门诊和住院服务都存在向富人倾斜的不公平。汪洋等（2001）对中国儿童健康状况和卫生服务可及性指标进行分析，结果表明在各组儿童中，贫困农村地区的女孩处于两个极端：在健康状况方面是最差的，而在享受最基本的卫生服务方面，她们却获得最少（在患危重疾病应当住院治疗的女孩中竟有 28.6% 未能获得住院治疗服务）。还有学者对其他不同社会特征人群卫生服务利用公平性进行比较研究，如张静靖、毛正中等（2003）对成都市下岗失业工人与在岗人员健康公平性比较研究结果表明，下岗失业人群存在卫生服务的高需要、低利用。随着农村新型合作医疗制度的推进，部分学者开始研究合作医疗制度对医疗服务公平性的影响。车刚、赵涛等（2007）对云南省三个新型农村合作医疗试点县 1377户 6610 名和三个非试点县 758 户 3690 名农村居民卫生服务利用公平性情况进行了量化对比分析，结果显示，新型农村合作医疗制度的实施在一定程度上改善了农村居民卫生服务利用的公平性。也有些研究结果显示新型农村合作医疗制度对农民卫生服务利用公平性的影响不大。方丽霖、袁兆康等运用集中指数（CI）、不平等斜率指数（SII）及利用/需要比对江西省婺源县新型农村合作医疗实施前后卫生服务利用公平性进行了比较研究，结果提示，新型农村合作医疗制度对农民卫生服务利用公平性的影响不大，但提示经济状况较差农民的卫生服务利用水平偏低的状况可能略有改善。

部分学者从卫生资源配置的公平性角度探讨中国的卫生服务的物理可及性问题。卫生资源包括医生、护士、床位及设备等。卫生资源分布公平性研究评价采用较多的是基尼系数。郑建中等（2002）的研究认为，山西省的卫生资源在 10 个样本中人口与地理分布公平性较好，人口公平性要优于地理公平性，医护人才严重缺乏。郭清、王小合等（2006）运用洛伦茨曲线和基尼系数对社区卫生服务资源配置公平性评价，对 5 个城市 7 个城区社区卫生服务主管机构采取入户访谈和专题讨论的方式进行调查，调查地区社区卫生技术人员、社区卫生服务机构资源在人口配置上其基尼系数分别为 0.1962、0.2421，政府对社区卫生服务投入经费基尼系数为 0.5759，显示调查地区政府对社区卫生服务投入经费公平程度较低，而社区卫生技术人员和社区卫生服务机构资源在人口配置上已达到较好的公平性。薛明等（2003）通过研究中国东、中、西部农村地区妇幼卫生人力分布，结果显示：西部农村地区的每千人口妇儿医师拥有量与东部相差无几（均为 0.10 左右），但每名妇儿医师服务面积是东部的 8 倍，其地理分布不公平远大于人口分布不公平。

关于卫生服务筹资公平性研究方面，当前的研究主要有两个研究体系，一个是 WHO 所采用的方法，主要是运用卫生筹资公平性指数家庭灾难性卫生支出来研究筹资公平性；另一个就是欧盟采用的方法。欧盟关于卫生筹资公平性的研究主要集中于直公平性，普遍使用家庭水平的数据去评价各种筹资机制的费用支付方式，运用 KaKwani 指数、集中曲线等，探讨支付能力相关的因素以及筹资机制先进性等问题。主要对各种卫生筹资渠道进行累进性分析，即相对于收入和消水平来说，评价某种筹资渠道究竟是累进的还是累退的，进或累退的程度如何，通过这些分析可以量化一个国家或地区的卫生筹资垂直公平性程度（李斌，2004）。应晓华等（2004）对家庭卫生筹资公平性的研究结果显示，中国的卫生服务筹资体系存在缺陷。筹资后的基尼系数要大于筹资前，两者相差 0.026，说明中国当前的卫生服务筹资体系并不能改善筹资的公平性情况。卫生服务筹资不公平中，水平不公平占到了 58%，是导致不公平的主要原因。朱伟、孟玮、井明霞、李春芳等人（2001）分别采用所调查人群医疗卫生费用占人群纯收入的比例对卫生筹资公平性进行评价，并得出相同的结论：即不同收入人群间卫生服务费用占人均纯收入比例的差别较大，且经济水平越低的人群，医疗卫生费用占收入的比例越大。这在一定程度上表明卫生筹资的不公平性。万泉、赵郁馨、方豪（2003）探讨了量化卫生筹资渠道累进或累退的程度，并模拟测算和分析不同经济发展水平的两个地区卫生筹资的垂直公平和累进程度。

　　关于卫生财政支出的收益归属研究方面，张毓辉等（2005）的一项针对浙江、陕西、甘肃和黑龙江四省的研究结果表明，各地区政府医疗补助受益归属状况比较一致，即政府医疗补助的主要受益者不是贫困人口，而是富裕人群。从五分组的结果看，四省最贫困组居民从政府补助中的获益程度均低于最富裕组人群。即政府医疗补助没有起到缩小绝对贫富差距的作用，相对于贫困人群来说，富裕人群从政府医疗补助中获益更大。

　　关于如何改善中国的卫生服务不公平问题，郭永松（2004）认为，公平性问题是中国卫生服务面临诸多问题中最突出需要解决的。必须发挥政府的职能与作用，通过立法、加强监督管理、增加投入、卫生规划等手段发展医疗卫生事业逐步实现卫生服务的公平性。姚有华、冯学山（2004）认为，应该实施区域卫生规划，卫生经费投入要向农村、欠发达地区以及弱势群体倾斜；此外，开展初级卫生保健，发展社区卫生服务可以大大提高卫生服务的公平性和可及性。刘民权，李晓飞，俞建拖（2007）认为，中国政府卫生支出的水平、结构以及各级政府的负担比例影响了国民享受医疗卫生服务的公平性。因此，政府需要在未来进一步加大对卫生领域的投入，并使卫生支出向次级卫生机构倾斜、向农村和经济落后的地区倾斜，改革事权的分担机制，进一步提高中国卫生服务的公平性。

第五节　卫生财政支出与居民健康

　　政府卫生支出是否对健康有促进作用？随着公共卫生支出占卫生总费用的比例、占 GDP 的比例以及占公共支出的比例的不断上升，二者之间的关系越来越引起人们的关注，学者们针对这一命题做了大量的实证研究，其中绝大部分研究关注的是公共卫生支出对总体健康水平的影响，也有部分学者从改善健康公平的视角，研究公共卫生支出对不同收入群体健康状况的影响，探讨公共卫生支出与健康公平性之间的关系。

　　关于这一主题的研究，国内的文献并不多。张宁等人（2006）利用2000 年的数据，采用 DEA 分方法，分析了卫生财政支出对健康生产效率的影响。研究发现，公共卫生支出占 GDP 的比例与健康生产效率的关系虽然不十分显著，但是公共健康支出比例越高的地区往往其健康生产效率越低。作者认为中国改革开放以来公共卫生投入存在方向性偏差是导致公共支出利用效率低下的原因。王俊（2007）以成人死亡率为健康指标，运用

1997—2005 年的省级面板数据，研究了政府卫生支出与健康水平之间的关系。结果显示，中国政府卫生支出是决定个人健康水平的一个重要变量。国内学者也开展了健康公平性方面的研究，但研究领域主要集中在对健康公平性现状的描述。大多数学者是利用两周患病率、慢性病患病率、年人均因病卧床天数、年人均因病休工（学）天数等作为健康指标，分析健康公平性问题（朱伟，2001；孟玮，2003；井明霞，2003）。另有部分学者分析了健康不平等与收入水平之间的关系。胡琳琳（2005）和刘宝等人（2004）使用自评健康指标研究与中国收入相关的健康不平等状况。王丽敏等（2003）利用中国全国儿童健康调查数据研究了健康不平等与收入水平之间的关系。

国外学者关于这一主题的研究文献较多。关于公共卫生支出对总体健康水平的影响，有的研究表明，公共卫生支出确实有利于改善健康（用婴儿死亡率和儿童死亡率衡量）（Anand & Kanbur, 1991; Anand & Raval-lion, 1993; Jamison et al., 1996; Bidani & Ravallion, 1997; Wang, 2003; Gupta & Verhoeven, 2001; Gupta et al., 2002; Mayer & Sarin, 2005），而有的研究得出的是相反的结论，认为公共卫生支出对健康状况的影响要么很小，要么统计上不显著（Wolfe, 1986; LeGrand, 1987; Kim & Moody, 1992; McGuire et al., 1993; Musgrove, 1996; Filmer & Pritchett, 1997; Filmer et al., 1999, 2000; Berger & Messer, 2002）。

一些研究显示，公共卫生支出有利于健康的改善。Anand & Ravallion（1993）对 1985 年 86 个发展中国家进行了跨国截面分析，结果显示收入增长对预期寿命之间的关系主要是通过 GNP 对公共支出，主要是公共卫生支出的作用产生的。Wang（2003）利用 1990—1999 年 60 个低收入国家的人口与健康调查数据（DHS），从国家层面和分城乡的健康决定因素进行研究。结果显示，从国家层面上，电力可及性、人均收入、婴儿的免疫接种和公共卫生支出显著降低了死亡率。分城乡，城市地区，电力可及性的作用较大，而在农村地区，婴儿的免疫接种率对降低 5 岁以下死亡率更为有效；提高公共卫生支出的比例能够降低城市的婴儿死亡率，但对农村婴儿死亡率没有影响。Gupta & Verhoeven（2001）通过对非洲 37 个国家1984—1995 年政府教育和卫生支出的有效评估，显示了在冈比亚、圭亚那和莱索托，公共卫生支出的增加对健康水平的提高存在积极影响。Jamison et al.（1996）使用了一个非均衡过程，利用 1960—1990 的面板数据估计

5 岁以下儿童死亡率，发现公共卫生支出降低了拉丁美洲国家的死亡率。Gupta et al.（2002）对 50 个发展中国家和转型国家的截面数据分析也显示了公共卫生支出对婴儿和儿童死亡率的下降有影响。Mayer & Sarin（2005）关于美国社会经济不平等和婴儿死亡率之间的联系机制的最新研究发现，公共卫生支出与婴儿死亡率的下降有关。

Gupta et al.（2002）指出，尽管总体上公共卫生支出有利健康状况的改善，但一个重要的问题，即公共支出在卫生部门的内部的资源配置问题被忽视了。Filmer et al.（1998）研究了这一问题，他们利用了截面数据分析政府在初级卫生保健上的支出与婴儿死亡率之间的因果关系。但他们没有发现二者之间存在统计上的显著性关系。

尽管上述的研究认为公共卫生支出对健康水平存在正向的影响，但也有一些研究得出相反的结论。Wolfe（1986），Tanzi & Schuknecht（1997）等研究结果显示，卫生支出，尤其是公共卫生支出对健康的影响几乎不存在；LeGrand（1987）利用 17 个 OECD 国家的截面数据公共卫生支出（公共卫生支出占总卫生支出的比例）对健康的影响，研究发现，在控制人均卫生支出、人均 GDP 和收入不公平性的影响下，公共卫生支出与平均死亡年龄存在着正相关关系，但在统计上弱显著。Berger & Messer（2002）利用 20 个 OECD 国家 1960—1992 年的数据进行面板数据分析，结果也显示，较高的公共卫生支出的比例与较高的死亡率相关。Musgrove（1996）的研究同样指出，儿童死亡率决定因素的多变量估计表明，收入总是显著的，而卫生支出占 GDP 的比重、卫生支出中公共支出的比重，以及公共卫生支出占 GDP 的比重则都不显著。

Carrin & Politi 总结说：贫困和收入是健康状况的决定因素，但难以发现公共卫生支出对健康存在统计上显著性的影响。Filmer & Pritchett（1997）使用 UNICEF 和世界银行跨国数据，采用工具变量法，估计了公共卫生支出和非医疗因素（经济、教育和文化）对 5 岁以下儿童死亡率和婴儿死亡率的决定性影响。研究支持了 Carrin & Politi 的结论，结果显示，收入可以单独解释婴儿死亡率跨国差异的 84%，社会经济变量可以解释 11%，而公共卫生支出仅能解释其中 1% 的 1/6，而且在统计上也不显著。作者从公共部门的功效、公共医疗挤压私人医疗的程度以及公共医疗服务的效力三方面解释了公共卫生支出对健康结果没有显著影响的原因。Demery & Walton 也得出了相同的结论，指出公共卫生支出不是健康的一个良好的预测指标，而且这是一个普遍的现象。

与此同时，也有很多学者开展了公共卫生支出与健康公平性之间关系的研究。随着富国与穷国之间，以及一国内部富人和穷人之间健康差距的不断扩大，对健康公平性的研究也越来越受到人们的关注。Willinson（1996）提出，在对健康状况的衡量中，不平等很早就被认为是一个主要的社会问题。许多国家政府、国际组织都在致力于缩减健康的不平等（World Bank，1997；WHO，1999）。大部分研究结果表明，具有较高的公共卫生支出水平的国家其健康公平性较好。Claeson et al.（2001）研究认为，政府可以通过很多的途径影响穷人和富人之间的健康差距，其中，公共卫生支出规模及其筹资的方式就是政府宏观层面上的有力调控措施。

也有部分学者从健康公平性的角度，探讨公共卫生支出对不同收入群体健康状况的影响。其中很多研究认为，公共医疗支出对穷人的影响更大，从而有利于缩小健康差异。Bidani & Ravallion（1997）利用35个国家截面数据建立一个随机系数模型，以日生活费2美元和1美元为贫困线划分人群，分别估计公共卫生支出对期望寿命和婴儿死亡率的影响。结果显示，不管是以日生活费2美元，还是以日生活费1美元为贫困线，公共卫生支出对穷人健康的影响都要大于对富人的影响。妇女的教育水平在以日生活费2美元为贫困线划分人群时，显示出了同样的作用，但在以日生活费1美元为贫困线时，这一作用消失了。研究指出，由于对穷人的影响更大，所以公共卫生支出有利于缩小不同收入人群之间的健康不公平。有些国家穷人和富人之间的健康差距较小的原因就在于该国有较高的公共卫生支出水平和较高的女性教育水平。具有相似结论的研究还有很多，如 World Bank（1995）和 Deolalikar（1995）等。World Bank（1995）报告，菲律宾的公共卫生支出对降低贫困地区的婴儿死亡率有显著作用；Deolalikar（1995）发现印尼的公共卫生支出对贫困儿童疾病的发生和持续时间有很大的影响。

Gupta et al.（2003）在 Bidani & Ravallion（1997）基础上，利用新的跨国截面数据再次估计了公共卫生支出与穷人健康状况之间的关系[①]。结

---

① 数据有两个来源：（1）44个国家人口健康调查中按照收入分层的健康状况数据；（2）70个国家中穷人健康状况的估计。由于无法获得年度数据，特别是一些国家的卫生数据，文章各变量使用的数据为1990—1999年的平均值。

果显示，穷人的健康状况明显不如富人；而公共卫生支出对穷人健康的影响超过对富人健康的影响。公共卫生支出每增加1%在穷人中引起儿童死亡率的下降是富人中的两倍，关于婴儿死亡率也有类似的结果。不过，研究同时指出，仅仅是公共支出单方面的增加并不足以显著影响健康结果，小学入学率、经济增长促进私人医疗资源的增加，以及对 HIV 的控制都具有重要作用。Wagstaff（2003）的研究同样发现，公共卫生支出与较低的婴儿死亡率和儿童死亡率密切相关，但这一联系只存在于低收入人群之中。

当然，也有研究结果显示，公共卫生支出对改善健康公平性没有任何的帮助。Van Doorslaer et al.（1997）利用9个 OECD 国家的数据，以健康集中指数为因变量，研究人均卫生支出、公共卫生支出占卫生总费用的比例、人均收入和人均收入的基尼系数对健康公平性的影响。研究结果发现，不管是人均卫生支出，还是公共卫生支出占卫生总费用的比例，都对健康公平性没有任何影响；相反，收入的基尼系数与健康不公平之间存在显著的正向关系。Castro－Leal et al.（2000）对7个非洲国家的研究发现，对医疗服务项目的公共卫生补助对富人的影响超过对穷人的影响，而针对公共卫生项目和疾病预防项目的改革补助对穷人有利。从公平的角度，如果公共卫生支出项目没有集中于穷人使用较多的服务项目上，则不利于健康公平。Wagstaff（2001）利用42个国家的数据，利用健康集中指数评述了发达国家和发展中国家健康不平等的趋势。Wagstaff 的研究结果显示，随着收入水平的提高，健康不平等在加剧，提高公共卫生支出占卫生总费用的比例能够改善健康公平性，但其回归系数不显著。

回顾上述文献，似乎可以看出，不管是在健康水平的层面，还是在健康公平性的层面，对许多发展中国家而言，公共卫生支出对健康存在积极影响，但对发达国家的数据研究很难得出支持性的结论的影响。Self 和 Grabowski（2003）的研究支持了上述的判断。Self 和 Grabowski 按照 FAO（Food and Agriculture Organization）的分类将 191 个国家分为 55 个发达国家（人均 GDP 约 11000 美元，1985 的购买力平价）、89 个中等收入国家（人均 GDP 约 3000 美元）和 48 个前发达国家（人均 GDP798 美元），使用 WHO2000 年报告中推荐的 DALE 作为因变量。研究显示，对不同的经济发展阶段国家，公共卫生支出对健康的作用不同。对发达国家，公共卫生支出对健康的影响非常小，不仅表现在回归系数很小，且统计上不显著；相反，在中等收入国家和低收入国家，公共卫生支出对健康的影响较大，不仅回归系数较大，而且统计上是显著的。另外，对所有的国家，公共卫生支出对健康的边际报酬是递减的。这也说明了为什么发达国家拥有较高的公共卫生支出水平，但公共卫生支出对健康却没有促进作用。

第三章　卫生财政支出规模、经济增长及卫生总费用

制定合适的卫生财政支出规模不仅是卫生经济政策，也是宏观经济政策的重要组成部分。首先，卫生财政支出是政府公共支出的一部分，如果卫生财政支出规模过大，必然减少和挤占其他部门的公共投入，从而降低政府公共支出的总体效率；其次，卫生财政支出是卫生总费用的一部分，其规模大小对卫生总费用的增长有着明显的制约作用。降低卫生财政支出规模必然导致私人卫生支出的增加，从而在降低医疗系统的公平性和效率的同时，还有可能刺激卫生总费用的快速增长。美国就是一个典型的例子。在OECD国家中，美国政府的卫生支出相对规模最小，但其卫生总费用占GDP的比例却是最大的。因此，不管是从政府公共支出的角度，还是从控制卫生总费用的角度，开展卫生财政支出规模的研究都是很有必要的。本章分为三个部分，第一部分介绍卫生支出的统计口径以及国内外统计口径的比较；第二部分是分析中国卫生财政支出规模的变化及地区差异；第三部分实证分析卫生财政支出的收入弹性及其对卫生总费用的影响。

第一节　关于卫生支出的统计口径

卫生总费用（National Health Expenditure，NHE），即卫生保健总支出，是以货币形式作为综合计量手段，全面反映一个国家或地区在一定时期内（通常为1年），全社会用于卫生服务所消耗的资金总额。卫生总费用各项数据不仅为政府调整和制定卫生政策提供宏观经济信息，同时也是评价社会对人类健康重视程度、分析卫生保健体制公平和效率的

重要依据[①]。

1994 年世界卫生组织（WHO）专家 C. J. L. Murray 等在其所做的国家卫生费用全球分析中，提出了卫生总费用的最新操作性定义：卫生总费用是指用于个体及以人群为基础的公共卫生项目上的预防和治疗服务的所有费用，也包括一些对健康状况有直接影响的项目费用（如计划生育、营养项目、健康教育），间接影响健康的项目，诸如救济与食品项目，供水和卫生有关的环境项目则不包括在内。国内外对卫生总费用的测算口径是不相同的，如果不了解口径上的差异，难免造成数据分析上的混乱，国际比较的结果也是不可信的[②]。

一　国际上卫生支出的口径

卫生总费用是国民卫生核算（National Health Account，NHA）的结果，国民卫生核算遵循国民经济核算体系（System of National Accounts，SNA）的原则，从不同的方面和角度反映卫生系统资金流动的复杂过程。2000 年经合组织（OECD）《国际卫生核算账户的数据收集制度》的出版发行，首次提出了一套综合性、灵活性、系统性的卫生核算制度；它为各国建立卫生核算统计报告制度奠定了理论基础，并提出了一套卫生费用核算的国际分类系统。这是一套内含三个层次的立体平衡账户，它根据卫生保健的筹资来源、卫生保健服务提供者和卫生保健服务功能进行分类，形成一个从筹资来源到提供者流向，以及实际使用这样一个比较完整的核算体系。

国际上一般以 OECD 的卫生账户系统（System of Health Accounts，SHA）为依据确定政府卫生支出口径。根据 SHA 的卫生账户国际分类（International Classification of Health Account，ICHA）规定，卫生费用分为一般政府卫生支出、私人部门卫生支出和其他卫生支出（见表 3—1）。一般政府卫生支出（General Government Expenditure on Health，GGEH）包括

---

① 张振忠主编，王禄生、杨洪伟副主编：《中国卫生费用核算研究报告》，人民卫生出版社 2009 年版，第 8 页。

② 目前，国内的很多研究都是将中国的政府预算卫生支出直接与国外的公共卫生支出进行比较，得出的结论是，中国的政府卫生支出严重不足，甚至低于许多低收入国家。实际上，这些研究都没有注意到国内外在卫生费用测算上的统计口径的差异，因此得出的结论是有失偏颇的。

各级政府在卫生领域的支出和社会保障卫生支出（在世界卫生组织口径中，一般政府卫生支出还包括外援卫生支出）。我们将前者称为狭义的政府卫生支出（territorial government expenditure on health）。狭义的政府卫生支出主要是以税收为基础的支出（tax funded expenditure on health），来源于政府的预算拨款，包括中央政府、省级政府以及其他地方政府的预算卫生支出，但不包括政府对社会保障的财政投入。政府作为卫生服务的筹资者之一，主要为卫生服务提供和卫生服务管理筹集资金，体现在：对卫生服务提供者的补贴、对家庭的税收减免、实物转移、其他社会补贴和实际的公共消费等①。社会保障卫生支出是由各级政府举办和控制的社会保障机构筹集和分配的卫生资金；社会保障机构依法从政府、企业、居民等渠道筹集卫生资金，然后按照一定的规则将资金用于居民卫生保健支出。私人卫生支出是指商业医疗保险和家庭现金付费等非公共性质的卫生支出。

表 3—1 　　　　　OECD 国家卫生总费用核算筹资机构的国际分类

ICHA – HF 编码	筹资机构
HF.1	一般政府
HF.1.1	狭义政府
HF.1.1.1	中央政府
HF.1.1.2	州/省政府
HF.1.1.3	地方/市政府
HF.1.2	社会保障基金
HF.2	私立部门
HF.2.1	私人社会保险
HF.2.2	其他私人保险
HF.2.3	家庭现金卫生支付
HF.2.4	为家庭提供服务的非赢利性机构（除社会保险外）
HF.2.5	私营企业和公司卫生支出（健康保险除外）
HF.3	其他卫生支出

资料来源：OECD，A System of Health Account，http：//www. oecd. org/dataoecd/47/37/1896289. pdf。

在这一卫生账户系统中，医疗保险被分为三个部分。一是社会保障支

---

① OECD. A System of Health Accounts（2000）［EB/OL］. http：//www. oecd. org/dataoecd/41/4/1841456. pdf.

出（Social Security Schemes，HF.1.2），指由国家法律、法规强制实施的部分；二是私人社会保险支出（Private Social Insurance Schemes，HF.2.1）指参加者被严格限定在特定人群，如某一企业的职工；三是私人医疗保险（Other Private Health Insurance，HF.2.2），指自愿参加的商业医疗保险。SHA遵循SNA的原则，将政府的活动看做是私人部门活动，从而政府雇员的职业医疗保险计划被列入私人社会保险支出中[1]。

　　但是，由于在很多情况下，政府雇员的医疗保险计划也是政府的一个重要的政策工具，而且其卫生经费一般都是以税收为基础的，来源于国家财政预算。这种情况下，有必要对上述的卫生账户的分类进行适当的调整，引入了公共卫生支出和非公共卫生支出的概念（见表3—2）。公共部门卫生支出是一般政府卫生支出加上政府雇员的医疗保险计划支出。较一般政府卫生支出而言，公共卫生支出能更加全面地反映政府在卫生领域中的作用。

表3—2　　　基于OECD国家卫生总费用核算筹资机构国际分类的调整表

编码	筹资机构
HF.1	公共部门支出
HF.1.1	狭义政府
HF.1.1.1	中央政府
HF.1.1.2	州/省政府
HF.1.1.3	地方/市政府
HF.1.2	社会保障基金
HF.1.3	政府雇员医疗保险计划
HF.2	非公共部门支出
HF.2.1.2	私人雇主医疗保险计划
HF.2.2	其他私人保险
HF.2.3	家庭现金支付
HF.2.4	为家庭提供服务的非营利性机构（除社会保险外）
HF.2.5	私营企业和公司（健康保险除外）
HF.3	其他

　　资料来源：WHO, Guide to Producing National Health Accounts with Special Application for Low－Income and Middle－Income Countries, http：//www. who. int。

---

[1]　WHO, Guide to Producing National Health Accounts with Special Application for Low－Income and Middle－Income Countries, http：//www. who. int.

　　世界卫生组织在 2000 年的《世界卫生报告》中首次公布 191 个成员国卫生总费用时使用了"公共卫生支出"指标，将各国卫生总费用分为公共卫生支出和私人卫生支出两大类。2002 年《世界卫生报告》中对各国卫生总费用分类指标进行统一调整和变更，将原有的"公共卫生支出"改为"一般政府卫生支出"，并延续至今。经济合作与发展组织（OECD）仍然采用公共卫生支出和私人卫生支出口径。公共卫生支出和一般政府卫生支出是同一含义[①]。

二　中国卫生支出的口径

　　中国卫生总费用核算是从 20 世纪 80 年代初开始的，经历了 1981—1986 年的初创、1987—2002 年的建立与完善、2003 年至今的改革与发展三个历史阶段。目前的卫生总费用的测算指标体系是从 1996 年开始使用的三分法。在中国的卫生总费用的核算框架下，从筹资来源角度，卫生总费用分为政府卫生支出、社会卫生支出和个人现金卫生支出。这与国际上的卫生支出口径有着明显的区别，中国的政府卫生支出不同于国际口径上的一般政府卫生支出或公共卫生支出。

　　中国卫生费用核算体系中的政府卫生支出指各级政府用于卫生保健事业的财政预算拨款，包括上级财政部门和本级财政部门的财政预算拨款。2006 年以前财政预算收支科目时按照支出的相关部门进行分类，其指标为"政府预算卫生支出"。政府预算卫生支出根据经济用途划分为供方的公共卫生服务经费和需方的社会医疗保障补助经费。公共卫生服务经费指各级政府为防病治病、保障人民身体健康，由政府财政预算向社会全体成员提供的卫生服务经费。包括卫生事业费、中医事业费、食品和药品监督管理费、计划生育事业费、预算内基本建设经费、医学科研经费和卫生行政管理费。医疗保障经费是各级政府为部分居民提供的医疗保障资金，主要包括行政事业单位职工的医疗经费、基本医疗保险基金补助和新型农村合作医疗的政府补助。其中，行政事业单位职工医疗经费包括尚未参加社会基本医疗保险的行政事业单位职工公费医疗经费；已参加社会基本医疗保险的职工按政策规定由财政集中安排的医疗保险缴费经费；由财政部门集中

　　① 赵郁馨等：《2005 年中国卫生总费用测算结果与基本卫生服务筹资》，《中国卫生经济》2007 年第 4 期。

安排的公务员医疗补助经费；按国家规定享受离休人员、老红军和二等乙级以上革命伤残军人待遇人员的医疗经费；按规定对企业离休人员、老红军和二等乙级以上革命伤残军人的医疗费超支补助；国家正式核准设置的大专院校学生的医疗补助经费等；基本医疗保险基金补助经费指政府对城镇职工基本医疗保险基金给予的政策性补贴，主要用于基本医疗保险基金入不敷出时进行的风险补救；新型农村合作医疗的政府补助是在实行新型农村合作医疗制度的地区，各级政府按照国家政策对参加新型农村合作医疗农民的基金补助。

2007年国家对财政收支科目进行了较大的调整，从原来的政府财政投入的小口径向政府卫生投入大口径转变，其区别在于政府卫生支出不是仅仅反映财政对卫生的投入，而是以社会全部卫生服务活动为主线，从大卫生角度反映政府卫生投入职能。这一变化赋予卫生费用来源核算新的特征，因此在原有的基础上，对政府卫生支出分类作了新的调整。现在的"政府卫生支出"是广义的政府概念，不仅包括政府对卫生机构的补助，也包括政府对社会医疗保障的财政支出。政府卫生支出是指各级政府用于医疗卫生服务、医疗保障补助、卫生和医疗保险行政管理事务、人口和计划生育相关卫生支出等各项卫生事业的经费，包括上级财政拨款和本级地区财政拨款[①]。

社会卫生支出是指政府外社会各界对卫生事业的资金投入，主要包括社会医疗保障支出、商业健康保险、社会办以及其他社会筹资渠道对卫生的投入。其中，社会医疗保障支出是指各类社会医疗保障项目当年筹集的资金，但不包括政府对其补助；商业健康保险费是指居民自愿参加商业健康保险后缴纳的保费总额；社会办医支出是指除政府外社会各界对各类医疗卫生机构的资金投入，包括企业办医支出、社会卫生固定资产投资、乡村集体经济卫生支出等；其他社会渠道主要包括国内外社会各界对医疗卫生事业的捐赠、行政事业性收费收入等；个人现金支出指居民在接受各类医疗卫生服务时的现金支付，包括享受各类医疗保险的居民就医时的自付费用。

与国际卫生支出口径相比，居民现金支出口径一致，主要区别体现在

① 张振忠主编，王禄生、杨洪伟副主编：《中国卫生费用核算研究报告》，人民卫生出版社2009年版，第18页。

政府卫生支出和社会卫生支出上。国内口径的政府卫生支出既不同于国际口径的一般政府卫生支出，也不能等同于狭义政府卫生支出。中国的政府卫生支出全部来自于财政拨款，包括各级政府用于卫生事业的财政拨款和财政为部分人群提供的医疗保障基金补助。而国际一般政府卫生支出是指由政府部门控制并主要资助的非营利机构所筹集到的卫生资金。其中狭义政府卫生支出主要来自政府的预算拨款，社会保障基金是社会保障机构筹集的资金，不仅包括政府财政对医疗保障的转移支付，还包括雇主和雇员缴纳的费用。

与国际口径的一般政府卫生支出的区别在于，中国政府卫生支出没有包括全部医疗保障经费；与国际口径的狭义政府卫生支出的区别则表现在包含了政府为部分人群提供的医疗保障经费。中国政府卫生支出中的用于卫生事业的财政拨款，即卫生事业费、中医事业费、食品和药品监督管理费、计划生育事业费、预算内基本建设经费等应该与国际的狭义政府卫生支出口径基本一致。二者唯一的差异在于，政府作为筹资机构有可能获得国际组织的援助或捐赠，按照国际口径，这部分资金应当列入狭义的政府卫生支出，但中国的卫生事业拨款全部来自于政府财政预算资金，没有包括这部分资金。幸运的是，这部分资金通常都比较少，因此在国际比较时不会造成什么实质影响。另外，中国的政府卫生支出与社会卫生支出中社会保险的缴费之和可以与国际口径的一般政府卫生支出进行比较。

第二节　卫生财政支出政策的演变

卫生财政支出是政府实现其干预卫生职能的经济基础和手段，基于卫生财政支出在公共支出以及社会经济发展中的重要地位，发达国家在财政管理制度中有专门的卫生财政支出管理制度，从法律和制度上保障卫生财政支出的实现。但中国的卫生财政支出遵循一般的财政管理体制，或者说中国的财政支出管理体制中并没有体现卫生支出的特殊地位。自新中国成立以来，随着财政管理体制从高度集中的"统收统支"财政制度，向"划分收支、分级管理"的分灶吃饭财政制度，再向"分税制"的现代财政制度的转变，中国卫生财政支出管理制度经历了从最初的"统收统支"到"逐步分权"的变化，各级政府间的支出责任重新划分，中央政府将更多的支出职责交给了地方政府，特别是基层政府。其发展历史大致可以分为四个阶段。

一　1949 年至 1978 年

在 1949—1978 年的计划经济时期，政府承担了医疗卫生建设及卫生机构运行的责任。对医疗卫生机构，政府卫生支出主要包括两个部分内容，第一是对医疗机构的能力建设。负责建立各级医疗卫生机构，包括对乡镇卫生院和村卫生室的建设；第二是对医疗卫生机构的预算经费补助。政府对医疗卫生机构的财政补助政策从"统收统支"，即医疗卫生机构的全部收入上缴财政预算，支出全部由财政拨款，到"全额管理、差额补助"，即医疗卫生机构的全部收入纳入政府预算，财政按其实际收支差额补助，年终节余全部上缴的政策演变。政府的卫生财政支出政策的目标是通过补助医疗服务供方的方式，以保证全体人民享有基本卫生服务。

财政不仅包揽了卫生服务的提供，同时也直接和间接地包揽了作为卫生服务需方的城市居民的几乎全部的卫生筹资责任。具体体现为，在城市建立了劳保医疗和公费医疗。公费医疗的经费由国家财政拨付给设在各级卫生行政部门的、政府直接管辖的公费医疗管理机构，实行专款专用、单位统一使用的原则。职工每人每年享受的公费医疗经费标准，按照国家确定的预算定额执行，中央政府将经费拨给地方财政管理使用，实际超支部分由地方财政补贴。劳保医疗经费从所在企业的福利基金中提取的一定比例的承担，由于当时的企业并不需要自负盈亏，因此劳保医疗的经费尽管不是直接来源于政府财政预算拨款，但事实上仍然是由国家财政负责的。

这一阶段，政府包揽了绝大部分的卫生经费，个人责任很小。1978 年，在卫生总经费中，个人现金支出只占 20.43%，其余都直接或间接的来自于国家财政。由于国家的财政管理体制是"统收统支"的体制，因此，实质上是中央财政承担了绝大部分的卫生责任。

二　1979 年至 1993 年

1978 年，以中共中央十一届三中全会为标志，中国进入了经济体制改革和对外开放时期。为了改革过去中央统收统支的集中财政管理体制，调动地方政府的积极性，在中央和各省之间的财政分配关系方面，从 1980 年起，对各省、市实行了"划分收支、分级包干"的预算管理体制。在这种包干制的财政体制下，卫生财政支出政策进行了相应的调整。1980 年国家对卫生事业单位的财政补助方式调整为"预算包干"的办法：对全额预算管理单位，如防疫站等改为"预算包干，节余留用"的办法，即按国家核定的当年预算包干使用，年终节余全部留归单位支配。对差额预算管理单位，如医院、农村卫生院实行"定收入、定支出、定补助、节余留用"的办法，即按国家核定的收入和支出，确定一个补助数额，包干使用，节余留归单位支配。之后，1988年国家进一步改革预算包干方式，对多数省份和地方采取的方式主要有两种，一是包死基数，一定几年；二是核定基数，比例递减。前者主要用于收支比较稳定的全额预算管理单位和一般差额预算管理单位，后者主要用于收入较多，有条件逐步实现经费自给的差额预算管理单位。

对需方的财政补助政策的调整主要涉及劳保医疗，对原有的行政事业单位的公费医疗经费仍然由财政负责，但财政不再间接承担企业的劳保医疗经费。随着经济改革的深入，企业变成了市场上"自主经营，自负盈亏"的竞争主体，政府不再对企业的经营结果负责，因此，由企业负责的劳保医疗经费支出也将不能向财政转移。此时，企业的经营状况将直接决定企业职工及其家属的卫生福利状况。即劳保医疗经费全部来自于企业，国家财政的支持仅表现在对企业劳保医疗经费税收上的优惠。

1980年是政府卫生财政支出体制的转折点。首先，政府对卫生发展的财政支持弱化，政府预算卫生支出从1980年的36.24%下降到1993年的19.75%；其次，由于中央政府与地方政府之间的财政分配关系以从"统收统支"转变为"划分收支、分级包干"的预算管理体制。政府的卫生财政支出责任从中央政府向地方政府转移。并且，中央政府对卫生资源的整合能力受到了削弱，加剧了卫生资源和健康水平的地区间差距。

三　1994年至2002年

在分税制下，本级财政只负责本级的卫生投入，包括对卫生机构的投入和公费医疗经费的投入。也就说，中央、省、市财政只负责本级直属卫生机构的投入。中央财政只按专项转移支付的办法对地方进行补助，主要为防治防疫和农村卫生"三项建设"两个专项，其中防治防疫的专项转移支付也主要用于农村卫生事业。城市获得的专项转移支付很少。政府对卫生的投入全部来源于同级的地方财政。2002年中央政府在卫生财政支出总额中所占的比例分别是2.62%，卫生财政支出几乎全部是由地方政府承担。考虑到超过一半的人口生活在农村，卫生财政支出责任实际上主要是由基层政府承担的。

相比前一阶段的管理体制，卫生财政支出的责任仍然由地方政府承担，不同的是具体规定了由同级的地方政府财政承担。在政府间责任划分上，向更加分权化方向转变，基层政府承担了更大的责任。需要说明的是，这种卫生财政支出上的向下高度分权是与财政收入上的向上高度集中相伴发生的。在分税制下，各级地方政府为了保障各自的财政收入，不得不采取向下的"收入位移"策略，尽可能多地从下级财政抽取资金，制度上势必造成基层财政的预算内可支配收入的减少，很多地方都是"吃饭财政"、"入不敷出"。据有关材料显示，全国 1080 个县发不出工资来，有 50%—60% 的乡（镇）入不敷出。而县及县以下地区的人口占全部人口的超过一般的比例，从财权和事权的分配上讲，收入与支出责任是严重不匹配的。这种情况导致卫生总费用中政府卫生支出比例的进一步下降，2002 年，政府卫生支出占卫生总费用的比例从 1993 年的 19.75% 下降到 15.69%。

四　2003 年至今

2003 年以后，中国的公共财政体制建设步伐明显加快，加上 2003 年的"非典"疫情暴露了中国公共应急体系的脆弱以及公共卫生服务体系的困境，中国政府以及社会各界开始反思"以经济建设为中心"的发展战略。政府在卫生领域应当承担多大的责任以及如何承担成为社会关注的焦点。

这一时期，政府对原有的卫生财政支出政策进行了调整，在供方补助上，逐步以农村、中西部地区和低层级医疗机构、公共卫生机构等作为卫生投入的重点，在补助方式上尝试"收支两条线"的预算管理方式。旨在通过加大对基本医疗服务的财政保障力度，实现基本卫生服务的普遍可及。2004—2007 年中央安排专项资金 94 亿元支持农村卫生服务体系建设，县乡村三级卫生服务条件和能力得到提高。2006 年年底，全国 88.1% 的行政村建有村卫生室，每千农业人口乡村医生和卫生员 1.10 人，每个乡镇举办 1 所政府办卫生院并上划至县区卫生局管理。另一方面，城市社区卫生服务迅速发展。2003 年以来，城市大部分城市街道建立了社区卫生服务机构。2007 年年底，全国社区卫生服务中心（站）2.4 万个，每个中心平均 31 人，每站平均 4 人。与 2003 年比较，社区卫生服务中心（站）增加

1.4万个，卫生人员增长1.6倍①。同时，对服务需方的支持力度提到了前所未有的高度。2002年中共中央、国务院制定并出台了《中共中央、国务院关于进一步加强农村卫生工作的决定》，首次提出了在中国农村建立医疗救助制度；2005年国务院办公厅转发了民政部、卫生部、劳动保障部、财政部《关于建立城市医疗救助制度试点工作意见》，城市医疗救助制度正式启动。2003年1月，国务院转发卫生部、财政部和农业部《关于建立新型农村合作医疗制度的意见》，决定重建农村合作医疗制度。该制度是由政府组织、引导、支持，农民自愿参加，个人、集体和政府多方筹资，以大病统筹为主的农民医疗互助共济制度。截至2010年，这一新型农村合作医疗制度已经实现了全覆盖。2007年7月，国务院发布《关于开展城镇居民基本医疗保险试点的指导意见》，决定开展城镇居民基本医疗保险试点，2007年在有条件的省份选择2—3个城市启动试点，2008年扩大试点，争取2009年试点城市达到80%以上，2010年在全国全面推开，逐步覆盖全体城镇非从业居民。这三项制度的建立，财政给予了前所未有的支持力度，2010年，各级政府对新型合作医疗和城市居民医疗保险的补助经费达到了人均120元，从而全面有效地缓解了城乡居民的医疗压力。

综观政策的演变过程，我们可以发现，以2003年为界，中国卫生财政支出的指导思想经历了两个截然不同的阶段。在2003年以前，每一次卫生财政支出政策的调整都是服从于财政体制改革，卫生改革服从并服务于经济改革的需要，忽视了卫生发展本身的重要意义。2003年开始，决策层开始意识到"以经济建设为中心"的发展观已不再适应当前的社会经济状况，提出了"科学发展观"。在这一发展观的指导下，居民健康、卫生服务公平等问题受到越来越多的关注，表现在卫生财政支出政策上就是，政府卫生支出在支出方向和支出规模上都进行了较大的调整。

第三节　卫生财政支出规模及结构分析

在以下的分析中，卫生财政支出是指中国卫生总费用测算口径中的政

---

① 方鹏骞、董四平、肖婧婧：《中国政府卫生投入的制度变迁与路径选择》，《武汉大学学报（哲社版）》2009年第2期。

府卫生支出（2006 年以前的政府预算卫生支出）。属于一般政府卫生支出中的一般税收筹资，是各级政府用于卫生事业的财政拨款。对政府卫生支出的分析可以揭示出政府对卫生领域的干预意愿和对国民健康支持力度的变化。

一　政府卫生支出的规模分析

（一）政府卫生支出占卫生总费用的比例变化

卫生总费用反映一个国家一年内全社会用于卫生服务的资金总额，中国的卫生总费用一直呈现出快速增长的态势。1978—2007 年，中国卫生总费用由 110.21 亿元增长到 11289.48 亿元；人均卫生总费用由 11.45 元增长到 854.43 元。卫生总费用占国内生产总值的比重由 1978 年的 3.02% 上升到 2007 年的 4.52%。1978—2007 年中国卫生总费用的增长情况和中国卫生总费用占 GDP 比重的变动情况见图 3—1[①]。

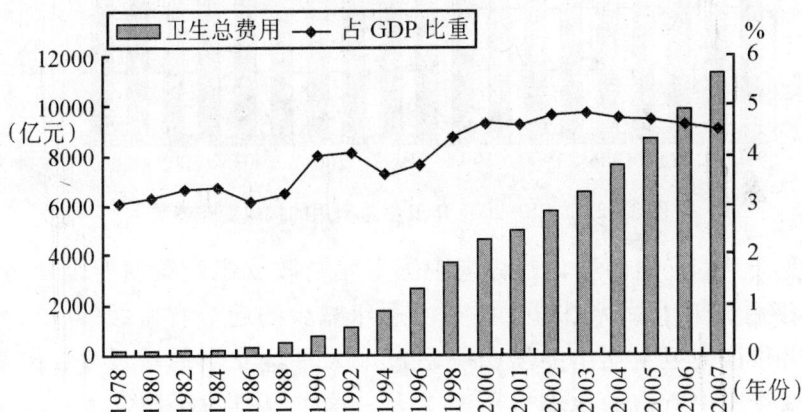

图 3—1　1978—2004 年卫生总费用及其占 GDP 比重变化趋势

但同期政府卫生支出的增速并没有跟上卫生总费用的增长速度。从卫生总费用的构成比来看，政府卫生支出从 1978 年的 32.16% 逐步上升到 1986 年的历史高点 38.69% 之后，一路回落，至 2000 年只有 15.47%，达到历史最低点，2003 年后有所回升，2007 年达到 20.35%；社会卫生支出

---

① 图 3—1 和图 3—2 中的数据来源于《中国卫生总费用研究报告（2008）》，以及根据上面的相关数据计算而得。

也发生下降，由 1978 年的 47.4% 下降为 2001 年 24.10% 的历史最低点，之后有所回升，2007 年达到 34.49%；与此相对比，居民个人卫生支出呈现快速增长势头，已经由 1978 年的 20.5% 增长到 2007 年的 45.16%，在 2001 年甚至达到了 59.97%，超过卫生总费用的一半多。政府卫生支出占卫生总费用的比重偏低，并呈现逐年降低的趋势，卫生总费用的增长主要是个人卫生支出比例快速增长的结果。如图 3—2 反映出，政府卫生政策的总体取向是缩减政府卫生支出在卫生总费用中的比重，不断弱化政府责任，强化个人筹资的责任。

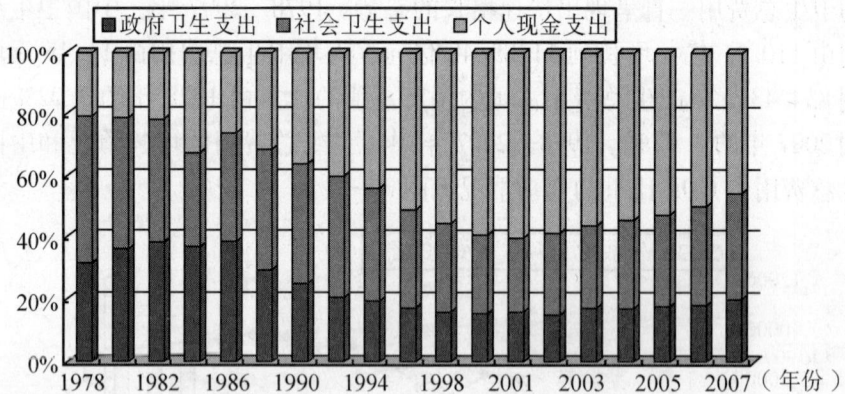

图 3—2　1978—2007 年卫生总费用的构成变化趋势

政府卫生支出的变化趋势与中国卫生财政支出政策演变是吻合的。2003 年后，卫生总费用中公共支出逐年减少的趋势有所缓解，政府卫生支出和社会卫生支出的增长率超过个人现金支出的增长率，二者在卫生总费用中所占的比例也所有上升。这主要得益于国家发展观的变化，出台了一系列的卫生服务改革政策，一定程度上降低了个人现金支出的比例。

（二）政府卫生支出占 GDP 和财政支出的比重

政府卫生支出属于政府总的公共支出的一部分，在资源有限的情况下，为了获得财政预算就需要与其他的部门争夺资金。因此，政府卫生支出占 GDP 和财政总支出的比重反映了政府对卫生事业发展的重视程度。

政府卫生支出占 GDP 的比重尽管有所波动，但一直很低，1983 年比重最高，为 1.31%，1995 年比重最低，为 0.66%。从 1996 年开始，比重有所上升，但到 2004 年也只有 0.95%，不到 1% 的水平，如图 3—3①。政府卫生支出占 GDP 的比重很低且不断降低的原因可能是政府卫生支出占政府总支出的比重较低且不断下降，也可能是因为政府总支出在 GDP 中所占比重较低且不断下降。后者——即税收在 GDP 中所占份额——在 20 世纪 80 年代到 90 年代中期，由于中国经济转型期间税基的持续下降以及地方政府缺乏征税的积极性，政府能用来投入卫生活动（及其他活动）的财政收入越来越少②，结果是政府财政总支出一度持续下降，从 1996 年后才开始回升。前者——即政府预算卫生支出占财政总支出的比重——则随着时间不同而变化。随着政府收入的下降，卫生支出占政府总支出的比例增加，从 1978 年到 20 世纪 90 年代中期，呈上升趋势。由 1978 年的 3.16%，上升到 1992 年的 6.11%；之后，随着政府收入的提高，这一比例开始下降，到 2002 年达到最低的 4.12%。直到 2003 年，由于 SARS 爆发以及新型农村合作医疗的建立，这一比重才有所恢复。这与 1994 年以来的分税制改革以及政府在支出责任上的高度分权是密切相关的。

图3—3 政府卫生支出占财政支出和 GDP 的比重变化（%）

尽管中国政府在 1997 年曾规定"中央和地方政府对卫生事业的投入，

---

① 数据来源：《中国卫生费用研究报告》和《中国统计年鉴》。

② 不过在此期间，地方政府的预算外收入却迅速增加。资料来源：中国卫生领域的公共支出与政府的作用，世界银行简报。

要随着经济的发展逐年增加，增加幅度不低于财政支出的增长幅度"①。但从数据上看，这一规定并没有实现它的目标。图3—4显示②，从1991年往后的大部分年份里，政府卫生支出的增长速度低于财政支出的增长速度。

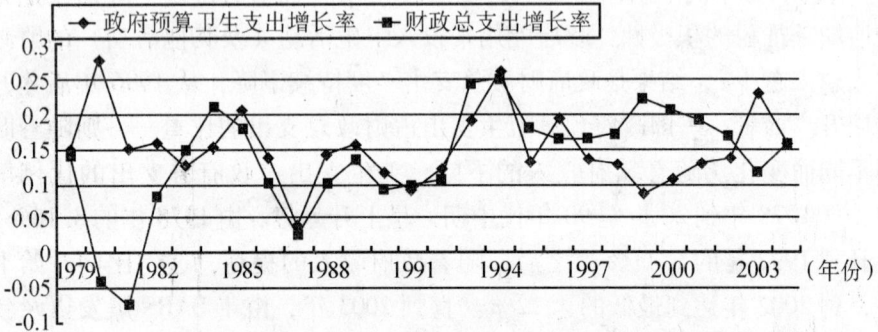

图3—4　政府预算卫生支出与财政总支出增长速度比较

二　政府卫生支出的结构分析

（一）地区结构

由于卫生财政筹资的逐级向下分权，地方政府承担主要的卫生筹资责任，因此地方经济收入水平就成了卫生财政支出的主要制约因素，导致卫生财政支出上存在巨大的地区差距。图3—5显示，人均卫生财政支出与人均GDP之间存在明显的正向关系，经济发展水平越高，人均卫生财政支出越高。我们按卫生财政支出的水平进行排序后发现，1996—2005年的十年间，卫生财政支出高低顺序基本没有变化，处在前几位的一直都是经济发达地区，处在后几位的则是经济欠发达的中西部省份。并且，卫生财政支出的地区间的绝对差距在显著扩大，极差从1996年的118.62元，扩大到2005年的388.0元，相对差距也在扩大，从1996年的9.59倍，扩大到2005年的11.03倍，见表3—3。

---

① 中共中央、国务院：《关于卫生改革与发展的决定》，1997年。
② 数据来源：据《中国卫生总费用研究报告》和《中国统计年鉴》的数据计算而得。

表 3—3　　　　　　　　　卫生财政支出水平的序位变化

年份 排序地区	1996		2005	
	人均卫生财政支出	人均 GDP	人均卫生财政支出	人均 GDP
1. 上海	132.4	1	293.3	2
2. 北京	109.1	2	426.7	1
3. 天津	68.3	3	182.0	3
4. 广东	50.5	5	89.6	10
5. 新疆	48.9	11	128.8	6
⋮	⋮	⋮	⋮	⋮
24. 广西	18.6	19	55.8	23
25. 贵州	18.3	28	69.2	18
26. 湖南	15.5	18	38.7	28
27. 安徽	14.5	21	40.9	27
28. 河南	13.8	20	44.6	26
极差	118.6		388.0	
	1996 年上海/河南 = 9.59		北京/湖南 = 11.03	

数据来源：1997 年《财政年鉴》和 1998—2006 年《中国统计年鉴》。

注：由于重庆 1997 年从四川分出成为直辖市，为了考虑数据的前后一致，在分析时去掉了重庆和四川两个地区，同时因为西藏也是一个非常特殊的地区，没有将其包括在分析范围内。

（二）城乡结构

由于卫生财政支出是逐级向下分权的，越是基层政府，承担的支出责任越大，而中国的实际情况是，经济发展水平不仅具有巨大的地区差距，而且是典型的城乡二元经济结构。这种情况下，逐级向下分权的结果必然导致卫生财政支出上的巨大城乡差距。第三次全国卫生服务调查的结果显示，城市地区的卫生财政投入力度要明显高于农村地区，政府资源尤其向大城市集中。而在农村不同地区随其经济发展水平的差异，在卫生事业上的投入也存在差距。详细数据见表 3—4。图 3—5 同样表明，城乡之间存在巨大差距，这一差距直到 2001 年开始才有所缩小，但 2004 年，人均卫生事业费的城乡之比仍然达到 3.57。

表 3—4　　　　　调查地区平均每县卫生财政经费投入比较（2002）

	大城市	中城市	小城市	一类农村	二类农村	三类农村	四类农村	城市平均	农村平均
政府卫生投入	2238	912	1070	957	853	631	648	1541	784
当地财政卫生拨款	1844	881	997	904	803	558	607	1345	726
各级专项补助	18	1	5	12	24	39	34	9	27
财政基本建设费用	376	30	68	41	26	34	7	187	31

资料来源：第三次全国卫生服务调查（样本容量 90 个县，覆盖人口约 4500 万）。

注：一类农村指富裕农村，二类农村指小康农村，三类农村指温饱农村，四类农村指贫困农村。

（单位）

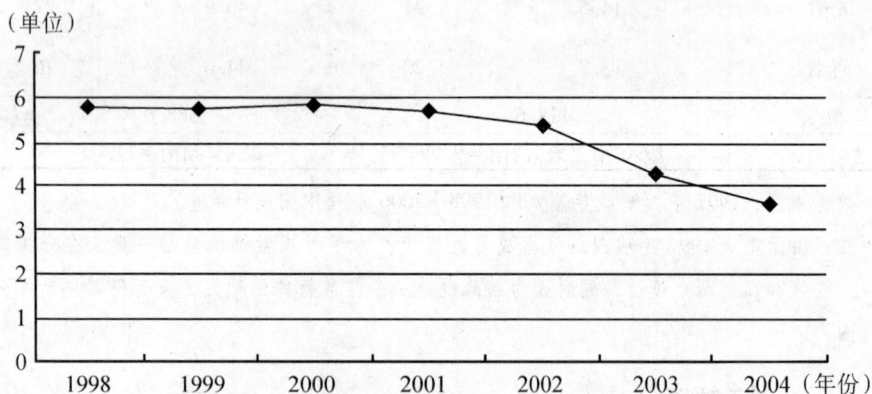

图 3—5　人均卫生事业费的城乡之比

　　以上数据说明，在进行卫生财政支出规模研究时，应当重视对地区规模的讨论。仅仅分析全国层面上的卫生财政支出规模，而忽视卫生财政支出上巨大的地区差异，无疑将导致卫生财政支出政策的偏颇，降低卫生财政支出的有效性。

三 各级政府间支出责任分析

随着财政管理体制从 20 世纪 50 年代高度集中的"统收统支"财政制度，到 20 世纪 80 年代的"划分收支、分级管理"的"分灶吃饭"财政制度，再到 1994 年开始的"分税制"，各级政府间卫生财政支出责任也作了相应的调整，进行了大规模的分权化改革，结果是地方政府，尤其是基层政府成了卫生财政支出的主体[①]。从 1991—2005 年，地方政府承担全部卫生经费的 97.78%[②]，中央财政仅负担了 2.22%，见下图 3—6。

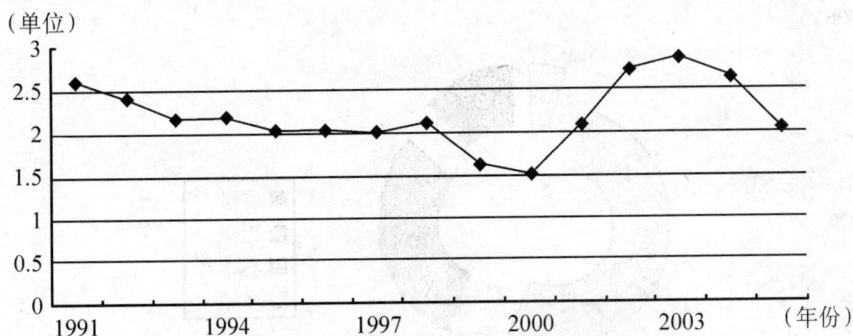

图3—6 历年中央财政负担的卫生支出比例

表 3—5 表明，地方政府之间也是高度向下分权的。省级财政承担的责任较低，而市及市以下的财政承担了地方政府的绝大部分卫生支出责任。2003 年，三省平均省级财政医疗卫生支出占 12.93%，市及市以下财政支出占 87.07%。为了更进一步了解卫生财政支出责任在省级以下的划分，我们以河南省 2003 年的统计数据为例，投入显示，省级财政支出占 13%，市级财政占 30%，县市级财政占 52%，乡镇级财政占 5%，见图 3—7。以上分析表明，政府卫生支出在中国是向下高度分权的，县级财政承担着卫生支出最主要的责任[③]。

---

① 在中国各级地方政府支配了 70% 的政府支出，而在大多数工业化国家，地方政府支配的全部政府预算不到 30%，资料来源：National Development and Sub-national Finance World Bank，2002。

② 数据来源：历年《中国统计年鉴》，中国统计出版社。在统计年鉴中的科目为卫生事业费，但它的口径又不同于《卫生总费用研究报告》中的卫生事业费，为了区别，此处写为政府财政负担的卫生经费。图中数据皆为决算数据。

③ 王小林：《中国儿童服务筹资》第一卷：教育与卫生支出分析 2006 年版。

表 3—5 三省与省以下政府之间卫生财政支出比例（2003）

	省本级	市及市以下
山东省	14.12	85.88
河南省	12.68	87.32
安徽省	11.99	88.01
合　计	12.93	87.07

数据来源：《山东统计年鉴（2004）》、《河南统计年鉴（2004）》、《安徽统计年鉴（2004）》。转引自王小林、梅鸿《中国预算制度与儿童教育卫生服务筹资》，《研究报告（2006）》。

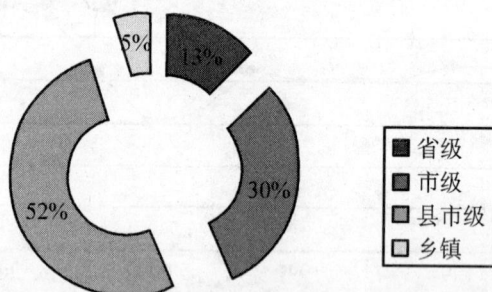

图 3—7　2003 年河南省卫生财政支出地方政府间的比例

第四节　卫生财政支出、经济增长与卫生总费用

一　模型及数据来源

为了分析卫生财政支出、经济增长和卫生总费用之间的关系，我们根据理论研究和数据的可得性建立如下的两个模型：

$$\text{pche} = f\ (\text{pcgdp},\ \text{rghe},\ \text{rubni}) \tag{1}$$

$$\text{pcghe} = f\ (\text{pcgdp}) \tag{2}$$

其中，pche 是人均卫生总费用，pcgdp 是人均 GDP，rghe 是政府卫生支出占卫生总费用的比例，rubni 是城市化率，pcghe 是人均政府卫生支出。

我们利用（1）式估计卫生总费用的收入弹性，以及政府卫生支出的比例对卫生总费用的弹性系数，利用（2）式估计政府卫生支出的收入弹性。

我们所使用的数据均来源于历年的《中国统计年鉴》和卫生部卫生经济研究所的《中国卫生总费用测算报告》，样本数据为 1978—2005 年的年度数据。为了消除价格因素的影响，对人均卫生总费用、人均 GDP 和人均政府卫生支出三个变量用 GDP 平减指数进行了调整，都是实际值。另外，所有的变量都是对数值，一来是为了让数据更加平稳，二来是数据变化后得到的估计系数是弹性的，更方便解释。

二　实证分析结果

经济时序变量一般是不平稳变量，若进行简单线性回归，可能导致"伪回归"的问题；若进行简单差分，又会损失长期信息。协整分析方法可以弥补以上不足。时间序列变量之间的协整关系研究是 20 世纪 80 年代末到 90 年代计量经济学方法的重大突破。这一方法的基本思想是：如果两个或两个以上的时间序列变量是非平稳的，但它们的某种线性组合表现出平稳性，则这些变量之间存在长期均衡关系（协整关系）。在经济学上的含义是：如果变量间存在协整关系，则可通过其他变量的变化来影响另一变量水平值的变化，不存在"伪回归"的问题；如果变量间没有协整关系，则不存在通过其他变量来影响另一变量的基础，回归是谬误的。

（一）单位根检验

检验变量是否为平稳的过程为单位根检验。本书采用 ADF（Augmented Dickey – Filler）法检验变量的平稳性，ADF 单位根检验过程是基于如下的 OLS 回归式：

$$\Delta x_t = \beta_0 + \alpha_0 t + \alpha_1 x_{t-1} + \sum_{i=1}^{m} \beta_i \Delta x_{t-i} + \varepsilon_t \qquad (3)$$

其中，t 表示线性时间趋势项，方程中加入 m 个滞后项是为了使残差项为白噪声。ε_t 表示白噪声残差。对式（3）作假设检验：H_0：$\alpha_0 = 0$；H_1：$\alpha_0 < 0$。如果接受原假设 H_0 而拒绝备假设 H_1，则说明存在单位根，该序列为非平稳序列；反之，序列是平稳的。对于非平稳序列，我们还需进行高阶差分检验，如果变量的 d 阶差分式平稳的，则称该变量是 $I(d)$ 的，即变量是 d 阶单整序列。所有变量均 d 阶差分平稳是变量间协整关系的必要条件。

ADF 的检验结果见表 3—6。结果表明变量都是一阶差分平稳的，也就是说明它们都属于 $I(1)$ 序列，满足构造协整方程的必要条件。

表 3—6　　　　　　　　　　变量及其一阶差分的单位根检验结果

变量名	ADF 统计量	临界值（5%）	检验形式	结论
pche	− 0. 3981	− 2. 986	含常数项和趋势项	不平稳
pcgdp	− 2. 3762	− 4. 44	含常数项和趋势项	不平稳
pcghe	− 0. 5875	− 3. 587	含常数项和趋势项	不平稳
rghe	− 1. 027	− 2. 981	含常数项	不平稳
rubni	− 2. 607	− 3. 60	含常数项和趋势项	不平稳
△pche	− 3. 412	− 2. 981	只含常数项	平稳
△pcgdp	− 4. 198	− 3. 012	只含常数项	平稳
△pcghe	− 3. 001	− 2. 981	只含常数项	平稳
△rghe	− 2. 382	− 1. 954	不含常数项	平稳
△rubni	− 3. 792	− 2. 981	只含常数项	平稳

注：检验的滞后项数由赤池信息（AIC）准则决定。

（二）协整检验

两个常用的协整检验方法是 Johansen 方法和 Engle – Granger 的两步法。对式（1）我们用 Johanson 方法进行协整检验，式（2）因为是一元的，所以我们用 EG 两步法进行协整检验。

1. 式（1）的 Johansen 协整检验结果

本文同时采用了迹检验（Trace Test）和最大特征值检验（Max – Eigenvalue Test），其结果见表 3—7。

表 3—7　　　　　　　　　　Johansen 协整检验结果

假设协整方程数	迹统计量	5% 临界值	极大似然值	5% 临界值
不存在 *	51. 7763	47. 8561	36. 7011	27. 5843
至多一个	15. 0752	29. 7971	10. 9605	21. 1316
至多两个	4. 1147	15. 4947	3. 4122	14. 2646
至多三个	0. 7025	3. 8415	0. 7025	3. 8415

* 表示在5% 的显著性水平上拒绝了原假设。

协整检验结果表明：在5% 的显著性水平下，存在 1 个协整方程，验证了变量之间存在着长期稳定的关系。协整方程如下：

$$pche = -3.8 + 1.1023pcgdp - 0.374rghe + 1.4425rubni \tag{4}$$

2. 式（2）EG 两步法协整检验结果

EG 两步法的第一步是用 OLS 法估计协整参数向量，第二步是对由第一步得到的残差值进行稳定性检验。如果残差值为 I（0）序列，则变量间存在协整关系；反之，则不存在协整关系。

我们首先用 OLS 对式（1）进行估计得到：

$$pcghe = -2.83 + 0.73pcgdp \tag{5}$$

第二步，我们对上述回归变量的残差进行平稳性检验，若 $e_t \sim I（0）$，则（5）式的 OLS 估计即是人均政府预算卫生支出与人均 GDP 之间估计的协整系，方程（5）就表达了变量间长期稳定关系。用 ADF 方法检验 e_t 的平稳性，即作如下回归：

$$\Delta e_t = \mu_0 e_{t-1} + \sum_{i=1}^{k} \mu_i \Delta e_{t-i} + \nu_t \tag{6}$$

ADF 的检验结果见表 3 - 8。发现残差 e_t 的 t 统计量小于 5% 的显著水平临界值，说明 e_t 序列是平稳的。

表 3—8　　　　　　　　EG 两步法中残差的 ADF 检验结果

变量	统计量	5% 临界值	结论
e_t	1.9830	-1.9544	平稳

三　主要结论与讨论

（一）虽然卫生总费用的增长与经济增长协调一致，但政府卫生支出的增长却没能与经济增长保持协调，而是远远落后于经济增长

卫生支出的弹性系数是世界各国用来衡量卫生支出与经济增长是否协调的评价指标。它表示卫生支出增长率与 GDP 增长率之间的关系，弹性系数大于 1，反映卫生支出增长速度快于经济增长；弹性系数小于 1，说明卫生支出增长速度慢于经济增长。表 3—9 对不同收入国家的卫生支出收入弹性进行了比较。表 3—10 对不同的卫生支出类型的收入弹性进行了比较。数据显示，所有卫生支出的收入弹性都不低于 1，说明卫生支出的增长都是快于经济增长的，但经济越发达，卫生支出的增长速度越快。世界上高收入国家的卫生总费用的收入达到了 1.47，说明 GDP 每增长 1%，卫生总费用将提高 1.47%；而低收入国家的卫生总费用的收入弹性只有

1.00，说明卫生总费用的增长速度与经济增长速度相同。

表 3—9　　　　　　不同收入国家卫生总费用的收入弹性（1994 年）

收入水平	收入弹性	观察国家数	校正 R^2
低收入	1.00	31	0.34
中等收入	1.19	57	0.82
高收入	1.47	34	0:64

资料来源：世界银行材料，Schicber，1997。

表 3—10　　　卫生总费用、公共支出与私人支出的收入弹性（1994 年）

支出类型	收入弹性	观察国家数	校正 R^2
卫生总费用	1.13	122	0.94
公共卫生支出	1.21	162	0.91
私人卫生支出	1.02	126	0.85

资料来源：世界银行材料，Schicber，1997。

据协整分析结果，中国人均卫生总费用的收入弹性为 1.1023，这说明卫生总费用的增长快于经济的增长，人均 GDP 每增长 1%，人均卫生总费用将增长 1.1%。这一收入弹性低于发达国家的收入弹性 1.47，但高于低收入国家的 1.00，与世界平均水平 1.13 和中等收入国家水平 1.19 比较一致。可见，与世界各国的平均水平相比，仅就弹性系数而言，中国的卫生总费用的增长速度虽然较快，但与经济增长速度还是比较协调的，没有超出经济增长的承受能力。

中国政府卫生支出的收入弹性为 0.79，小于 1。说明政府卫生支出的增长远远慢于经济增长，人均 GDP 每增长 1%，政府卫生支出只增长 0.79%。表 3—10 的数据显示，从世界范围看，公共卫生支出的收入弹性为 1.21，大于卫生总费用的收入弹性 1.13 和私人卫生支出的收入弹性 1.02。中国的情况恰好相反，政府卫生支出的收入弹性不仅小于世界的平均水平[①]，而且小

---

① 公共卫生支出包括来源于一般税收的政府财政支出，也包括社会保障卫生支出，由于无法获得政府财政支出收入弹性的国际数据，这里用中国的政府卫生支出的收入弹性与其相比较，得出中国政府财政支出没能与经济增长保持协调发展的结论是可信的。因为，事实上，根据三次全国卫生服务调查数据，中国的社会医疗保险的覆盖率是不断下降的，如果利用 WHO 的统计口径计算中国的公共卫生支出的收入弹性，其数据只可能更低。

于卫生总费用的收入弹性。可见，中国政府卫生支出增长没能与经济增长保持协调，政府并没有有效承担起保护居民健康和发展医疗卫生事业的责任。

可以推断，私人卫生支出的收入弹性必然是最大的，不仅要大于卫生总费用的收入弹性，而且更是远远大于政府卫生支出的收入弹性。说明，在中国，卫生总费用的主要是由私人卫生支出的上涨来推动的。这与实际情况是非常吻合的。改革开放以来，不仅个人现金支出占卫生总费用的比例快速提高，而且个人承担的医疗保健支出占其收入的比例也越来越高，也就是说，居民将越来越多的新增收入花在了医疗保健方面。从 1990 年至 2005 年，城镇居民的人均可支配收入年平均增长 14.43%，人均医疗保健支出年平均增长 23.39%，相对于人均可支配收入的弹性系数为 1.621；同期，农村居民人均纯收入年平均增长 10.93%，医疗保健支出年评价增长 15.63%，相对于人均纯收入的弹性系数为 1.43。可见，个人卫生支出增长太快，个人负担很重，说明中国的卫生总费用在筹资上存在严重的结构性问题。

（二）提高卫生总费用中政府卫生支出的比例，可以抑制卫生总费用的上涨

提高公共支出，不管是提高卫生财政支出，还是提高社会医疗保险支出占卫生总费用的比例，都将改变卫生服务市场上供方和需方的行为，从而对卫生总费用产生影响。对需方而言，提高公共支出的比例意味着降低了医疗卫生服务的价格，必将扩大其对卫生服务的需求，从而产生"道德风险"的问题，推动卫生总费用的上涨。如图 3—8 所示，医疗服务的公共支出，使得消费者个人支付的医疗服务价格下降，从市场价格 P_0 下降到 P_1，医疗服务需求量从 Q_0 增加到 Q_2，在医疗服务供给曲线向右上方倾斜的情况下，需求量的增加，必然推动医疗服务价格从原来的 P_0 上升到 P_2，从而卫生总费用显著上涨。当然，如果医疗服务的供给是无穷弹性的，则供给曲线是一条水平线，此时需求量的增加不会引起医疗服务价格的上升，但仍然将推动卫生总费用的上涨。

另一方面，公共支出机制的引入，从理论上来讲，相当于是将卫生服务市场上分散的购买者变成一个集中购买者，无疑是增强了消费者在卫生服务市场上的谈判能力，对供方而言是一个有力的制约因素，有利于控制卫生总费用，提高资源利用效率。但实际效果还要取决于公共卫生资金的支付方式，如总额预付的方式对供方行为的制约作用，从而对卫生总费用的控制效果就比按服务项目支付的方式效果要好。

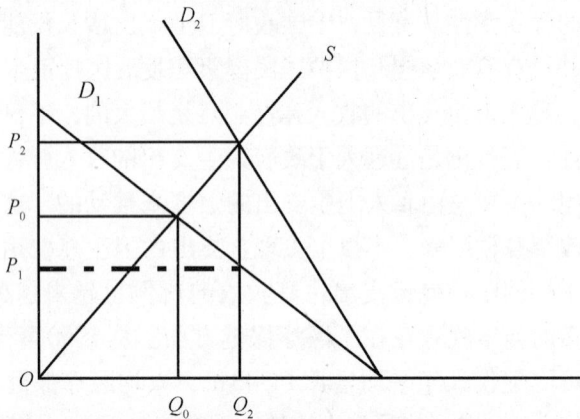

图 3—8　医疗服务价格降低对卫生总费用的影响

　　综上所述，需方的力量拉动卫生总费用上涨，对供方的制约有利于控制卫生总费用的上涨。提高公共支出对卫生总费用的影响究竟如何？从短期来看，由于更多的人享受到免费或廉价的卫生服务，卫生总费用可能增加，但从长期来看，由于人们健康状况的改善，反而会使卫生总费用减少。因此，一般来讲，一个国家对卫生事业的财政投入量与卫生总费用增长之间存在负相关关系。

　　由式（4）可知，提高政府卫生支出的比例有利于抑制卫生总费用的上涨。然而中国在卫生政策制定中显然是忽视了这一点。改革开放以来，卫生总费用中，政府卫生支出的比例持续下降，从 1978 年的 32.16%，下降到 2005 年的 17.93%，与此同时，社会卫生支出占卫生总费用的比例从 47.41% 下降到 29.87%[①]。与此相伴的是，需方必要的医疗服务需求不能得到满足。2003 年的第三次中国卫生服务调查结果显示：中国城乡居民应就诊而未就诊的比例由 1993 年的 36.4% 上升到 48.9%；患者应住院而没有住院的比例高达 29.6%；在住院患者中，主动提出提前出院的比例为 43.3%，其中六成以上是因为支付不起相关费用而提前出院的；农民应住院而没有住院的比例更是从 1998 年的 63.7% 上升到 75.4%；因病致贫、因病返贫的农民占全部贫困农民的比例上升到 33.4%；在西部地区农村，

----

　　① 社会性支出是指社会各界对卫生事业的资金投入，包括社会基本医疗保险费、社会其他保险医疗卫生费、商业健康保险费、非卫生部门行政事业单位办医支出、企业医疗卫生支出、农村居民医疗保障经费等。相对于个人现金卫生支出，社会性支出代表的是一个公共支付机制。

62%的患者因为经济困难应治疗而没有治疗，75.1%的患者还没有治愈就要求提前出院。

由于降低了卫生总费用中公共支出的比例，卫生服务市场上绝大部分消费者是依靠个人现金支付全部医疗服务价格的分散消费者，对供方的制约作用严重削弱，导致过度医疗和不恰当的医疗现象已经到了令人担忧的程度。例如一项研究发现，阑尾炎和肺炎支出的20%在临床上是不必要的。在这项研究中，一个医师评估小组认为，高达三分之一的药物支出是不必要的，研究结论是因为这两种疾病住院的时间可以减少10%—15%，而同时对治疗结果没有任何负面的影响[①]。最终导致医疗费用的快速上涨。次均门诊费用从1990年的10.9元上涨到2004年的118元，增长了9.83倍，次均住院费用从1990年的473.3元上涨到2004年的4284.8元，增长了8.05倍，远快于人均收入的增长速度。同期，农村居民的人均收入增长了3.28倍，城市居民的人均可支配收入增长了5.24倍，医疗费用的上涨已经远远超过了人们的经济承受能力[②]。

在制定政策的时候，我们经常简单地认为，降低政府卫生支出水平，能够有效减轻政府的财政负担，事实也确实如此。但我们应当看到，对卫生总费用而言，不管其筹资结构是更多依赖于公共筹资，还是更多依赖于私人筹资，它终归是GDP的一部分，最终由全体居民承担。作为卫生服务市场的一个重要制约力量，卫生财政支出比例的降低可能导致私人卫生支出的更大增长，结果是卫生总费用的更快增长，获得同样的健康水平，最终必须投入更多的资源。中国的实践已经证实了这一点，尽管政府投入相对越来越少，但卫生总投入却在不断增加，而且卫生总费用的健康效果越来越小。改革开放之后的二十年里，从1980—1998年，中国的婴儿死亡率降低了26%，而同期低收入国家平均下降了27%，中等收入国家平均下降了43%，高收入国家平均下降了60%。与印度的预期寿命差距从14岁下降到7岁[③]。

---

① Liu X.，Mills A.：《评估支付机制：如何衡量不必要的医疗服务，医疗政策和计划》1999年，第14卷第4期，第409—413页。转引自世界银行简报：《中国的卫生服务提供：综述》。

② 数据来源：历年的《中国统计年鉴》和《中国卫生统计年鉴》。

③ 数据来源：由王绍光的《中国公共卫生的危机与转机》（发表于比较第七辑）中的数据计算而得。

第四章　财政补助与医院效率

　　《中共中央国务院关于卫生改革与发展的决定》明确指出："卫生改革的目的在于增强卫生事业的活力，充分调动卫生机构和卫生人员的积极性，不断提高卫生服务的质量和效率。"效率是衡量卫生系统的主要指标之一，如何提高卫生系统的效率在卫生改革中占有举足轻重的地位。医院是卫生系统的主体，也是卫生服务提供的主要承担者，自20世纪80年代开始的医疗卫生体制改革的初衷就是要提高医院医疗服务提供的微观效率，解决看病难、住院难、手术难的"三难"问题。

　　效率在《辞海》中的解释是"工作中所消耗的劳动量与所获得的劳动效果的比率"。一般认为，效率，也称生产效率，反映的是投入与产出或成本与收益之间的关系，是指在一定的生产技术条件下投入及产出与理想状态生产过程的比较。经济学又将生产效率区分为技术效率和配置效率。技术效率是衡量投入到生产过程中的资源能否得到充分有效利用，即用正确的方法生产，没有任何浪费。世界银行资助的中国旗舰计划培训教材中指出技术效率可以表示为"从任何给定的投入组合中获得最大的产出"。配置效率是指使用最小的资源生产出一定量符合人们偏好的产品，或使用同样的资源生产最大的产出，即做符合需要的、正确的事情。作为卫生系统中的一个微观层面的主体，对医院而言，技术效率无疑是最基本，也是最为重要的，所以本章将研究重点放在医院的技术效率上，但对配置效率并非毫无涉及，在医院行为变化的讨论中就包含了对配置效率的讨论。

第一节　财政补助政策的变迁与医院行为

　　中国从20世纪50年代开始，逐步建立了与当时计划经济相联系的医疗卫生体制。在当时的医疗卫生体制下，医院几乎全部是公立的，这些医院以"事业单位"的身份受政府管制并依赖财政补贴，再以一种强制性低价的模式向群众提供医疗服务。但伴随着改革的深入，医院的财政补助政策发生了巨大的转变，政府对医院的财政支持力度不断弱化，医院的角色逐步转为相对独立、准自负盈亏的经济实体，这些变革必然给医院的行为带来影响。

一 改革开放前：预算软约束，医院经营效率低下，但公益性强

科尔奈在研究社会主义国家公共企业低效率的成因时，首度使用了"预算软约束"（soft–budget constraint）的概念。"预算软约束"描述的是社会主义经济中普遍存在的现象，即政府承认不能不去解救亏损的国有企业，这些解救措施包括追加投资、减少税收、财政补贴、贷款支持等。毋庸置疑，预算软约束会扭曲企业的微观经济行为，产生诸如管理者道德风险、银行的呆坏账、财政风险和企业效率低下等问题（Kornai，1980，1986）。之所以出现预算软约束，林毅夫等人（1994，1997，1999）对转轨经济中国有企业的预算软约束问题进行了系统的阐述，认为"政策性负担"是形成企业预算软约束问题的根本原因，而企业的所有制性质与预算软约束之间并不存在必然的联系。林毅夫等人认为，中国的国有企业普遍存在两种政策性负担：战略性政策负担和社会性政策负担。战略性政策负担是指在传统的赶超战略思想下，投资于中国不具备比较优势的资本密集型产业或产业区段所形成的负担；社会性政策负担是指企业承担过多的冗员和工人福利等社会性职能所形成的负担（林毅夫等人，1994，1997，1999）。

相比其他的国有企业，中国的医院不仅同样存在社会性政策性负担的问题，还肩负着实现国家健康战略的政策性负担。1954年9月，第一次全国人民代表大会通过了第一部《中华人民共和国宪法》，其中第93条规定："中华人民共和国劳动者在年老疾病或者丧失劳动能力的时候有获得物质帮助的权利，国家举办社会保险、社会救济和群众事业，并逐步扩大这些设施，以保证劳动者享受这种权利。"从而从法律上规定了劳动者患病时有获得物质帮助的权利，以及国家承担保证劳动者享受这种权利的责任。政府保证居民获得医疗服务可以有三种方式：向市场购买、直接组织生产和混合提供。在计划经济时代，中国政府选择了直接组织生产的这一方式，创办了大量的公立医院。政府与医院的关系是上下级的等级关系，

医院是政府主管部门的附属机构，而不是独立运营的主体。公立医院是政府在卫生领域实现职能的载体，承担着政府保证全体居民公平获得负担得起的卫生服务的社会目标。为了保证这个社会目标的实现，政府赋予了公立医院财政补贴和税收减免等经济地位。具体来说，医院的收入主要来自三个方面：财政补助、服务收费和药品加成。在财政补助方面，自中华人民共和国成立之初，国家对医院的经费开支一直采取"全额管理，差额补助"的办法，即医院的全部收入纳入政府预算，财政按其实际收支差额补助，年终节余全部上缴。政府财政补助政策的目的是通过补助医疗服务供方的方式，以保证全体人民享有基本卫生服务。在价格政策上，政府规定医疗服务收费价格要低于不含工资与折旧费的物耗成本，同时允许药品按药品批发价格乘法定加成率确定的零售价格执行，所得利润弥补医疗服务收费价格偏低造成的损失。因为信息不对称，很难区分医院的亏损是因为服务价格偏低、药品收入和财政补助不足以弥补医疗服务的成本造成的，还是由于管理不善、效率低下导致的。长期以来，医院的亏损全部由财政负担，出现了明显的预算软约束的现象。翁笙和在中国广东的经验研究也证明，城市公立医院的本年度财政状况与下一年度受到政府财政援助的机会紧密相关（Eggleston et al.，2009）。

在信息不对称和激励不相容的情况下，由政策性负担带来的预算软约束问题，严重影响了医院的经营效率和激励机制，医院没有积极性和动力提供更多的服务，缺乏改进服务、提高效率的动力，从而导致了"看病难、住院难和手术难"的"三难"问题。

但我们发现，医院财政预算软约束虽然制约了医院的生产积极性，却有利于医院公益性的实现。中国大量的公立医院本身就是社会福利事业的载体，政府希望通过对医院的财政补助，降低医疗服务的价格，实现全体居民获得低价或免费的医疗服务的社会目标。在全额财政补助的情况下，医院的职工执行政府雇员的固定工资，由财政负担，而与医院的收入无关，而且医院亏损由财政补贴，所以，医院提供不必要的治疗、检查、开大处方的诱导需求不明显，医疗服务的成本得到了有效控制，次均医疗费用基本控制在人们的可承受范围之内。另外由于病人欠费等原因形成的医院财务赤字由政府承担，因此，医院没有强大的经济压力控制病人欠费，一些低收入者和没有保险的群体能够从医院获得基本的医疗服务，所欠费用由财政负担。中国在 20 世纪六七十年代，由中央财政拨专款冲减或核销医院由于患者欠费造成的死账，并在中央卫生支出中设立了解决群众欠费专项基金（石光、李静、刘秀颖，2002）。

二　改革开放后：财政支持弱化，医院逐利行为显现、公益性淡化

改革开放以后，随着财政管理体制从高度集中的"统收统支"财政制度，向"划分收支、分级管理"的"分灶吃饭"财政制度和"分税制"的现代财政制度的转变，政府对医院的财政补助也发生了相应的变化，经历了统收统支、差额补助、定向补助和定额补助等几个阶段，对医院的财政补助原则调整为"全额管理，定额补助，结余留用"，将原来包工资的方法改为按编制床位或任务定额补助，医院增收节支的节余可以用来改善医疗条件、职工集体福利和个人奖金。另外，在改革前"统收统支"的财政管理体制下，对各级医疗机构的财政补助实质上是由中央财政负担的，在"分税制"下，对医院的财政补助责任从中央政府下移给了地方政府，具体来说，是下移给了医院的同级财政。在《关于卫生事业补助政策的意见》中指出，卫生事业财政补助是指各级政府用于公共卫生事务和卫生机构的资金补助。具体来讲，政府举办的县及县以上的非营利性医疗机构以定项补助为主，由同级财政予以安排；在甲方举办的社区卫生服务组织以定额补助为主，由同级财政予以安排。

按照新的财政补助政策，财政不再对医院承担全部的责任，自20世纪80年代以来，政府财政补助在医院收入中的比例逐年下降，统计数据显示，1978年以前，国有医院超过50%的收入来自政府财政预算。但改革开放以后，政府对医院的补助也在迅速下降。财政投入占医务人员工资的比例逐年下降，从1991年的55.76%下降到1995年的38.34%（信亚东等，1998）。到2005年，财政补助收入只占医疗机构总收入的8.12%，而药品收入和医疗服务收入所占比例分别上升到43.11%和45.88%。政府减少对医院的财政补助就意味着越来越多的医院需要自己解决发展经费的问题，特别是在预算包干基数几年不变，而经济增长、物价上涨得迅速的情况下，财政预算补助根本不够弥补卫生机构的政策性亏损。医院必须从市场中获取足够的利润来弥补原有的政策性亏损，解决其生存和发展的问题。

为了配合卫生财政补助政策的转向，加上20世纪80年代以来卫生理

论界也在积极探讨如何解决公立医院发展缓慢，甚至越办越穷，医疗服务提供能力不足、不能满足人民健康需求的问题，认为需要打破医疗机构单纯福利事业的观点，要借鉴农村经济改革和工业改革的成功经验，扩大医院经营管理自主权，引入竞争机制，提高医疗机构的技术水平和服务质量[①]，同时也可以调动医院的积极性。在这一背景之下，国家出台了一系列的政策措施，推动医院的自主化改革。可以说，在整个20世纪80年代和90年代的绝大多数时间里，中国公立医院改革都是围绕着医院自主化进行的。1979年，卫生部、财政部、国家劳动总局联合发出《关于加强医院经济管理试点工作的意见的通知》，提出"国家对医院的经费补助实行'全额管理、定额补助、节余留用'的制度"，赋予公立医院重要的结余留用的"剩余索取权"。1985年，国务院批转卫生部《关于卫生工作改革若干政策问题的报告》是一项标志性政策。文件中明确提出"放宽政策、简政放权、多方集资、开阔发展卫生事业的路子"。鼓励、引导卫生机构从市场中寻求发展的资金，而不再依赖政府财政的支持，从此正式拉开了医疗机构自主化改革的序幕。医院经营管理的自主权扩大了，医院获得了结余分配权，而且，结余的一项重要用途是改善职工住房等福利和奖金发放，职工工资收入和全部奖金收入均与他们的业务收入挂钩。

政府在放开了医院的融资渠道，鼓励医院多方集资的同时，保留了医院对药品成本加成的做法，达到以药养医的作用，并且允许医院对高新技术的收费价格可以包含一部分折旧费。这些政策对医院的激励是巨大的。也导致了医院的行为严重扭曲，普遍通过多开药和多使用大型设备以及各种有利可图的高新技术来创收，但对一些基本的医疗服务，由于利润低，供给下降。医院彻底变成了医疗市场上的逐利者。当然，医院的趋利行为会依据医疗市场上供需双方力量对比的变化而有所改变。如果医疗服务市场上存在大量分散购买的消费者（没有医疗保险等），则对医院趋利行为的抑制作用较小。中国的现状正是如此。自费病人在医疗服务市场占有70%左右的份额，从而，为追求利润的供方提供了"诱导需求"的机会，过度的和不适合的服务普遍存在。大量的研究表明，由于政府仍然严格控制了卫生服务的价格，大范围的药品滥用以及过度使用高技术诊疗程序已

---

　　① 石光、李静、刘秀颖：《公立医院社会功能的理论探讨》，《中国卫生资源》2002年11月第5卷第6期，第263—267页。

经无疑是个令人担忧的问题。在1989—1999年，对重庆巫溪县和甘肃岷县四个乡卫生院和八个农村诊所进行的调查得出的结论是，"合理"用药比例不到2%。而在农村诊所，只有0.06%的用药被认为是"合理"的[1]。不必要的医疗服务使医疗机构配置效率下降。例如，一项针对阑尾炎和肺炎的医疗服务的研究发现，阑尾炎和肺炎支出的20%在临床上是不必要的。在这项研究中，一个医师评估小组认为，高达1/3的药物支出是不必要的，研究结论是因这两种疾病住院的时间可以减少10%—15%，而同时对治疗结果没有任何负面的影响[2]。

可见，中国在医疗服务提供上的资源配置效率无疑是低下的，医疗服务的生产过程已经远远偏离了效率标准，医生会在技术许可范围内提供最多的服务，而不是考虑增加医疗服务的边际收益是否超过边际成本。对效率偏离的结果是医疗服务价格不断上升，卫生费用快速增长，上涨的速度远快于GDP的增长速度。图4—1显示[3]，在绝大多数年份，医疗费用的增长速度都超过了GDP的增长速度。疾病的医疗负担不断攀升，次均门诊费用从1990年的10.9元上涨到2004年的118元，增长了9.83倍；次均住院费用从1990年的473.3元上涨到2004年的4284.8元，增长了8.05倍，远快于人均收入的增长速度。同期，农村居民的人均收入增长了3.28倍，城市居民的人均可支配收入增长了5.24倍，医疗费用的上涨已经远远超过了人们的经济承受能力，见图4—2。

随着财政对医院补助政策的调整，政府的财政预算硬化，财政不再承担病人欠费给医院造成的亏损。80年代以来，群众欠费基金每年支出1000万—2000万元，只占病人欠费总额的5%左右，其余欠费则由医院自己解决。医院只能按照"根据支付能力提供服务的原则"，对医疗费用应收尽收，采取预收服务押金（住院押金）和欠费控制责任制，降低经营中的财务风险，这一措施的直接结果就是导致许多低收入者被排斥在了医院服务之外。向弱势群体提供基本医疗服务的社会目标已经基本淡化了。

---

① Zhang X，Feng Z，Zhang L：《贫困地区乡镇卫生院用药质量分析》，《农村医疗服务管理》杂志2003年第23卷第12期，第33—35页。转引自世界银行简报：中国的卫生服务提供：综述。

② Liu X，Mills A：《评估支付机制：如何衡量不必要的医疗服务、医疗政策和计划》，1999年第14卷第4期，第409—413页。转引自《世界银行简报：中国的卫生服务提供：综述》。

③ 图4—1、图4—2中的数据全部来自历年的《中国统计年鉴》和《中国卫生统计年鉴》。

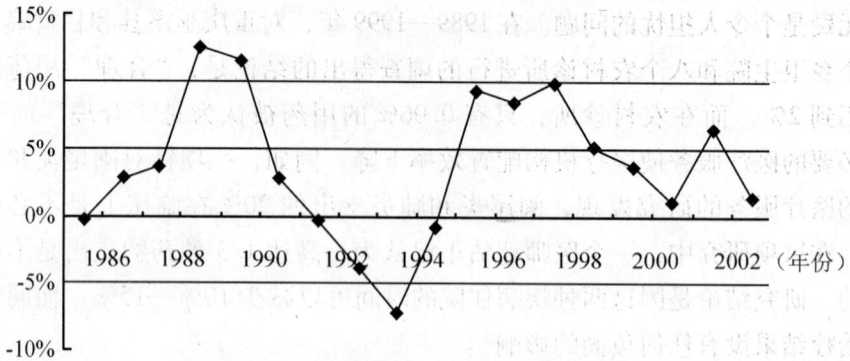

图4—1　卫生费用增长率与 GDP 增长

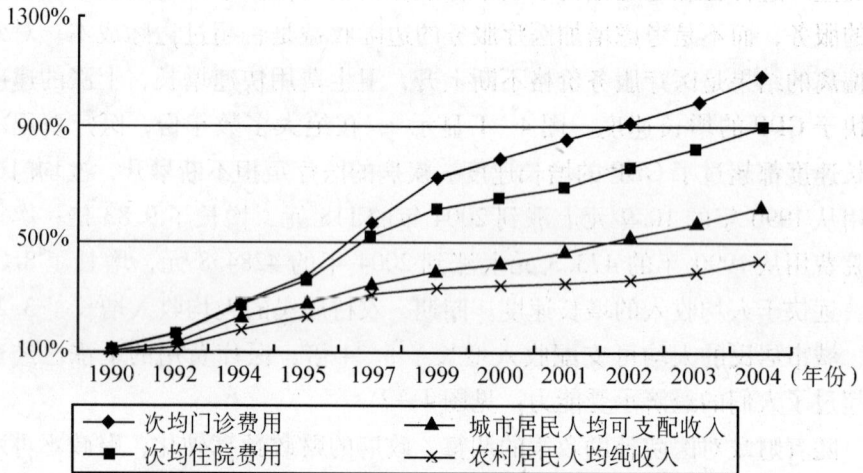

图4—2　卫生部所属医院医疗费用增长指数

第二节　研究方法与模型设定

经济学家自 20 世纪初开始对测量效率的方法进行了不断的探索和研究，Shah 和 Forsund 等将测定效率的方法概括为非前沿方法和前沿方法两种类型。目前，在针对医院效率的测量上，研究者们主要采用比率分析法、随机生产前沿模型和数据包络分析法（Data Envelopment Analysis，简称 DEA）。其中，比率分析法属于非前沿方法，随机生产前沿模型属于参数前沿方法，而 DEA 则是非参数前沿方法。比率分析法是用特定的投入与产出的比值来衡量医院技术效率的一种方法，主要包括单位服务成本和生产效率两类指标。前者的代表指标为诊次成本和床日成本；后者是测定生产一个产出单位（如病人）与投入（人力资源等）的比值，代表指标是单位时间内（一般为一年）每个工作人员所服务的诊次和床日、床位使用率等。比率分析法比较简单直观，是传统的效率分析方法，但由于其建立在指标平均值有效的假设之上，反映的是不同比较对象之间平均效率比率指标的差异，而不能反映或控制影响效率指标的多种影响因素的综合效应，如卫生机构之间机构属性与规模、病例指数、诊治方案与别人社会经济学特征等诸多因素的差异。而且，比率指标的数值差异不能准确地反映出效率的差异程度，也不适用于多投入和多产出的医疗机构的效率比较①。鉴于这些局限性，大量文献中使用的是 DEA 和随机前沿分析这两种分析方法，本章采用的是 DEA 法。

一 数据包络分析法及其超效率模型

（一）数据包络分析法的基本模型

数据包络分析法（下文中将采用 DEA）是运筹学、管理科学和数理经济学交叉研究的一个领域（Banker，Charnes & Cooper，1984；Charnesetal，1985；Charnes，Cooper & Rhodes，1978）。它是 Charnes 和 Cooper 等人于 1978 年开始创建的，是一种通过线性规划手段来测量决策单元（DMU，decision making units）相对效率的方法，其实质是根据一组输入和输出指标的观察值建立一定形式的线性规划模型，求解计算有效生产前沿面，然后通过判断各决策单元是否位于生产前沿面上。若该决策单元位于生产前沿面上，其效率指数为 1，称为 DEA 有效；若决策单元不在生产前沿面上，效率指数小于 1，则为非 DEA 有效。DEA 方法的优点在于，它不仅能计算出各决策单元相对效率的得分，还能为非 DEA 有效的决策单元提供一个效率参照集，通过"投影值"确定在投入或产出方面与先进水平的差距。此外，由于 DEA 是一种非参数估计的方法，因而可以规避参数型方法对特定函数形式、对残差分布进行解释等限制，所以 DEA 方法被广泛地应用于公私部门效率以及生产函数效率的测评②。

---

① 胡善联主编：《卫生经济学》，复旦大学出版社 2004 年版，第 39 页。

② 张宁等：《应用 DEA 方法评测中国各地区健康生产效率》，《经济研究》2006 年第 7 期。

相比比率分析法，在 DEA 的分析中，各测量指标能够以原来的面目出现，不必统一单位，大大简化了测量过程，保证了原始信息的完整性，并且能够衡量多投入、多产出机构的效率，因此，这一分析方法特别适合医院的特点与需要。

假设有 n 个决策单元（在比较医院之间的效率时，决策单元可以理解为医院，简写为 DUM），每个单元有 m 种输入，s 种输出，记 $x = (x_1, x_2, \cdots, x_m)^T, y = (y_1, y_2, \cdots, y_s)^T$。我们可以用 (x, y) 来表示整个 DUM 的生产活动。第 j 个决策单元（DUM_j）的输入和输出向量分别为：$x_j = (x_{1j}, x_{2j}, \cdots, x_{mj})^T, y_j = (y_{1j}, y_{2j}, \cdots, y_{sj})^T$，其中 x_{ij} 为 DMU_j 的第 i 种输入的投入量，y_{rj} 为 DUM_j 的第 r 种输出的产出量（$j = 1, 2, \cdots, n; i = 1, 2, \cdots, m; r = 1, 2, \cdots, s$）。这样，DEA 的原始模型为：

$$\max. \ h_j = \frac{\sum_{r=1}^{s} u_r y_{rj}}{\sum_{i=1}^{m} v_i x_{ij}}$$

$V = (v_1, v_2, \cdots, v_m)^T$ 与 $U = (u_1, u_2, \cdots, u_s)^T$ 是投入与产出的权重。该模型的含义是：在给定每个进行效率比较的单位投入与产出的权重，使得最优效率在单位产出与投入的加权比率为 1 的情况下，获得低效率单位产出与投入的加权比率。

在对医院效率评价的 DEA 模型中，使用最广泛的是 C^2R 模型和 C^2GS^2 模型。C^2R 模型主要用于判断各医院相对于其他医院，其"技术有效"和"规模有效"是否同时发生。若医院为 C^2R 有效，表示该医院在有效生产前沿面上，且处于理想规模，称之为"总体有效"。C^2GS^2 模型主要用于判断各医院在现有规模下的单纯技术有效性。已有文献中多对医院效率进行 C^2R 模型的比较。C^2R 模型又有投入导向模型和产出导向模型之分，在本章的分析中，我们使用的是 C^2R 的投入导向模型，下面主要介绍这一模型。

为采用线性规划的方式求解各个决策单元的效率值 h_j，原始模型被转化为如下的线性规划模型：

$$(\text{DEA})\ \text{C}^2\text{R}\begin{cases}\min\{\theta - \varepsilon(\hat{\ell}^T s^- + \ell^T s^+)\} \\[2mm] s.\,t. \qquad \sum_{j=1}^{n} \lambda_j x_j + s^- = x_0 \theta \\[2mm] \qquad\quad \sum_{j=1}^{n} \lambda_j y_j + s^+ = y_0 \quad \lambda_j \geqslant 0, j = 1,2,\cdots,n \\[2mm] \qquad\quad s^- \geqslant 0, s^+ \geqslant 0 \\[2mm] \qquad\quad \hat{\ell}^T = (1,1,\cdots,1) \in R^m \\[2mm] \qquad\quad \ell^T = (1,1,\cdots,1) \in R^s \\[2mm] \qquad\quad \varepsilon\ 为非阿基米得无穷小\end{cases} \qquad (1)$$

最优解为 $\lambda^*, s^{*-}, s^{*+}, \theta^*$：

1）若 $\theta^* = 1$，则 DMU$_{j0}$ 为弱 DEA 有效（总体）。

2）若 $\theta^* = 1$，且 $s^{*-} = 0, s^{*+} = 0$，则 DMU$_{j0}$ 为 DEA 有效（总体）。

3）令 $\hat{x}_0 = \theta^* x_0 - s^{*-}, \hat{y}_0 = \theta^* y_0 + s^{*+}$，则 $< \hat{x}_0, \hat{y}_0 >$ 为 $< x_0, y_0 >$ 在有效前沿面上的投影，相对于原来的 n 个 DMU 是有效（总体）。

（二）数据包络分析法的超效率模型

在实际的研究中，我们会发现：在 C^{2}R 模型下，可能出现多个决策单元的相对效率值同为 1 的情况，从而无法直接比较有效决策单元之间的效率的高低。为了弥补这一缺陷，丹麦学者 Andersen 和 Petersen（1993）提出了超效率（Super - Efficiency）模型[1]。该模型的基本思路是：在评估决策单元时，将其排除在决策单元的集合之外。

我们以 C^{2}R 模型为例，来展开说明：首先，我们假设有 A、B、C、D、E 五个所表示的两种投入和一种产出的决策单元，其中 A、B、C 和 D 是有效率的决策单元，它们构成生产前沿面，E 是无效率的决策单元，它被生产前沿面所包络，所有决策单元都只能在生产前沿面及其上方的区域运作（见图 4—3）。我们设 C' 点与 E' 点分别是 OC 线段与 OE 线段在生产前沿面上的交点，由于 C 点处在生产前沿面上，因此决策单元的效率值为：$h_c = OC'/OC = 1$，而 E 点不在生产前沿面上，因此决策单元的效率值为：$h_E = OE_c/OE < 1$。

---

① P. Andersen and N. C. Petersen, 1993, "*A Procedure for Ranking Efficient Units in Data Envelopment Analysis*", Management Science, 39 (10), pp. 1261—1264.

图 4—3 中，C 点处在生产前沿面上，因此决策单元在 C^2R 模型下的效率值为 1。按照超效率模型的思路，在计算决策单元的效率值时，C 点应排除在决策单元的参考集合之外，于是生产前沿面就变为 ABD，此时 C 点的效率值 $h_c = OCc/OC > 1$。对于 C^2R 模型中本来就是无效率的决策单元 E，在超效率模造型中它的生产前沿面仍然是 ABCD，效率值仍然是 $h_E = OEc/OE < 1$。比较基本模型和超效率模型，我们可以看出，两者的区别仅仅在于超效率模型在求解某个决策单元的效率值时，其约束条件中将该决策单元排除在决策单元的参考集合外，而基本模型是将该决策单元包括在内的。在超效率模型中，在 C^2R 模型中本来就是无效率的决策单元，在超效率模造型中其效率值仍然小于 1。因此，在超效率模型中，对于无效率的决策单元，其效率值与 C^2R 模型一致；而对于有效率的决策单元，可以使其投入按比例增加而保持效率值不变，其投入增加比例就是其超效率值，但在所有决策单元集合中仍能保持相对有效。例如某个决策单元的 DEA（C^2R）效率值为 1，超效率值为 1.20，则表示该决策单元即使再等比例的增加 20% 的投入，它仍然能在整个决策单元样本集合中保持相对有效。

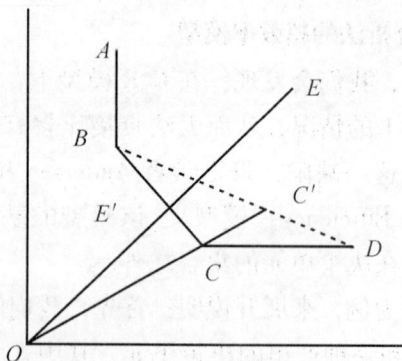

图 4—3   DEA 超效率图解

二   确定效率影响因素的 Two – Stage 法和 Tobit 模型

通过 DEA 模型得到的企业的效率值除了由选择的投入和产出指标经 DEA 模型生成之外，还受到投入和产出指标之外的环境因素的影响（Fried 等，1995），这些因素包括所有制（国有或私有）、政府政策、所处地区等，为了测度 DEA 评估出的效率值受哪些环境因素的影响以及影响的程度，在 DEA 的分析中就衍生出一种被 Coelli 等人（1998）称为两阶段法（Two – Stage Method）Tobit 回归分析的方法。在这个方法中，第一步先通过以上讨论的 DEA 模型评估出决策单位的效率值；第二步，做效率值（被解释变量）对各种环境因素的回归，并由解释变量的系数判断环境因素对效率值的影响方向与影响强度[1][2]。

由于 DEA 方法所估计出的效率值 h_j（被解释变量）有一个最低界限 0，因此数据被截断，此时若用普通最小二乘法对模型直接回归，参数的估计将是有偏且不一致。因此需要引入适用于截断数据分析 Tobit 回归模型。在国内学者的研究中多是直接采用对医院效率进行一般的线性回归，如 2001 年的卞鹰等人的研究。用 DEA 方法计算得出的医院效率的数据是典型的截尾数据，而对截尾数据直接采用一般的 OLS 线性回归必然损失了相当的信息，其研究结论因此也有待商榷。

Tobit 模型是经济学家、诺贝尔经济学奖获得者 J. 托宾（James. Tobin）在研究耐用消费品需求时首先提出来的一个计量经济学模型，它适用于因变量受限问题的研究。Tobit 模型的一个重要特征是，解释变量 X_i 是可观测的（即 X_i 取实际观测值），而被解释变量 Y_i 只能以受限制的方式被观测到，即我们观察到的 Y_i 取值被限制在一定范围之内。具体来讲，无限制的观测值均取实际的观测值，受限的观测值均截取为 0。其基本结构如下：

$$Y_i^* = X_i\beta + \varepsilon_i, i = 1, 2, \cdots, k$$
$$Y_i = Y_i^* ，如果 Y_i^* > 0$$
$$Y_i = 0 ，如果 Y_i^* \leqslant 0$$

三　变量和数据的选择

中国的城市和农村在社会经济等方面如同是两个完全不同的世界，卫生领域的发展亦如此。城市医院和农村卫生院不管是在人力资本、技术装备、管理水平，还是在提供的服务类型和具体的服务对象上都存在着相当的异质性。因此，在本章中，我们只选择了城市医院作为研究对象。效率

---

[1]　H. O. Fried, S. S. SchmidtandS. Yaisawarng, 1995, Incorporating the Operating Environment into a Measure of Technical Efficiency, Mimeo（UnionCollege, Schenecdaty）.

[2]　T. Coelli, D. S. Prasada Raoand G. E. Battese, 1998, AnIntroductionto Efficiencyand Productivity Analysis, Klu Wer Academic Publishers.

分析所用数据均来自历年的《全国卫生财务年报资料》《中国统计年鉴》以及《中国人口年鉴》。由于重庆是在 1997 年成为直辖市的，1997 年以前的有些数据无法将重庆和四川分开，所以重庆和四川两个地区没有纳入研究范围。另外，考虑到西藏自治区的经济社会系统和卫生系统的运作与其他地区差异甚大，因此样本中不包括西藏自治区，以避免其对研究结果的影响。研究对象为 1992—2005 年除重庆、四川和西藏的 28 个省（直辖市、自治区）的城市医院效率。

在 DEA 分析中，我们以各个省为一个决策单元，采用投入导向型的 C^2R 超效率模型。在指标选择上，考虑到 DEA 效率值对投入变量和产出变量的选择比较敏感，我们在参考了大量的关于医院效率的研究文献，并咨询了专家的基础上，结合了数据的可获得性，我们选取了以下的投入和产出指标。投入指标为平均人员数（总人员数/机构数）、平均实际开放床位数（总实际开放床位数/机构数）、平均固定资产（总固定资产/机构数），分别代表卫生服务生产过程中的人力资本和物质资本；产出指标为平均门、急诊治疗人次（总门、急诊治疗人次数/机构数）、平均出院人次（总出院人次数/机构数）和病床使用率。

实证分析的第二步是对生产效率的影响因素进行分析。医院效率的影响因素主要考虑以下几个方面：第一，医疗服务的生产过程必然也遵循着一般商品生产过程的规律，需求力量是影响生产效率的首要因素；第二，医院内部生产过程的结构特征变量，如投入结构、人力资源和物质资源的匹配程度；第三，医院的相对规模，主要指医院相对于服务区的人口数量的相对规模的大小，这一指标反映的也是供给于需求的匹配程度，反映的是医院服务供给上的规模经济；第四，经济约束与激励机制；第五，宏观外部环境因素。根据以上的分析，我们建立了如下的城市医院效率的回归模型：基于面板数据的 Tobit 的随机效应模型。

$$DEA_{it} = \beta_0 + \beta_1 SR_{it} + \beta_2 ZGCW_{it} + \beta_3 ZGRK_{it} + \beta_4 RYP_{it} + \beta_5 RCZ_{it} + a_i + u_{it}$$

$$Cov(X_{itj}, a_i) = 0$$

$j = 1,2,\cdots,5$，代表自变量的个数。

$i = 1,2,\cdots,28$，代表省的标号。

$t = 1,2,\cdots,13$，代表从 1992 年至 2005 年的年份变量（缺 2004 年数据）

在实证分析中我们将重点考察 RCZ（政府对医院的财政补助）对医院生产

效率的影响，其余的 SR、ZGCW、ZGRK、RYP 为控制变量。变量说明见下表 4—1。

表 4—1　　　　　　　　　　　Tobit 模型中的变量解释

变量	内容	含义
DEA	医院的 $DEAC^2R$ 超效率模型下的效率值	因变量，取值至少为 0
SR	城市人口的人均可支配收入	代表医疗服务需方的支付能力
ZGCW	职工数与实际开放床位数的比例	代表医院内部的投入结构
ZGRK	职工数与城市人口的比例	代表医疗服务提供的相对规模
RYP	药品收入占总收入的比例	代表医院的经营行为，反映医院内部的经济激励机制
RCZ	获得的财政补助占医院总收入的比例	代表外部的经济激励机制

第三节　城市医院效率实证分析

一　DEA 的 C^2R 超效率模型下的效率变化

通过 $DEAC^2R$ 超效率模型的分析，我们得出了北京等 28 个地区从 1992 年至 2005 年（缺 2004 年）13 年间的城市医院的 DEA 超效率值，结果见表 4—2。通过对以上数据的分析，我们可以发现如下几个特点。

首先，各年份达到 DEA 有效的地区和 DEA 低效的地区不完全相同，但有些地区在大部分的年份里都实现了 DEA 有效，而有的地区在大部分的年份里都处在 DEA 无效的状态。如表 4—3 所示，青海、广东、新疆、河南和北京五个地区有超过一半的年份实现的 DEA 都有效，实现 DEA 有效的年份分别达到了 12 年、11 年、9 年、8 年和 7 年，相反，天津和湖北两个地区都有 7 年的时间处在 DEA 无效得分最后三位里。同时我们也发现，不同地区在不同年份里的相对效率变化比较大。DEA 有效地区中，尽管青海、广东、新疆、河南和北京五个长期达到相对有效的地区从来没有落在 DEA 低效的最后三位，但其他地区，如贵州、上海、宁夏、山西等既实现过 DEA 有效，同时也曾是相对最无效的地区。与此同时，湖北在 2002 年也实现了 DEA 相对有效。这说明，不同地区通过对医疗服务生产模式的调整是有可能达到相对效率水平的。

表4—2　1992年至2005年28个省和直辖市的城市医院效率的DEA效率值

年份\地区	北京	天津	河北	山西	内蒙古	辽宁	吉林	黑龙江	上海	江苏	浙江	安徽	福建	江西	山东	河南	湖北	湖南	广东	广西	海南	贵州	云南	陕西	甘肃	青海	宁夏	新疆	均值	变异系数
1992	1.4372	0.6602	0.825	0.6977	0.7772	0.8875	0.7686	1.1242	0.6808	0.7492	0.8531	0.814	0.8412	0.7878	1.1576	0.8979	0.5979	0.8306	1.2939	0.7707	0.5368	0.7565	0.6511	0.9158	2.3346	1.3022	0.6166	0.8491	0.9073	0.3907
1993	1.0368	0.5968	0.8091	0.7449	0.909	0.8408	0.8041	1.1099	0.7234	0.7959	0.8199	0.8466	0.8369	0.7795	1.0902	1.1751	0.5914	0.7794	1.6276	0.7763	0.6214	0.8308	0.6411	0.894	0.8409	1.6901	1.7937	1.0245	0.9296	0.3340
1994	1.2007	0.5784	0.723	0.8263	1.0029	0.8594	0.845	1.0632	0.579	0.777	0.7903	0.9671	0.8406	0.7673	0.9659	0.0592	0.5481	0.8319	1.5064	0.7965	0.5339	0.8969	0.6365	0.937	1.3752	1.7545	0.6798	1.2077	0.9119	0.3176
1995	1.3034	0.534	0.7632	0.7942	0.8683	0.8298	0.8749	0.9632	0.6185	0.7073	0.8121	0.8282	0.7262	0.741	0.6104	0.0394	0.5618	0.7418	1.6036	0.766	0.7252	0.7641	0.6145	0.8954	0.7505	2.2429	0.6663	1.466	0.8858	0.4128
1996	1.0692	0.5319	0.7997	0.8531	0.849	0.8286	0.942	0.9959	0.7783	0.6868	0.8905	0.778	0.7308	0.7672	0.8929	1.0357	0.5931	0.7655	1.073	0.7332	0.6178	0.9754	0.7151	0.7348	0.881	1.9411	0.6983	1.4328	0.8782	0.3136
1997	1.0514	0.5244	0.7106	0.7015	0.7941	0.6323	0.798	0.8595	0.8437	0.7838	0.8375	0.6164	0.6968	1.0286	0.8381	0.8131	0.6316	0.7285	1.0852	0.6632	0.5988	0.721	0.731	0.6909	0.9472	1.9494	0.5474	1.7893	0.8436	0.3828
1998	5.96	0.6191	2.1245	0.8781	0.9831	0.8207	0.979	0.9044	0.9366	0.8104	0.989	0.743	0.9917	0.8271	0.9959	0.0873	0.6227	0.7459	1.0906	0.7225	0.5366	0.9355	0.8912	0.8727	1.0384	1.29	0.6577	1.059	1.1112	1.0226
1999	0.8383	0.5682	0.8521	0.6986	0.7863	0.7113	0.9273	0.7041	0.6937	0.8566	0.9499	0.8362	0.8517	0.9531	0.8628	0.8185	0.9562	0.5219	0.9509	0.9037	0.9256	0.8236	0.9619	0.6794	0.7282	1.1906	0.9357	0.8731	0.8546	0.2050
2000	0.8551	0.7198	0.52	0.4829	1.1743	0.6101	0.8405	0.5103	0.6558	0.6768	0.9319	0.7009	0.8362	0.6883	0.6064	0.8815	0.4841	0.6878	0.9186	1.0944	0.5081	0.6335	2.8224	0.5069	0.4448	0.6039	0.6523	0.6444	0.9951	1.2368
2001	0.8727	0.9103	0.9571	0.8654	0.9572	0.8015	1.1461	1.1867	1.1596	2.6165	1.0865	0.9136	0.9992	0.9821	0.9609	1.1053	0.8004	1.0376	2.258	1.0345	0.6747	1.0192	0.8599	0.9268	0.9787	1.419	1.3493	0.9768	1.1020	0.3733
2002	0.9259	0.9396	0.938	0.7925	0.8749	0.7696	1.1404	0.8172	1.1166	0.9452	1.0845	0.9792	1.0509	1.049	0.9575	1.0064	1.0009	0.9316	1.2159	1.0584	0.8507	0.0004	0.9085	1	0.8152		1	1	0.9346	0.2264
2003	0.8477	0.8702	0.8326	0.7854	0.9229	0.7761	1.4509	0.9539	1.0719	0.9843	1.0513	0.9859	1.877	1.1356	0.8419	1.0209	0.8979	0.9408	1.777	0.9701	0.9127	1.3625	0.8693	0.8968	0.8282	1.1445	1.0116	1.1159	0.9946	0.1664
>2005	0.9098	0.8551	0.9574	1.0067	0.8027	0.861	1.3672	1.022	0.9193	1.0018	1.0217	1.0742	1.0958	1.0628	0.9335	0.9832	0.8933	0.9658	1.2833	1.0027	0.8823	1.0021	0.9412	0.8651	0.8064	1.0002	0.967	1.0197	0.9823	0.1259

表 4—3　　　　　　　　中国各地区城市医院 DEA 效率分析

年份	DEA 有效地区	效率后三位
1992	北京、黑龙江、山东、广东、甘肃、青海	湖北、海南、宁夏
1993	北京、黑龙江、山东、河南、广东、青海、宁夏、新疆	天津、湖北、海南
1994	北京、内蒙古、黑龙江、河南、广东、甘肃、青海、新疆	天津、湖北、海南
1995	北京、河南、广东、青海、新疆	天津、湖北、山东
1996	北京、河南、广东、青海、新疆	天津、湖北、海南
1997	北京、江西、广东、青海、新疆	天津、海南、宁夏
1998	北京、河北、河南、广东、甘肃、青海、新疆	天津、海南、湖北
1999	湖南、青海	天津、陕西、上海
2000	内蒙古、上海、广西、云南	陕西、湖北、甘肃
2001	吉林、黑龙江、上海、江苏、浙江、河南、湖南、广东、广西、贵州、青海、宁夏	辽宁、湖北、海南
2002	吉林、上海、浙江、福建、江西、河南、湖北、广东、广西、陕西、青海、宁夏、新疆	贵州、辽宁、山西
2003	吉林、上海、浙江、福建、江西、河南、广东、贵州、青海、宁夏、新疆	山西、辽宁、甘肃
2005	山西、吉林、黑龙江、江苏、浙江、安徽、福建、江西、广东、广西、贵州、青海、新疆	内蒙古、辽宁、甘肃

其次，除极个别年份外，总体而言，各地区城市医院的生产效率从 1992 年到 2005 年，经历了效率降低到效率递增的过程。生产效率从 1992 年的 0.9073 降至 1997 年的 0.8436，再上升至 2005 年的 0.9823。这也是达到 DEA 相对有效的地区数量总体上不断增加的结果。生产效率的变异系数呈现出不断降低的过程，说明生产效率的相对差异在不断缩小。

最后，不同年份中实现 DEA 相对有效的省份在地区间分布相对分散，没有表现出明显的地域集中趋势，这与经济发展状况明显不同。改革开放以来，中国的经济发展表现出明显的地区差距，形成了东部、中部和西部地区三个趋同俱乐部。发展水平较高的省份除了上海、北京、天津三大直辖市外，主要集中在东部沿海地区；发展水平最低的省份主要集中在西部地区。通过对 DEA 效率值的分析，我们发现，尽管中部地区的 DEA 有效省份相对较少一点，但总的来说，不同年份中 DEA 相对有效的省份在不同地区的分布较为分散，经济发展上的东、中、西部地区之间显著的区域差异性并没有显著地表现在医院的生产效率上。通过对东、中、西部地区的 DEA 效率值的显著性检验也发现，三个区域的城市医院生产效率之间在任何一个年份上都不存在显著性差异，见表4—4。

表4—4　　　　　　　　　　各地区城市医院 DEA 效率的变化趋势

年份\地区	1992	1993	1994	1995	1996	1997	1998	1999	2000	2001	2002	2003	2005
东[#]	3/11	3/11	2/11	2/11	2/11	2/11	3/11	0/11	1/11	4/11	4/11	4/11	4/11
中[#]	1/9	2/9	3/9	1/9	1/9	1/9	1/9	1/9	1/9	4/9	4/9	3/9	5/9
西[#]	2/8	3/8	3/8	2/8	2/8	2/8	3/8	1/8	2/8	4/8	5/8	4/8	5/8
东[##]	0.902	0.891	0.850	0.838	0.809	0.782	1.443	0.824	1.276	1.209	0.981	0.960	0.975
中[##]	0.815	0.854	0.862	0.818	0.841	0.773	0.848	0.920	0.660	1.005	0.965	1.022	1.047
西[##]	0.996	1.044	1.032	1.004	0.996	0.982	0.939	0.865	0.950	1.058	0.851	1.014	0.934
Prob	0.592	0.406	0.332	0.515	0.301	0.309	0.371	0.517	0.572	0.542	0.362	0.678	0.168

　　注：中国划分为东部、中部、西部三个地区的时间始于1986年，由全国人大六届四次会议通过的"七五"计划正式公布，当时是东部地区11个省份、中部10个省份、西部9个省份。2000年国家制定西部大开发政策，由于内蒙古和广西两个自治区人均国内生产总值的水平正好相当于西部10省（市、区）（1997年加入了直辖市重庆）的平均状况，故享受优惠政策的范围又增加了内蒙古和广西。本书分析时也将这两个省份归入了西部地区，从而，东部地区包括北京、天津、河北、辽宁、上海、江苏、浙江、福建、山东、广东、海南11个省区；中部地区包括山西、吉林、黑龙江、安徽、江西、河南、湖北、湖南8个省区；西部地区包括内蒙古、广西、贵州、云南、陕西、甘肃、青海、宁夏、新疆9个省区。

　　#：表中数据 a/b，a 为该区域处于 DEA 有效的省份数量，b 为该区域省份总数。

　　##：表中数据为各区域所有省份 DEA 效率值的平均值，P 为对三个区域的 DEA 效率值进行显著性检验得到的概率值。

二　财政补助与医院效率

（一）医院获得的财政补助的变化

　　正如本章第一节中所讲，政府对医院的财政补助政策变化主要体现在两个方面，一是政府的财政补助责任从中央政府层面下移给了地方政府，医疗卫生单位的财政补助由本级财政负责；二是从计划体制下的包揽全部盈亏，转为差额补助，财政对医院的预算约束不断硬化，财政补助占医院总收入的比例不断下降。纵观整个改革过程，政府在整个医疗体系中的投入逐步减少，在 20 世纪 80 年代初，政府财政补助占医院收入的比重平均在 30% 以上，以后政府对医疗机构的投入逐年减少，2005年这一比重下降至 7.2%[1]。利用本研究所取得的城市医院的样本数据，我们深入分析了政府对城市医院的财政补助状况，得出以下结论。

第一，在全国层面上，自 20 世纪 90 年代以来，从绝对水平上看，政府对医院财政补助水平在上升，但从相对水平看，政府对医院的财政支持弱化的态势并没有得到扭转，财政补助占医院总收入的比例仍然在小幅下降，1998 年降至最低点，之后有所好转。

图 4—4 显示，政府对城市医院的人均财政补助的绝对水平在不断上升，扣除物价因素后，人均年财政补助水平从 1992 年的 1787.185 元，上升到 2005 年的 6464.205 元，年均增长 11.31%[2]；但财政补助占医院总收入的比例在 13 年中虽然没有如改革之初那样大幅下降，但并没有改变下降的趋势。医院获得的财政补助比例的全国平均水平从 1992 年的 9.51%，下降到最低的 1998 年的 7.42%，从 1998 年起这种下降的趋势得到了遏制。1999 年财政补助比例达到了 9.8%，2000 年降至 8.24%，在 2001 年至 2003 年间，这一比例基本维持在 9.2% 以上，但在之后的 2005 年，财政补助比例迅速降至 7.97% 的水平。

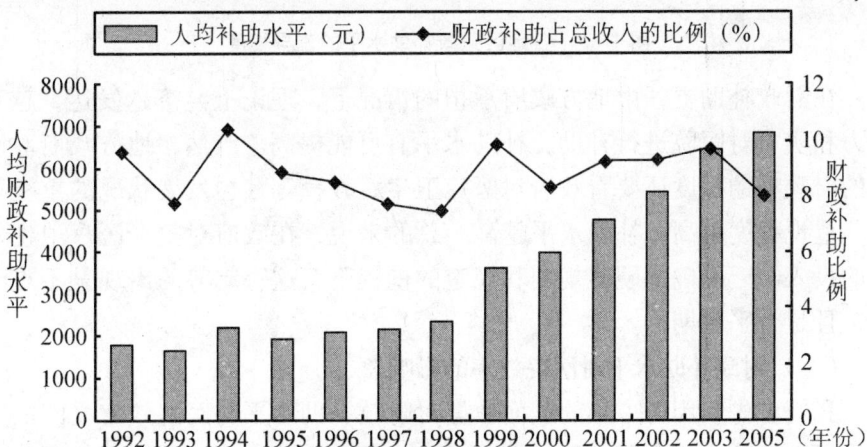

图4—4 政府对医院财政补助的变化

---

① 此数据为全国医疗机构，包括农村卫生院的平均水平。
② 人均年财政补助的数据经过了城市消费价格指数的调整，1992 年的 CPI = 100。

第二，人均年财政补助水平在地区之间的差距不断扩大。我们通过变异系数和基尼系数两个指标来反映财政补助水平的地区差距。两个指标均显示，人均财政补助水平的地区差距从 1992 年到 1996 年呈上升趋势，在 1997 年和 1998 年呈现出回落的态势，但从 1999 年开始，又转为上升趋势，而且这种上升趋势没有任何转弱的迹象。2005 年，基尼系数达到 0.2306，分别是 1992 年 0.1522 和 1998 年 0.1850 的 1.52 倍和 1.25 倍；相比 20 世纪 90 年代的最高点，1996 年的基尼系数 0.2201，增长了 9.52%。变异系数也反映出了相同的趋势。见图 4—5。

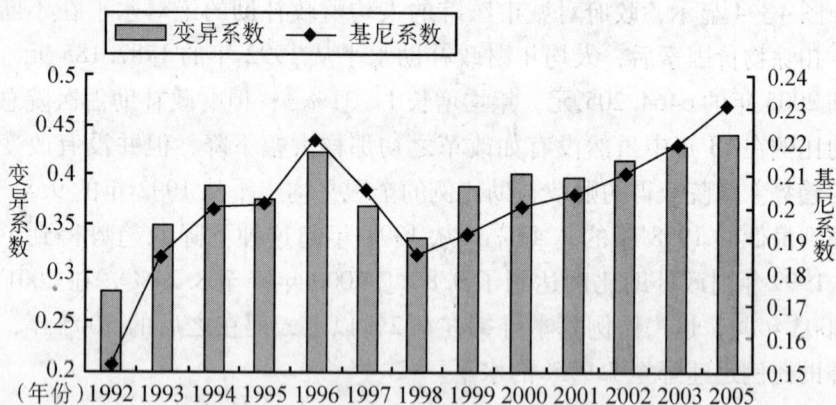

图 4—5　各地区财政补助水平的差异程度

在财政补助责任由地方政府承担的情况下，理论上经济越发达，越有能力和实力对医院进行补助，补助水平有可能提高。当然，地方政府对医院的财政补助程度还要看政府对医疗卫生、教育等社会发展状况的重视程度，重视程度越高，补助水平越高。总的来说，在政府对整个医疗卫生领域的投入缺乏明确的硬性规则和规定的前提下，这一趋势的出现是不难理解，且是合乎预期的。

（二）财政补助水平对医院效率的影响

我们首先利用每一年的截面数据对财政补助水平与医院效率之间的关系作了简单的分析判断，Tobit 回归方程如下，财政补助变量每年的回归系数见表 4—5。

$$DEA = \beta_0 + \beta_1 SR + \beta_2 ZGCW + \beta_3 ZGRK + \beta_4 RYP + \beta_5 RCZ + \varepsilon$$

表4—5 各年横截面回归系数结果

年份	1992	1993	1994	1995	1996	1997	1998	1999	2000	2001	2002	2003	2005
回归系数	0.030	0.059	0.036	0.050	0.044	0.045	0.016	-0.002	0.046	0.005	0.008	0.010	0.010
T统计量	1.36	2.89	3.34	4.01	5.39	3.08	0.58	-0.39	-0.58	0.21	0.63	-1.26	1.44
Prob	0.188	0.008	0.003	0.001	0.000	0.005	0.570	0.699	0.565	0.838	0.534	0.219	0.164

从表4—5可知，在控制了地区城市人口的可支配收入、医院内部职工与床位数之比、医院职工人数与城市人口的比例以药品收入占医院总收入的比例之后，发现财政补助占医院总收入的比例（以下简称财政补助比例）与医院DEA效率之间的关系在1998年前后发生了很大的变化。1998年以前，除1992年二者之间的回归系数显著性稍差外，其余年份中，二者的回归系数不仅较大，且都具有统计上的显著性。1998年及以后，回归系数的大小明显降低，且在统计上都不具有显著性，即我们没有足够的理由拒绝"回归系数等于0"的假设。

上述分析结果提示我们，财政补助比例对医院DEA效率的影响极有可能在1998年发生了结构性的突变。因此，我们有必要对样本数据作进一步的结构突变检验①。

本书用面板数据的Chow检验来判定1998年是否为一个结构突变点，以1998年为分界点，1992—1997年数据为样本1，1997—2005年的数据为样本2。令SSR为总体样本的残差平方和，SSR_1为样本1的残差平方和，SSR_2为样本2的残差平方和。如果模型不存在结构突变，则

$$F = \frac{(SSR - SSR_1 - SSR_2)/(N+K)}{(SSR_1 + SSR_2)/[NT - 2(N+T)]} \sim F(N+K, NT - 2(N+K))^4$$

其中，K为解释变量的个数，本文中$K=5$。

经过计算，在P=0.05的水平上拒绝了原假设，说明模型存在结构突变，即城市医院获得财政补助比例与医院DEA效率值之间的关系，在1998年前后表现出了不同的运行形式。我们对1998年前后两个样本分别进行了回归，回归结果见表4—6。

---

① 本书的面板数据的结构突变检验参考了曹永福的《中国经济增长与失业率之间的关系》，《世界经济统计研究》2004年第2期，总第48期，第16页。

表4—6　　　　　　　　　　　　两个子样本的回归结果

变量	1992—1997			1998—2005		
	回归系数	Z值	P>|Z|	回归系数	Z值	P>|Z|
β_0	−0.8831	−1.54	0.124	0.4939	0.94	0.348
SR	−1.36e−07	−0.20	0.844	0.00004	2.61	0.009**
ZGCW	0.4595	2.10	0.035*	−0.0953	−0.69	0.489
ZGRK	−0.0519	−0.11	0.913	0.5913	0.014	0.565
RYP	0.0169	2.27	0.023*	0.0270	2.08	0.033*
RCZ	0.0266	2.28	0.023*	−0.0002	0.01	0.989

　　*表示在 α =0.05 的水平上显著；**表示 α =0.01 的水平上显著。

　　上述结果表示，医院 DEA 效率的影响因素在 1998 年前后发生了巨大的变化。在 1998 年以前，对医院效率存在显著正向影响的变量，财政补助比例和职工床位比药品收入比例，在 1998 年之后对医院效率的影响，不仅回归系数降低，且都变得不显著了。其中，财政补助的比例与医院效率之间的关系由原来的正向关系，变成了负向关系。1998 年之后的回归结果与已有的利用 1998 年之后的截面数据所作的研究结果是相同的，即医院获得的财政补助比例并没有有效地转化成医院的生产效率，反而有可能成为医院低效率的原因[①]；医院的药品收入所占比例在 1998 年之前和 1998 年之后，都对医院的效率存在显著性的正向的作用，说明药品收入确实对医院具有显著的经济激励作用。另外，城市人口的可支配收入对医院效率的影响也表现出前后差异。1998 年之前，我们没有足够的理由认为城市人口的可支配收入对医院的效率存在显著性的作用，但从 1998 年之后，城市人口的可支配收入与医院效率之间存在统计上具有显著意义的正向关系，也就是说，居民可支配收入水平的提高，有利于增进医院的 DEA 效率。

三　进一步的讨论

（一）关于医院效率的讨论

　　本书利用 DEA 的方法，认为中国城市医院的效率在 1992 年至 2005 年

---

① 卞鹰等人使用 2000 年的数据得出的分析结果相同。

间，虽然从 1992 年至 1997 年略有降低，但从 1998 年起这种降低的趋势得到了扭转，之后尽管 DEA 效率的平均值有所波动，但总的来说是有所提高的。这与已有的一些文献中关于医院效率持续下降的描述，似乎是相矛盾的①。关于二者之间的差异，主要原因之一在于选取的样本不同。在一些文献关于医院效率的论述里，研究对象包括中国所有的医院，也就是说将中国所有的医院作为一个整体来讨论效率的变化。而本书的研究样本只包括中国城市医院，不包括农村卫生院和城市的社区卫生机构。

主要原因之二在于研究的方法不同。一些文献的研究中采用的单指标的方法，比较多的就是比率分析法，其中反映生产效率的指标有：每个工作人员（一般指医生）所承担的治疗人次、每个工作人员（一般指医生）所承担的出院人次、每个工作人员（一般指医生）所承担的住院床日和病床使用率等。这样，当这些指标之间出现矛盾的时候，如每个医生承担的门诊人次数下降，但每个医生承担的出院人次数增加，就很难对医院的效率作总体评价。在 2003 年的全国卫生服务调查资料就显示，与 1997 年相比，医院每个卫生技术人员负担的住院人次数以及医院的病床使用率都略有增加（三类农村医院病床使用率有所降低），而每个卫生技术人员负担的门诊人次数、住院病人平均住院天数有所降低②。此时作出总体判断就显得比较困难。而本书使用的 DEA 方法正好可以克服上述问题，可以综合考虑多投入和多产出的情况，因而得出的结论也将更加客观和公正。

为了验证我们的研究结论。我们分析了从 1990 年至 2005 年期间每医生每日负担的诊疗人次和病床使用率指标。数据见图 4—6。我们可以发现，这些指标呈现出与本书研究结论几乎一致的"先下降后上升"的趋势，从而从另一个角度验证了我们的研究结论。图 4—6 同时显示，不同级别的医院效率变化的大趋势是相同的，但变化程度大不相同。相比 1995 年，高层次医院 2005 年的效率上升比较快，甚至超过了 1990 年的水平，而低层次医院尽管 2005 年的效率有所提高，但提高幅度不大。

---

① 如香港中文大学教授王绍光在《中国公共卫生的危机与转机》中披露的一组数据：从 1989 年至 2001 年，每名医生每年负担的诊疗人次由 1652 下降到 1180，住院床日从 767 下降到 509。全国医院的病床使用率在 20 世纪 80 年代一直维持在 80% 以上，进入 90 年代便一路下滑，现在跌到 60% 的水平。

② 《第三次国家卫生服务调查分析报告》，中国协和医科大学出版社 2004 年版，第 150 页。

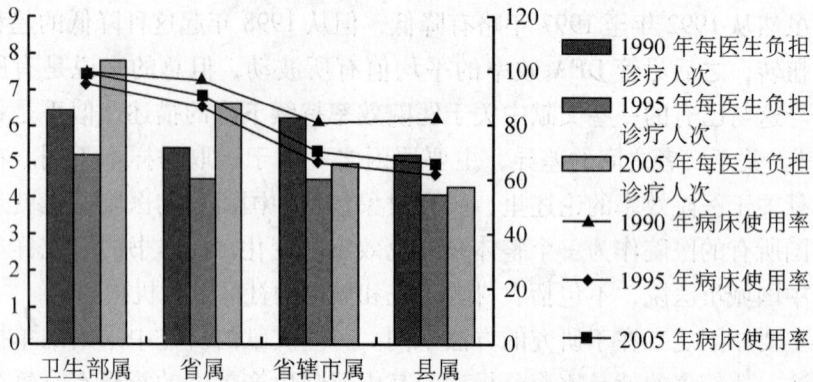

图4—6　1990—2005年每医院效率的变化

（二）关于财政补助比例与医院 DEA 效率之间关系结构性突变的讨论

已有的关于财政补助水平与医院效率之间关系的研究结果显示，医院获得财政补助的比例与其效率之间存在着负相关关系。本书采用面板数据的研究结论揭示，二者之间的负相关关系并不是一直都存在的，在1998年之前二者之间存在显著性的正相关关系。针对这种结构突变，我们认为主要原因可能在于医院生存和发展的宏观环境在1997年和1998年前后发生了巨大的变化，导致政府对医院的财政补助已经无法维持对医院的经济约束能力，从而对医院效率的影响力消失。回顾医院整个的改革历程，我们可以发现医院在1998年前后，改革的进程发生了巨大转变，从原来的缺乏系统改革思想和目标下的小幅调整，转变成为适应市场经济体制而进行的全面改革。

在计划经济体制下，政府通过计划和财政预算的手段严格控制公立医院的行为，在那个物质匮乏的年代，国家在低医疗消费水平上保证了人民群众的基本医疗需求。但同时，公立医院也处于设备陈旧、技术落后、赔本运行的状况。患者"看病难，住院难、手术难"成为当时的突出问题。所以20世纪80年代中期开始进行的医疗体制改革的核心就是如何调动医院的积极性，解决"三难"问题。1985年，国务院转发卫生部《关于卫生工作改革若干政策问题的报告》，揭开了医疗机构转型的序幕。在这个阶段，顺应国家经济改革的大思路和财政预算管理体制的改革，医院经营制度开始发生变化，卫生部进行了承包经营责任制的试点。基层卫生机构也自发地开始了技术经济责任制、租赁经营和股份合作制的探索。改革的目的是通过扩大医院的经营自主权，使医院通过业务收入补偿财政投入的不足，并同时开始尝试拉开个人收入距离。现实中，市场经济的迅猛发展和意识形态上对市场经济心存疑虑的矛盾，在医疗服务领域主要表现为医疗服务要素价格（医疗设备、药品、医用耗材和医院消耗的煤、水、电等）和医务人员报酬的市场化诉求越来越明显，而医疗服务领域是否可以引入市场机制尚在理论探讨中，政策制定者对这种诉求没有很好的应对措施。造成这时公立医院的改革措施主要是进行小幅度调整，没有一套系统的改革方案。在20世纪90年代初期公立医院的部分政策是对以往政策的一种反思和完善。这一时期的政策主要是围绕治理整顿出台政策，包括加强医务人员的医德医风教育，理顺医疗服务价格体系，特别是降低大型检查项目的收费标准，充实基层医院，对医院实行分级管理制度，规定个体、中外合资医院的准入条件和管理办法，规范医院的广告行为等①。

　　在党的十四大确立要建立有中国特色的社会主义市场经济体制以后，医院的改革就围绕着通过怎样的制度安排来适应社会主义市场经济体制的问题。人们更多的考虑是在怎样的制度约束下，如何将市场的作用引入公立医院。这时，政府文件也将公立医院的经营方式描述为"医院正经历着由福利型向经营型的转化过程"。到1990年代中后期，特别是自1997年以来，政府出台了一系列促使医院适应社会主义市场经济体制变革的政策措施，主要包括：（1）规范政府和医院的权利、责任和义务。1997年《中共中央国务院关于卫生改革与发展的决定》明确了政府在提供公共卫生和基本医疗方面的筹资和管理责任。（2）公立医院转换经营机制。一些地方政府进行医院产权制度改革的探索。在90年代末期，非公有制医院得到一定的发展。（3）实行医疗机构分类管理。2000年国家体改委等八部委出台的城镇医药卫生体制改革的一系列文件明确了各类医院在财、税、价方面的不同管理政策，并明确了现有公立医院转为其他非营利性医院或者是营利性医院的途径。（4）扩大医疗卫生机构的经营自主权。医院开始进行人事分配制度改革等②。

　　回顾医院的改革历程，政府的政策一方面把公立医院作为可以自我创收发展的经营单位激励其到市场中去谋求发展，另一方面又通过控制床位

---

① 李卫平：《公立医院的体制改革与治理》，《社会政策评论》第26期。

② 同上。

和人员编制以及财政补助的手段把公立医院作为事业单位来控制管理。对医院的财政补助可以说是政府除了行政、法律手段之外，对医院行使控制权的重要经济措施。而我们可以清晰地看到，伴随着医院改革的不断深化，特别是在20世纪90年代末期，医院进行适应市场经济体制的全面改革之后，医院的自主化程度显著提高。在自主化程度上升的过程中，医院不仅有过度追求经济利益和规模扩张的冲动，在医疗服务需方力量下降的条件下，也具备了实现这种冲动的条件和能力。在医疗服务市场上，除了政府的财政补助政策，需方也是医院行为的一个重要的经济约束力量，实行诸如医疗保险在内的团体购买远比消费者在医疗服务市场上的单独购买更具有影响力。而全国2003年卫生服务调查数据显示，城市享有各种医疗保险的（包括基本医疗保险、公费和劳保等）的人口比例从1993年的72.5%下降到1998年的52.5%，2003年的49.6%[①]。面对这种情况，必须大幅提高财政补助占其总收入的比例，才有可能继续保持财政补助对医院的经济约束力。但实际情况是，财政补助比例并没有得到大幅度提高，仍然维持在不到10%的水平，甚至在2005年，这一补助比例不足8%。在这种局面下，期望财政补助还能对医院的医疗服务供给行为，包括生产效率，产生多么大的影响也是非常不现实的。

---

① 卫生部卫生统计信息中心：《第三次国家卫生服务调查分析报告》，协和医科大学出版社2004年版，第16页。

第五章　卫生财政支出与卫生服务公平

公平性是卫生财政支出的一个主要目标。什么是公平？世界卫生组织（WHO）和瑞典国际发展合作组织（Swedish International Development Co-operation Agency, SIDCA）在 1996 年的一份倡议书《健康与卫生服务的公平性》（Equity in Health and Health Care）中强调：公平（Equity）不同于平等（Equality）①，它意味着生存机会的分配应以需要为导向，而不是取决于社会特权。健康和卫生服务公平性就是要求努力降低社会人群中在健康和卫生服务方面存在的不公正和不应有的社会差距，力求使每个社会成员均能达到基本生存标准。这就包含着三层含义：第一是卫生服务可及性的公平，即卫生服务的公平性是保证每一个社会成员都能有相同的机会获得卫生服务，而不因为其所拥有的社会特权不同而出现差别，例如，无论其收入水平、社会地位的高低，也无论其所处的地理位置，每个社会成员获得卫生服务的机会是均等的；第二是卫生服务筹资的公平，即卫生服务的支付要与其支付能力相适应，特别是要保证每一个社会成员不能因病致贫和因病返贫，不能因为支付卫生费用而影响其基本的生存标准；第三是健康的公平。按照森的发展观，健康是个人最基本的可行能力，人类的一切活动都是以健康为基本前提的，因此，保证健康的公平也就是保证社会成员基本生存标准的公平。

---

① 公平与平等是两个不同的概念，公平强调的是机会均等，是指每个社会成员在需要时均有相等的机会获得卫生服务，而平等则是强调平均占有，是指每个社会成员能获得等量的卫生服务。显然等量的卫生服务无法满足每个个体的卫生服务需要，从而导致卫生服务利用的过量与不足并存（参见胡善联主编《卫生经济学》，复旦大学出版社，第 53 页）。可见，从某种意义上说，卫生服务公平性很多情况下则是要求不平等利用卫生服务，即是保证每个社会成员获得卫生服务的机会相同，需要多者多利用，需要少者少利用，不需要者则不利用，从而实现对卫生服务资源的高效、合理的利用。

上述三个层次上的公平是有内在联系的。卫生服务是影响健康的主要因素之一，卫生服务的最终产出就是健康，同时，健康是决定卫生服务分配的主要依据。因此，健康公平强调的是卫生服务领域的结果公平，卫生服务可及性的公平和卫生服务筹资的公平强调的是卫生服务提供和消费的过程公平。从政府卫生支出的政策目标角度讲，健康公平是最终目标，卫生服务公平是中间目标[①]。关于健康公平的讨论留在下一章中进行，本章主要讨论卫生服务公平性的问题。

第一节　卫生服务可及性的公平

卫生服务的可及性（Access），是卫生政策的基本点。卫生服务的可及性，是指通过个人实际发生的卫生服务利用，来研究潜在的促进和阻碍服务利用的各种因素。可及性将卫生服务系统和服务人群联系在一起，评价可及性是理解卫生政策、制定卫生政策的关键（Andersen R. M. , Davidson P. L, 1996）。

一　Andersen 卫生服务利用行为模型（The Behavioral Model of Health Services Use）

美国学者 Andersen 于 1968 年首次提出卫生服务利用的行为模型，用以研究促进和阻碍家庭利用卫生服务的因素、定义并测量卫生服务可及性的公平，帮助制定促进卫生服务可及性的相关政策（Andersen R. M. , 1968）。Andersen 模型为人们提供了一个研究卫生服务利用，帮助理解家庭利用卫生服务的行为的理论框架。依据这一框架去寻找促进和妨碍家庭或个人使用卫生服务的影响因素，是衡量和评价人群卫生服务的可及性的基础。该模型提出后，应用极广，许多卫生服务利用的研究都是基于该模型，或是在该模型的基础上再行拓展（Aday L. A. , Andersen R. M. , 1974）。

Andersen 模型（Andersen，1968）提供了影响人们医疗服务利用的各因素之间的相互影响关系。模型指出，人们对医疗服务的利用是他们的倾

---

① 参见本书第一章的有关分析。

向因素（predisposing），促进或妨碍他们使用医疗服务的能力因素（enabing），以及他们对医疗服务的需要（Need）的函数。Andersen 模型最初是以家庭为分析单位的，因为个人医疗服务的利用是家庭的人口特征和经济特征的函数。后来因为家庭水平变量测量的困难，例如考虑到家庭成员的异质性的话，"家庭健康状况"的测量就是很困难的，于是模型转向以个人为分析单位，并将重要的家庭特征附加到个人身上[①]。修订后的 Andersen 模型包括四个主要部分：环境因素（Environment）、人群特征（Population characteristics）、健康行为（Health behavior）和健康结果（Health Outcomes），如图 5—1。

环境因素包括两个部分：外部环境和卫生服务体系。在社区中，外部环境因素影响个人的卫生状况，这些因素反映经济背景、贫富程度、政治和社会观念等。卫生服务体系则是影响卫生服务可及性、可得性和可接受性的卫生政策、资源、组织和筹资安排等。

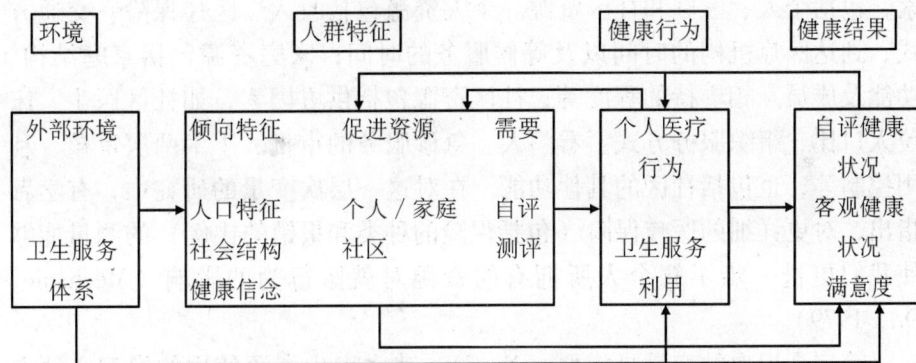

图 5—1　修订的 Andersen 医疗服务利用行为模型

在人群特征中，通过三个层次的变量解释和预测个人的医疗行为以及对卫生服务的利用，进而影响健康状况和服务满意度。

在第一个层次，倾向特征（Predisposing characteristics）分为人口学特征、社会结构和健康信念。人口学特征，如年龄和性别等，是影响卫生服务利用的生物必然性；社会结构是人在社会中的角色地位，是人认识和处理问题的能力，通常的指标有：教育、职业、种族、社会网络、社会关系和文

---

① Andersen R. M., Revisiting the Behavioral Model and Access to Medical Care: Does it Matter? Journal of Health and Social Behavior 1995, Vol 36 (March), pp. 1 – 10.

化；健康信念是人们对于健康和卫生服务的态度、价值观和认知程度，它可能是社会结构影响促进资源、需要和利用的一个桥梁。健康信念会影响人们怎样使用所拥有的资源，以及自我感觉对医疗资源需求的强烈程度。一些学者指出，在解释就医行为时，健康信念并没有被很好的定义和测量（Becker, Marshall H. and Lois A. Maiman, 1983）。随后的一些在健康信念和医疗资源使用上存在着强烈的和有意义的关系的研究是那些对健康信念、需求和医疗资源使用进行了细致测量的研究（Tanner, James L. , William C. Cockerham, Joe L. Spaeth, 1983）。如果我们测量一个人对一个特定疾病的认识，测量与这个疾病相关的需求，观察这个特定疾病的就医行为，我们将会得到健康信念和就医行为之间的较强关系。这个关系将比我们测量一个人对总体健康状况的认识与一般就医行为的关系要强烈得多。

　　第二个层次的变量是促进或妨碍人们使用医疗服务的促进资源或能力因素（Enabling resources），这些因素是保证人们得到医疗服务的必要因素，包括个人、家庭和社区资源。个人资源包括收入、医疗保险、交通方式、到达医疗机构的时间以及等候服务的时间；家庭资源包括家庭结构、功能及成员互相支持的程度等；社区资源包括供方因素，如社区医生、床位人口比、组织服务方式、看门人、急诊服务的审批、手术两次审核、利用控制等，也包括社区的其他功能。在对这一层次变量的研究中，有学者指出，对更详细的医疗保险（包括保险的种类和报销的比例）的测量能够使我们更进一步了解个人所拥有的资源对就医行为的影响（Mechanic, D. , 1979）。

　　第三个层次的变量是需要（Need）。建立卫生资源使用的模型必须考虑到人们是怎样看待他们自己的健康状况和功能状态的，他们所经历的疾病的症状、疼痛和对健康状况的担忧，以及他们判断自己的疾病是否严重到需要寻求专业医护人员的帮助。虽然这种自我感觉需要的一部分可以被社会结构和健康信仰所解释，但需要还在某些维度上弥补了前两个层次在卫生服务利用方面解释力不足的问题。需要体现的是一种生理健康状况上的必需，它在一定程度上说明了人们寻求和消费卫生资源的原因。在评价需要时可以进行专业判断（客观需要），也可以主观测量（主观需要）。

　　健康行为包括个人自我医疗和卫生服务利用。个人自我医疗是个人通过适宜的饮食和营养、身体锻炼、减少压力、戒烟酒、自我医疗等，维持和提高自身的健康。卫生服务利用包括门诊、住院、牙医等。模型假设倾向、促进和需要因素对不同的卫生服务类型有不同的作用，比如，住院服务一般针对比较严重的疾病，因此，主要和需要、人口特征有关；而门诊服务可能与社会结构、资源和信念有关。

健康结果可以从认知健康状况、客观健康状况和病人满意度来评价。认知健康状况根据个人的判断力、价值观和福利观，反映人在社会中生活的功能、舒适和无痛苦。客观结果则是从专业的角度评判，根据临床标准等。满意度是测量病人对卫生服务的个人感觉，用等待时间、交通、医患沟通和技术服务等来评价。

Andersen 卫生服务利用行为模型，是从系统学的角度，分析卫生服务的利用，诠释卫生服务利用的影响因素。

二 卫生服务可及性的类型

Andersen 认为，提出卫生服务利用行为模型的主要目的是通过对卫生服务利用的分析来研究卫生服务的可及性，帮助决策者利用政策手段提高卫生服务可及性。而卫生服务可及性是个复杂的卫生政策问题，需要从多个维度加以界定。在卫生服务利用行为模型的基础上，Andersen 提出，卫生服务可及性可以分为：潜在的可及性（Potential access）和实现的可及性（Realized access）；平等的可及性（Equitable access）和不平等的可及性（Inequitable access）；有效的可及性（Effective access）和有效率的可及性（Efficient access）[1]。

潜在的可及性主要是指影响人们利用卫生服务的促进资源指标，即个人、家庭和社区的资源变量，更多的促进资源可以提高人们对卫生服务的利用。医疗保险的覆盖率是常用的评价指标。如果一个地区医疗保险的覆盖率很低，就可以认为该地区人口的卫生服务的潜在可及性较低。实现的可及性是真正实现的卫生服务利用，包括门诊、住院和其他形式的服务利用。

公平的可及性和不公平的可及性的区别，是看哪些因素是影响卫生服务利用的主导因素，如果人口特征和卫生需要是影响服务利用不同的主要因素，那么卫生服务可及性是公平的；但如果决定人们是否利用卫生服务

---

① Andersen R. M., "Revisiting the Behavioral Model and Access to Medical Care: Does it Matter?" Journal of Health and Social Behavior 1995, Vol. 36 (March), pp. 1 – 10.

的因素是社会结构（如种族）或促进资源（如收入）的话，那么就出现了不公平的可及性状况。

Andersen 和 Newman（1973）认为，在影响人们对卫生服务利用的诸多因素中寻找出那些具有政策可变性的因素，对促进可及性的公平是非常重要的。在模型包含的几个组成部分中，他们认为人口特征的可变性是较低的，因为显然不能通过改变一个人的年龄或性别，来改变其对卫生服务的利用状况。同样，社会结构的可变性也是相对较低的。因为，种族是不能改变的，而职业或受教育的程度的改变则需要一个长期的过程。健康信仰的可变性是中等的，因为健康信仰是可以变化的，并能够有效地影响人们的医疗行为。促进资源或能力因素则具有较高的可变性，有些促进资源变量与卫生服务利用之间存在着很强的关系。例如，RAND 公司的一项研究表明，改变医疗保险受益结构对卫生服务利用具有显著性的影响。医疗服务的需要最早被认为是不受政策影响的，但事实上，通过健康教育或者改变人们对医疗服务利用上的经济激励措施是可以提高或降低医疗服务需要的。

表 5—1　　　　　　　　　　　　因素的可变性

模型因素	可变程度
人口特征	低
社会结构	低
健康信仰	中等
促进资源	高
需　　要	低（?）

资料来源：Andersen R. M. , Revisiting the Behavioral Model and Access to Medical Care: Does it Matter? Journal of Health and Social Behavior 1995, Vol. 36 (March), pp. 1 – 10.

1996 年，Andersen 又对可及性的分类进行了补充，提出有效可及性和有效率可及性的概念。有效的可及性（Effective access），将实现的可及性，即卫生服务利用和健康结果（健康状况和病人满意度）联系起来，它用健康结果的改善来评估医疗服务的效果。有效率的可及性（Efficient access）是评价卫生服务消耗资源和健康结果的关系，健康结果的极大化应该以卫生服务成本的极小化为代价。效率，又分配置效率（Allocative efficiency）和技术效率（Productive efficiency）。效率研究的层面，既可以是宏观经济层面，也可以是微观的消费者行为层面。

Andersen 模型自提出后，不断完善，大量的研究都是在这一模型基础上进行的。但也有一些批评的意见，比如：有学者认为该模型很难捕捉影响医疗服务利用的各种复杂因素和微妙差（Rundall T. G.，1979），数学模型拟合一般（决定系数为 0.03 ~ 0.44）（Foreman S. E.，Yu L. C.，Barley D.，et al.，1998）。尽管如此，Andersen 模型仍然为我们提供了研究卫生服务利用和可及性的理论框架[①]。

三　政府卫生支出与卫生服务可及性的理论路径

卫生服务可及性的公平是卫生系统所追求的目标。在 Andersen 行为模型的框架下，我们可以分析政府卫生财政支出影响卫生服务可及性公平的途径，如图 5—2 所示。

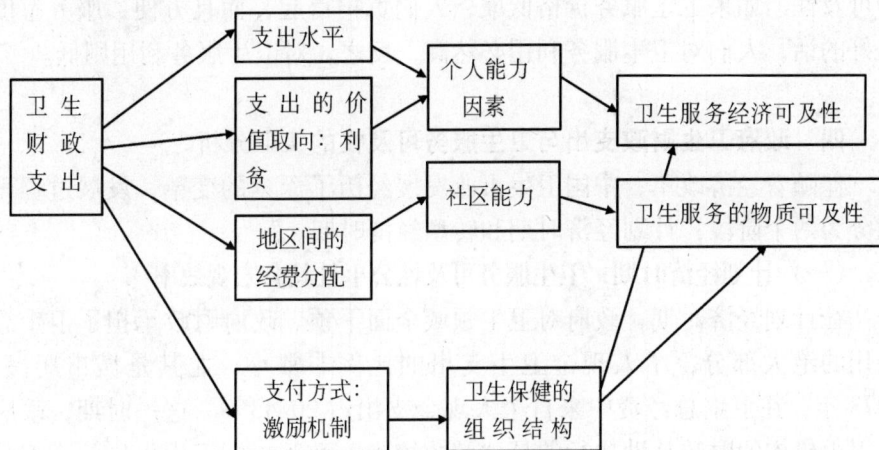

图 5—2　卫生财政支出与卫生服务可及性

第一，通过影响人群特征变量中的个体的能力因素，提高卫生服务的经济可及性。如提高公共支出的水平，扩大公共支出在卫生总费用中的比例、扩大医疗保险的覆盖率，就可以削弱人群特征中的个人收入因素对卫生服务利用的制约作用，使得人们对卫生服务利用的差异主要是源于人口

---

① 陈英耀、王立基、王华：《卫生服务可及性评价》，《中国卫生资源》2000 年 11 月第三卷第 6 期。

特征和卫生需要上的不同，而不是源于个人收入或支付能力的不同。根据公平的概念，当人们对卫生服务的利用的差异是由于无法避免的人口学和生理学的特征差异造成时，就可以认为是公平的卫生服务可及性。在实现卫生服务经济可及性方面，政府卫生支出所遵循的利贫的价值取向是非常重要的，政府卫生支出本身也是一种收入再分配的手段，只有利贫的公共支出才有可能实现这一功能，反之，只会扩大收入分配的差距。

第二，通过影响人群特征变量中社区的能力因素，提高卫生服务的物质可及性。例如，在地区间的卫生资源配置上，根据卫生服务需要（人口特征、发病状况等）安排卫生资源的配置，使得任何家庭或个人不会因为其所处的地理环境的不同而接受卫生服务的机会不同。

第三，通过支付方式影响卫生组织的行为，进而影响卫生服务的可及性。政府通过改变对医疗机构的财政补助力度、支付的方式，调整卫生服务供方的态度、卫生服务的质量、价格等，从而直接影响人们的卫生服务的可及性。如果卫生服务价格低廉，人们负担得起，而且方便，服务态度又好的话，人们对卫生服务利用必然高，反之，对卫生服务利用则低。

四 政府卫生财政支出与卫生服务可及性的实证分析

伴随着经济改革，中国卫生事业发展经历了深刻的变革，发展过程可以分为两个阶段：计划经济时期和转型经济时期。

（一）计划经济时期：卫生服务可及性公平且具有宏观效率

在计划经济时期，政府对卫生领域全面干预。政府财政承担了卫生总费用的绝大部分，个人现金卫生支出的比例非常小，尤其是城市居民。1978年，在卫生总经费中来自个人现金支出占20.43%。这一时期，政府对卫生机构的财政补助执行的是"统收统支"政策，即卫生机构的全部收入上缴财政预算，支出全部由财政拨款，后来过渡到"全额管理、差额补助"，即卫生机构的全部收入纳入政府预算，财政按其实际收支差额补助，年终节余全部上缴。政府的财政支出政策的目标是通过补助医疗服务供方的方式，以保证全体人民享有基本卫生服务。因此，在价格政策上，政府规定医疗服务收费价格低于不含工资与折旧费的物耗成本。尽管药品按药品批发价格乘法定加成率确定的零售价格执行，所得利润弥补医疗服务收费价格偏低造成的损失。医疗机构仍然陷入了政策性赔本经营的状况，由于当时对医院实行差额补助、结余上缴、亏损由上级政府解决的预算管理办法，尽管存在政策性的赔本经营问题，但完全由政府财政统负盈亏。

这一阶段，财政不仅包揽了卫生服务的提供，同时也直接和间接地包揽了作为卫生服务需方的城市居民的几乎全部的卫生筹资责任。具体体现在，在城市建立了劳保医疗和公费医疗。公费医疗的经费由国家财政拨付给设在各级卫生行政部门的、由政府直接管辖的公费医疗管理机构，实行专款专用、单位统一使用的原则。职工每人每年享受的公费医疗经费标准，按照国家确定的预算定额执行，中央政府将经费拨给地方财政管理使用，实际超支部分由地方财政补贴。劳保医疗经费按照从所在企业的福利基金中提取的一定比例承担，由于当时的企业并不需要自负盈亏，因此劳保医疗的经费尽管不是直接来源于政府财政预算拨款，但事实上仍然是由国家财政负责的。

在农村，在服务供方方面，1965 年就初步建立了县乡村三级初级卫生保健网。在 1965 年毛泽东提出的"把医疗工作的重点放到农村中去"后，全国农村以短期速成、复训提高的方式培养了大批的"赤脚医生"，1969 年在"文化大革命"的特殊历史条件下，以政治手段动员大量的卫生资源到农村，包括大批医学院校的学生、城市医护人员以及大量的医疗器械和设备。在服务需方，建立了覆盖广泛的合作医疗制度，尽管期间也有起起落落，"春办秋黄"的现象，但总的来说覆盖率较高，到 70 年代末，全国合作医疗的覆盖率达 90% 以上。可以说，这一阶段的卫生筹资政策保证了卫生服务可及性的公平和效率。在这一阶段，尽管经济发展水平落后，但由于政府在卫生筹资中承担了主要责任，从供需双方全面解决居民的医疗卫生问题，卫生事业取得了巨大发展，人们对卫生服务的利用不会受制于卫生服务利用行为模型中的促进资源或能力因素，从而有效保证了卫生服务可及性的公平。同时，卫生支出具有很高的效率，以很少的卫生总费用促进居民的健康水平并使其取得大幅度改善。

（二）转型经济时期

20 世纪 80 年代以来，随着中国实行了改革开放政策，在原有的经济体制中引入市场机制，中国社会经济进入了前所未有的转型时期。期间，中国经济经历了长期的高速增长，从 1980 年至 2005 年，扣除通货膨胀的影响，中国的 GDP 增长了 9.34 倍。居民收入也经历了大幅提高，扣除通货膨胀的影响，城市居民的实际人均可支配收入从 1980 年的 466.27 元提高到 2005 年的 9441.24 元，增长了 20.25 倍；农村居民的实际人均纯收入从 1980 年的 186. 76 元提高到 2005 年的 2928. 60 元，增长了 14. 68 倍[①]。据 Andersen 行为模型，收入是卫生服务可及性和卫生服务利用的重要促进因素，随着收入的增长，居民对卫生服务的可及性应当提高。但实际情况是，中国居民的卫生服务可及性不仅普遍下降，而且越来越不公平。

1. 卫生财政支出相对规模下降，经济可及性普遍下降且公平性差

尽管经济在增长，居民收入在提高，但由于中国的卫生筹资政策的变革，政府从供方和需方两个方面全面撤退。首先是对医疗卫生机构的补助快速下降；其次，经济改革以后，企业成了自负盈亏的市场主体，从而切断了财政间接负担企业职工医疗成本的途径。公共筹资的比例大幅度下降，使得卫生总费用主要依赖于私人筹资，个人现金支出占卫生总费用的比例从 1980 年的 21. 19% 上升到 2001 年的 59. 97% ，之后略有下降，但 2005 年这一比例仍然高达 52. 21%[②]。医疗成本向个人转移，城乡居民的人均医疗保健支出占人均可支配收入（人均纯收入）和人均消费性支出的比例逐年提高，见图 5—3。医疗保健支出已经成为家庭继住房、教育之后的第三大支出。在卫生服务可及性方面必然出现以下的结果。

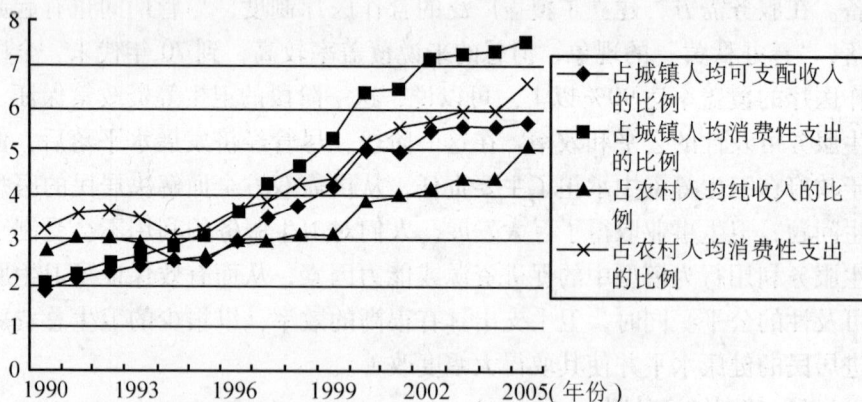

图 5—3　1990—2005 年医疗保健支出占收入和消费型支出的比例（%）

数据来源：卫生部统计信息中心：历年《中国统计年鉴》、《中国价格及城镇居民家庭收支调查统计年鉴》和《中国农村住户调查年鉴》，转引自《卫生总费用研究报告（2006）》。

---

① 数据来源：《中国农村住户调查年鉴（2006）》。
② 卫生部卫生经济研究所：《卫生总费用研究报告（2006）》。

第一，卫生服务的总体可及性下降。

当卫生费用主要依赖私人筹资时，居民对卫生服务的可及性则主要取决于个人和其家庭的经济收入。这种情况下，如果卫生费用的上涨速度低于收入的上涨速度，卫生服务可及性有可能改善，但如果相反，卫生费用的上涨速度超过收入的上涨，则可及性必然下降。但事实上，在私人支出占卫生总费用比例较大，公共机制严重缺失的情况下，前种情况是几乎不可能发生的。正如我们在第一章的分析中指出，在卫生服务市场上，消费者是处于弱势地位的，个体分散的购买行为对医疗服务供方几乎没有任何有效的制约，结果必然导致卫生费用的快速上涨。

另外，在私人承担卫生费用的情况下，对卫生服务供方的支付方式只能采用按项目付费，从各国的实践来看，这种支付方式是造成医疗费用上涨过快的一个制度性的原因。在发达国家中，美国的公共卫生支出比例是最小的，它的卫生费用增长情况如何呢？根据 OECD 的数据[①]，1960 年至1997 年，美国卫生费用占 GDP 的比例快速增长了 8.3 个百分点，而同期，OECD 国家卫生费用占 GDP 的比例只增长了 3.7 个百分点，而且在这期间，绝大部分 OECD 国家或通过免费提供卫生服务的方式，或通过社会医疗保险的方式实现了卫生服务的全民覆盖，美国是 1997 年 27 个 OECD 国家中仅有的三个没有实现全民覆盖的国家之一[②]。

图5—4 显示，次均医疗费用的上涨速度明显超过了城乡居民人均收入的增长速度，疾病的医疗负担不断攀升。次均门诊费用从 1990 年的10.9 元上涨到 2004 年的 118 元，增长了 9.83 倍；次均住院费用从 1990 年的 473.3 元上涨到 2004 年的 4284.8 元，增长了 8.05 倍，远快于人均收入的增长速度。同期，农村居民的人均收入增长了 3.28 倍，城市居民的人均可支配收入增长了 5.24 倍。

第二，可及性的公平性差。

当可及性的高低取决于个人和家庭的收入时，是否公平要视收入分配状况而定。如果经济增长被全社会成员所共享，收入分配差距小，则

---

① 资料来源：OECD Health Data 98：A Comparative Analysis of Twenty – nine Countries, 转引自 Gerard F Andersen, et al Health spending, access, and outcomes: Trend in industrialized countries, Health affairs, 1999; 18 (3)。

② 另外两个国家是墨西哥和土耳其。

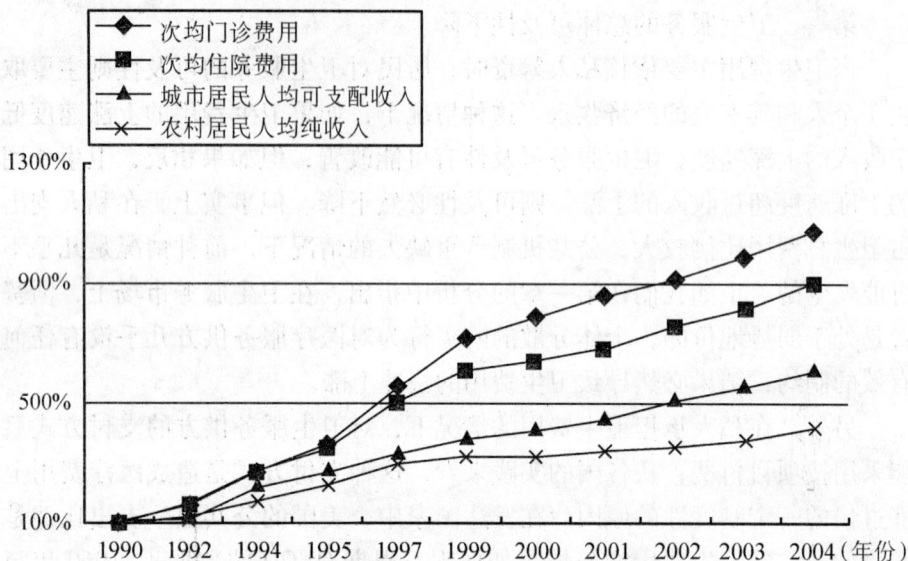

图5—4　卫生部所属医院医疗费用增长指数

公平性较好；反之，公平性则差。那么中国实际的收入分配状况又如何呢？

　　学术理论界对居民收入分配差距的总体描述通常采用两种方法：一是五等分法；二是基尼系数法。根据曾国安的统计来观察中国居民的收入差距，20世纪90年代后半期，最高收入组、次高收入组、中间收入组、较低收入组和最低收入组居民的收入分别占居民总收入的47%、22%、15%、10%和6%①。国家统计局2000年对全国4万个城镇居民家庭收入情况的调查显示，20%的高收入者拥有42.5%的国民财富②。另据其他部门统计的五等分结果，中国农村中20%的低收入人口与20%的富裕人口收入之比由1978年的2.9倍扩大到1994年的6.6倍，城镇居民则由1983年的2.3倍扩大到1994年的3倍。如果用城市中20%的高收入户的平均收入与农村中20%的低收入户平均收入相比较，1992年的贫富差距达11倍，1994年达到了13倍③。还有很多学者用基尼系数

---

① 曾国安：《20世纪70年代以来中国居民收入差距的演变趋势、现状评价与调节政策选择》，《经济评论》2002年第5期。

② 易锋杰：《"基尼系数"质疑》，《财经理论与实践》2002年第4期。

③ 张雅光：《转轨进程中中国居民贫富差距的演变》，《中国国情国力》2004年第1期。

法来描述中国居民的收入差距。基尼系数是反映居民收入分配差距程度的综合性指标。基尼系数值越小，表明收入分配差距越小（收入分配越均等）。根据国家统计局公布的数据，1990 年以来，中国城镇居民基尼系数和农村居民基尼系数均在波动中呈现扩大的趋势。1990 年、1995年、1999 年城镇居民基尼系数分别是 0.23、0.28、0.295；农村居民基尼系数分别是 0.309、0.341、0.336。就全国总体而言，1990 年、1995年、1999 年全国居民基尼系数分别是 0.343、0.389 和 0.397，接近 0.4，2000 年达到 0.417[1]。按照中国社会科学院经济研究所课题组的调查，包括各种集体福利和非正常收入的差距在内，中国目前的基尼系数为 0.445。而根据世界银行的测算，中国基尼系数从 1980 年的 0.33 扩大到 1988 年的 0.38，2003 年已扩大至 0.458，有的地区已经达到 0.467[2]。据世界银行的估计，中国的基尼系数在 1998 年就已经超过了 0.4，目前已经进入了国际公认的收入绝对不平等区间。

市场初次分配的收入差距如此之大，迫切需要一种强有力的公共筹资机制来削弱个人收入与卫生服务可及性之间的联系，保证全体居民对卫生服务公平广泛的可及。但中国的实际情况恰好相反，伴随着收入分配差距的扩大，卫生总费用中的公共支出比例却越来越小。

如果仅有的政府卫生支出采取"利贫"取向，仍然可以在一定程度上纠正因收入差距引起的不公平。但是遗憾的是，中国的公共卫生支出带有明显的"利富"取向。

首先，从城乡结构上看，政府卫生支出是倾向于城市居民的。中国是典型的城乡二元结构，城市具有绝对的经济资源、政治权利以及文化等方面的优势。在这种情况下，政府在卫生财政支出上却具有明显的城市偏向，严重忽视了广大农民这一弱势群体。卫生事业费和行政事业单位医疗经费是卫生财政支出两个主要项目，约占总额的 70%。其中。卫生事业费是以城市为中心的。2004 年，占全国人口 58.24% 的农民，卫生事业费只占全国卫生事业费的 38.56%，农村人均卫生事业费只是城市人均卫生事业费的 28%。而行政事业单位医疗经费更具利富性，其绝大部分受益对象是城市中相对富裕的群体和拥有特权的阶层。

---

① 国家统计局：《从基尼系数看贫富差距》，《中国国情国力》2001 年第 1 期。

② 李培林、朱庆芳等：《中国小康社会》，社会科学文献出版社 2003 年版。

　　其二，从卫生财政支出的受益归属的实证分析结果看，卫生财政支出的主要受益者不是贫困者，而是富裕阶层。政府对卫生领域的公共补助可以归为两部分，一是公共卫生补助，二是医疗补助。公共卫生服务具有非竞争性和非排他性的特点，服务对象是全体居民。在公共卫生服务中，虽然也有与个人直接相关的准公共服务，但一般来说这类服务的比重较小，可以近似地认为居民受益比较一致。医疗服务主要针对居民个人，由于医疗服务利用模式不同，不同经济水平居民的受益状况存在很大差异，而且医疗补助所占比重较大，可以通过政府医疗补助的受益情况评价政府卫生支出的公平性。卫生部卫生经济研究所张毓辉等（2005）一项针对浙江、陕西、甘肃和黑龙江四省的研究结果表明，各地区政府医疗补助受益归属状况比较一致，即政府医疗补助的主要受益者不是贫困人口，而是富裕人群。从五分组的结果看，四省最贫困组居民从政府补助中的获益程度均低于最富裕组人群，见表5—2。进一步对集中指数的分析结果也显示了相同的结论。测量结果显示，四省政府医疗补助的集中指数都是正值。虽然四省经济水平相差很大。但是政府医疗补助结果显示的绝对公平状况十分相似，反映的问题也比较一致，即政府医疗补助没有起到缩小绝对贫富差距的作用，相对于贫困人群来说，富裕人群从政府医疗补助中获益更大（见图5—5）。如果从不同服务看，住院补助向富裕人群倾斜的程度比门诊补助更严重，这是因为住院费用往往高于门诊费用。在医疗保障覆盖率较低、以个人付费为主的筹资机制下，居民受经济能力限制，贫困人群对住院服务利用相对较少，富人利用则较多，在目前补供方为主的补偿机制下，谁对医疗机构服务利用较多，从政府补助中获益也就相应更多。这也直接导致接受政府补助的不公平分布[①]。

表 5—2　　　　　　　四省政府医疗补助受益归属五分组结果　　　　　单位:%

人群	分组	黑龙江	甘肃	陕西	浙江
最贫困	20%	10. 46	8. 18	12. 71	11. 28
次贫困	20%	10. 78	17. 55	15. 17	9. 53

---

① 张毓辉等：《卫生公共支出的政策选择》，《卫生经济研究》2005 年第 11 期。

续表

人群	分组	黑龙江	甘肃	陕西	浙江
中间组	20%	20.36	24.65	13.42	14.98
次富裕	20%	26.95	19.53	21.95	19.74
最富裕	20%	31.44	30.09	36.75	44.47

资料来源：张毓辉等：《卫生公共支出的政策选择》，《卫生经济研究》2005年第11期。

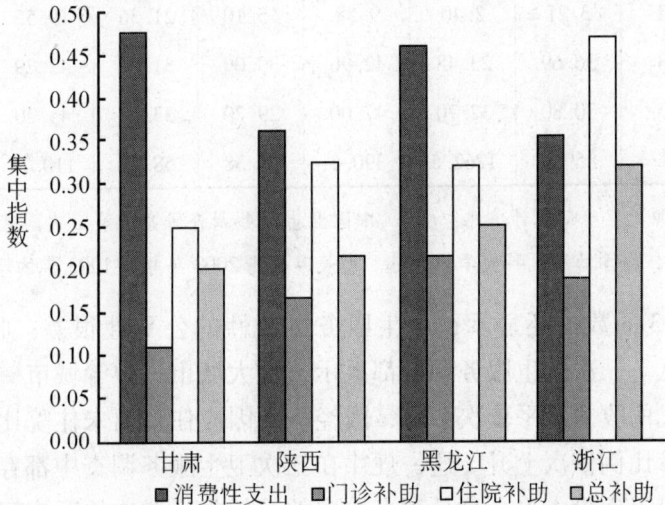

图5—5 四省消费性支出及补助的集中指数

资料来源：张毓辉等：《卫生公共支出的政策选择》，《卫生经济研究》2005年第11期。

"利富"取向的公共卫生支出无疑强化了收入分配差距对卫生服务可及性造成的不公平性。

我们通过对三次卫生服务调查数据的分析，充分证实了我们关于卫生服务经济可及性普遍下降且公平性差的推断。

在三次卫生服务调查中，经济困难都是应住院未住院和应就诊未就诊的首要原因。从表5—3中我们可以看出，因经济困难而没有就医的人数在显著增加，全国居民卫生服务经济可及性普遍下降。较1993年和1998年，2003年城乡居民因经济原因应住院而未住院的比例以及因经济原因应就诊而未就诊的比例普遍提高。以大城市为例，因经济困难应住院而未住院的比例从1993年的34.09%上升到2003年的64.4%，因经济困难应就诊而未就诊的比例从1993年的3.21%上升到2003年的30.8%。

表5—3　城乡居民因经济原因应住院而未住院和应就诊而未就诊的比例（%）

类　　别		大城市	中等城市	小城市	一类农村	二类农村	三类农村	四类农村
住院	1993	34.09	33.87	53.47	47.95	63.15	61.14	67.72
	1998	53.12	58.43	70.77	63.80	54.12	70.26	69.38
	2003	64.40	35.60	74.80	77.60	74.90	75.50	73.60
	增长率%	84.53	5.11	39.89	61.83	18.61	23.48	8.68
门诊	1993	3.21	2.40	9.58	15.10	21.36	19.55	24.42
	1998	36.69	23.48	42.96	30.09	31.67	42.29	38.72
	2003	30.80	32.70	47.00	29.10	33.90	41.20	49.10
	增长率%	859.5	1262.5	390.6	93.38	58.71	110.74	101.06

数据来源：卫生部统计信息中心：《中国卫生服务调查研究：第三次国家卫生服务调查分析报告》，中国协和医科大学出版社。增长率是指2003年相比1993年的增长情况。

表5—3的数据还显示，卫生服务可及性的公平性很差，收入越低，可及性越低。三次卫生服务调查都显示，从大城市、中等城市一直到四类农村，居民的收入水平依次下降，因经济原因应住院而未住院比例和应就诊而未就诊比例依次上升。这一规律在三次卫生服务调查中都存在。原因就在于政府卫生投入上一直是利富取向的，低收入群体的医疗问题几乎完全依赖家庭，最大的弱势群体——农民更是如此。

我们用中国健康和营养调查（CHNS）数据[①]做了卫生服务可及性的实证分析，结果显示：收入以及是否生活在农村是人们有病是否去就医的重要影响因素。这充分证实了上述的分析，个人收入是一个重要的制约因素。

我们的数据库由从1993年、1997年和2000年共计三年的入户调查数据中提取的年龄在18周岁以上的人员数据构成，主要是考察个人生病后

———————

① CHNS数据：中国健康和营养调查（China Health and NutritionSurvey，CHNS）数据。CHNS数据样本覆盖了中国沿海、中部、西部等地区的9个省份。1989年、1991年和1993年包括的省份是广西、贵州、河南、湖北、湖南、江苏、辽宁和山东8个省份；1997年由黑龙江替代了辽宁，其他省份不变；2000年的数据包括黑龙江和辽宁在内的全部9个省份。CHNS采用多段随机抽样的方法（multistage，random clustersampling），在抽样时同时兼顾不同大小和收入水平的城市或县城，样本中包含有城市居民和农村居民。CHNS为健康和营养方面的研究者提供一个难得的具有全国代表性的样本，数据中关于健康和营养方面的非常丰富的信息也是中国其他全国性数据无法比拟的。

是否去就医的影响因素。实证模型如下：

$$Y_i = \alpha + \beta_1 X_1 + \beta_2 X_2 + \beta_i X_i + \varepsilon_i$$

$$i = 1, 2, \cdots, n$$

其中，i 表示的是调查的第 i 人；Y_i 是因变量，表示有病是否去看，有病去看取值为 1，不看取值为 0；X_1 代表家庭人均收入，采用虚拟变量形式，分为高、中、低三个等级，X_2 代表是否是农村户口，农村户口取值 1，城市户口取 0；X_i 代表模型中关于个体特征的向量，包括个体的年龄、性别、疾病严重程度、是否有保险、离常去的卫生机构的距离（用时间表示）、工作状态（有工作、退休和失业三种）、所在省份以及调查年份。这些都是控制变量。β_i 是控制变量 X_i 的回归系数的向量。Logistic 回归模型的结果见表 5—4[①]。

表 5 – 4　　　　　　　　　不同群体之间卫生服务可及性的差异

变量		Odds ratio	Std	P
收入	高	1.555	0.372	0.066
	中	1.132	0.217	0.517
农村户口		0.684	0.139	0.062

实证的结果与卫生服务调查的数据是相当吻合的。首先，不管是农村，还是城市，收入越高，可及性越好。其中高收入组有病去看的概率是低收入组的 1.6 倍，而且差异是显著的，中收入组是低收入组的 1.32 倍，但差异不显著。其次，城乡之间的差异是显著的，在相同的情况下，农民的可及性是低于城市的，有病去看病的概率只是城市居民的 68.4%。

三次卫生服务调查的实现的卫生服务可及性，即卫生服务利用的数据同样表明，卫生服务可及性降低其公平性差。

表 5—5 是全国卫生服务调查的城市数据，从 1993 年到 2003 年，两周患病率只有小幅下降，但两周就诊率大幅下降。尽管各收入组的卫生服务利用都在下降。但不同收入组的下降幅度不同。收入越低，卫生服务利用

---

① 由于我们重点是要考察收入之间以及城乡之间的卫生服务可及性的公平性问题，所以这里只给出了这两个变量的回归结果。

下降得越快。

    各收入组的因病卧床率都在大幅上升，但年住院率除了最高收入组上升外，其他各收入组都在不同程度下降，而且也存在着与两周就诊率相同的情况，不同收入组的下降幅度不同。三个低收入组的下降幅度很大，特别是第二收入组降幅最大，第四收入组小幅下降。

    可见，不同收入群体之间卫生服务利用情况的差距在扩大，门诊服务利用从 1993 年的 23% 增加到 2003 年的 49%，住院服务利用从 1993 年的 17% 增加到 2003 年的 65%。

表 5—5   城市收入五等分组的医疗服务利用情况（1993—2003）

类 别		最低	第二	第三	第四	最高
两周患病率（‰）	1993	14.93	15.55	17.43	17.58	18.98
	1998	15.66	16.93	15.93	17.85	18.59
	2003	13.38	13.56	14.29	14.31	15.48
	下降（%）	10.38	12.80	18.01	18.61	16.75
两周就诊率（%）	1993	21.8	19.6	22.8	22.3	26.9
	1998	16.5	16.6	15.0	18.5	20.3
	2003	10.1	10.2	12.0	11.8	15.0
	下降（%）	53.67	47.96	47.37	47.09	44.24
因病卧床率（%）	1993	2.22	2.04	2.15	2.04	2.09
	1998	1.94	1.75	1.59	1.74	1.73
	2003	3.69	3.32	3.12	3.39	3.33
	上升（%）	66.21	62.75	45.12	66.18	59.33
年住院率（%）	1993	4.53	5.13	5.26	4.86	5.32
	1998	3.07	3.07	3.67	4.26	4.20
	2003	3.36	3.03	4.55	4.66	5.56
	下降（%）	25.83	40.91	13.50	4.12	上升了 4.51[*]

    资料来源：《中国卫生服务调查研究：第三次国家卫生服务调查分析报告》，中国协和医科大学出版社，以及作者的计算。

    [*] 最高收入组的住院率上升了 4.5%，与其他四组的下降趋势相反。

在农村地区的卫生服务与城市基本相似，即不同收入组的卫生服务利用都受到抑制。两周患病率因病卧床率都在上升，但两周就诊率却在下降，住院率有小幅上升，但上升的幅度明显小于因病卧床率的上升幅度，见表5—6。但与城市不同的是，各收入组之间的差距相比城市的要小。可能是因为农村收入差距比城市收入差距小的原因。

表5—6　　农村收入五等分组的医疗服务利用情况（1993—2003 年）

类别		最低	第二	第三	第四	最高
两周患病率（‰）	1993	12.66	12.55	12.79	12.54	12.74
	1998	13.50	13.06	12.86	13.00	13.17
	2003	13.39	13.23	13.41	13.81	14.01
	上升%	5.76	5.42	4.85	10.13	9.97
两周就诊率（%）	1993	17.0	17.3	16.5	18.1	18.0
	1998	18.0	16.5	16.7	17.2	16.6
	2003	12.9	13.6	13.8	14.5	14.7
	下降%	24.12	21.39	16.36	19.89	18.33
因病卧床率（%）	1993	2.76	2.84	2.69	2.60	2.23
	1998	3.26	2.66	2.53	2.48	2.12
	2003	4.20	3.85	3.66	3.72	3.40
	上升%	52.17	35.56	36.06	43.08	52.47
年住院率（%）	1993	2.71	3.08	2.89	3.17	3.37
	1998	2.17	2.07	2.03	2.39	2.81
	2003	3.29	2.80	3.03	3.52	4.19
	上升%	21.40	9.09	4.84	11.04	24.33

资料来源：《中国卫生服务调查研究：第三次卫生服务调查分析报告》，中国协和医科大学出版社，以及作者的计算。

2. 卫生资源配置不公平，卫生服务物质可及性的公平性差

卫生资源是开展卫生服务的物质基础。广义的卫生资源是指用于卫生服务的所有生产要素的集合，包括人力、物力、财力以及卫生技术、信息等。狭义的卫生资源是指人、财、物等。这里讨论的卫生资源就是指狭义

的卫生资源。卫生资源配置的公平是保证卫生服务公平的前提条件。物质可及性的公平就是指所有人口接受卫生服务时不会因为其所处的地理位置的不同而有所差异。我们常用的指标有：卫生机构数、到达区域内最近卫生服务点路上所花时间、每千人卫生人员数、每千人床位数等。

政府是可以通过调节卫生财政支出在地区间的分配来实现卫生服务物质可及性的公平目标的，如在支出上向贫困地区倾斜、对到贫困地区工作的卫生人员给予更多的补贴、支持贫困地区卫生机构的建设等。但中国实际情况恰好相反。在第二章中已经分析，由于在政府卫生支出责任上的逐级向下分权，政府卫生财政支出存在着巨大的地区差距和城乡差距，公共资源向经济发达地区集中。而中央财政又未曾尝试通过卫生财政转移支付来矫正这一差距，结果是在市场机制的引导下，卫生事业发展极不均衡。

以每千人拥有的床位数来看，从 1980 年至 2005 年，卫生资源配置的地区差距在扩大。图 5—6 对比了各省在改革初期和现在的每千人口拥有的医院床位数。在 1980 年，上海的条件最好，每千人口拥有床位 5.1 张，最差的是广西，每千人拥有床位 1.35 张，两者相差 3.78 倍。但到了 2005 年，中国医疗条件最好的地区是北京，每千人口拥有床位 6.41 张，最差的是贵州，每千人拥有床位 1.5 张，两者相差 4.27 倍。卫生改革进行了二十多年，国民经济有了大幅度提高，但卫生资源配置的地区差距不仅没有缩小，反而有所扩大[①]。这二十年里，在北京、上海、天津三个直辖市以及经济沿海省份，如江苏、浙江、山东、广东，医疗条件得到很大改善。但中西部地区的改善幅度极为有限，有些地区至少就每千人口拥有的床位数而言，情况还稍许有些恶化，如湖南、湖北和江西三个省份。

从图 5—7 中我们还可看出新中国成立以来城乡差距的变化。新中国成立初期的 1952 年，中国政府就提出"面向工农、预防为主、团结中西医、卫生工作与群众运动相结合"的卫生工作四大方针，特别是 1965 年 6 月 26 日毛泽东主席提出"把医疗卫生工作的重点放到农村去"后，全国的卫生资源配置向农村倾斜，农村的卫生事业得到快速发展。20 世纪 70 年代以后，生活着全国绝大部分人口的农村地区，床位数和卫生人员数都超过了城市，人均卫生资源的差距不断缩小，卫生资源的城乡配置逐步合

---

① 王绍光：《中国公共卫生的危机与转机》，《比较》第七辑。

理化。但改革之后，这种局面被彻底打破。20 世纪 80 年代中期以后，城市的卫生事业得到快速发展，农村的卫生事业却不断萎缩，床位数和卫生人员卫生资源逐年减少，城乡差距不断拉大。

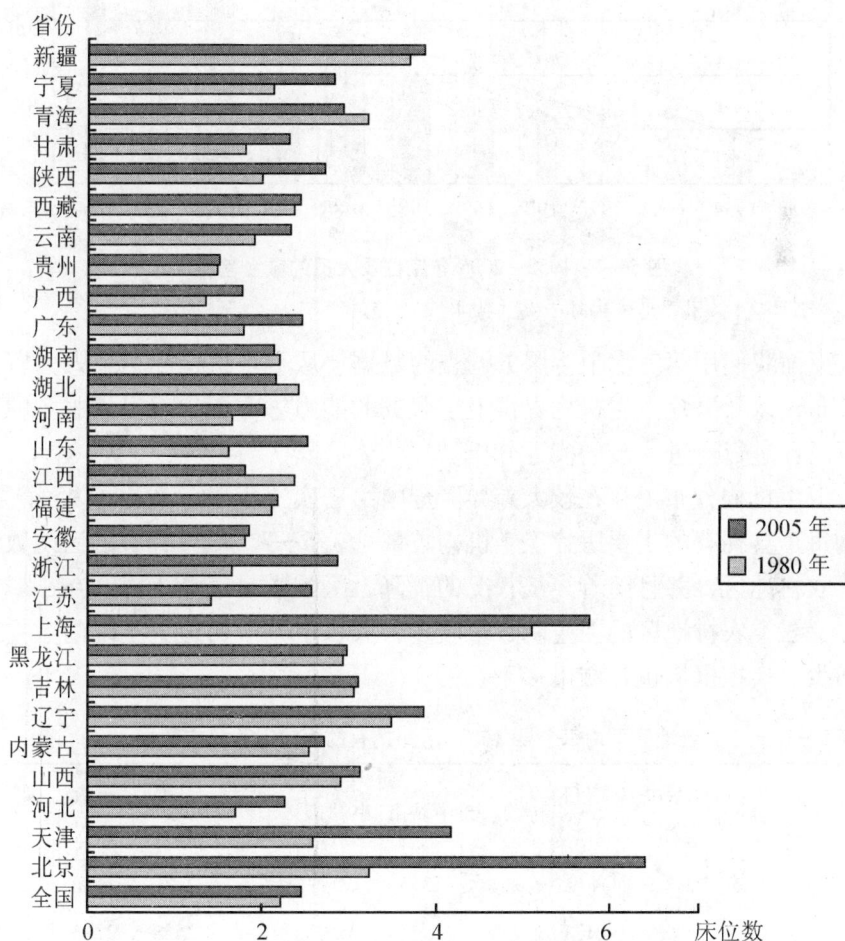

图 5—6　1952—2005 年每千人床位数的地区分布

　　资料来源：1980 年数据来自《新中国 50 年资料汇编》，2005 年数据来自《中国卫生统计年鉴（2006）》。

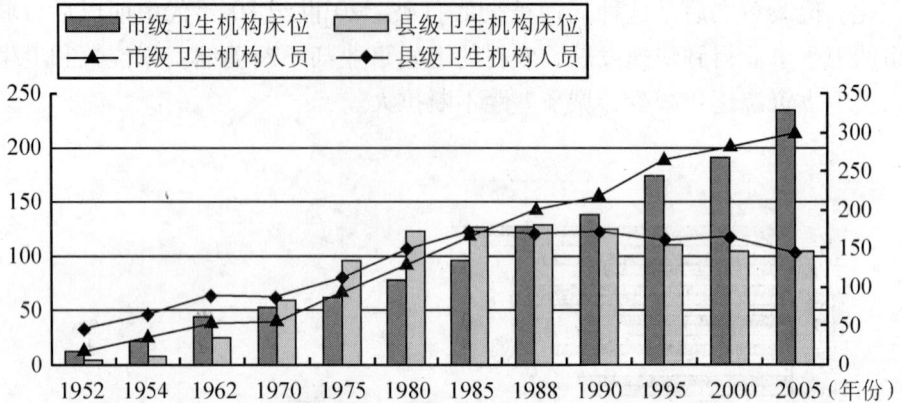

图 5—7　1952—2005 年床位及人员的城乡差距

数据来源:《中国卫生统计年鉴 (2006)》。

下面我们用第三次卫生服务调查的数据,从卫生机构和卫生人力资源的分布,以及医疗卫生机构提供卫生服务的能力等方面,对卫生服务的物质可及性进行更进一步的实证分析。

卫生机构分布上存在较大差异。全国第三次卫生服务调查了 95 个县,平均每个县拥有的主要医疗卫生机构数量见表 5—7。城市拥有的医院数量高于农村地区,并且随着经济状况的下降,医院数量逐渐下降。在小城市和二、三类农村地区的卫生院数量较多,大、中城市街道卫生院的数量都比较少。疾控机构也是城市多于农村。

表 5—7　　调查地区平均每个县(市、区)拥有的医疗卫生机构数量

	合计	城市合计	农村合计	大城市	中城市	小城市	一类农村	二类农村	三类农村	四类农村
医　院	9.6	22.5	4.9	31.6	15.5	12.0	5.3	6.0	4.5	2.5
卫生院	18.2	10.2	21.1	5.2	1.8	26.0	17.7	25.8	22.3	13.6
疾控机构	2.3	2.8	1.6	3.2	1.5	2.9	1.9	1.9	1.2	1.1

数据来源:《第三次全国卫生服务调查分析报告》,中国协和医科大学出版社,第 143 页。
注:卫生院在城市为社区卫生服务中心、街道卫生院。

同时,单位面积各类医疗卫生机构分布数量和每千人拥有的医护人员数量在城市地区明显高于农村,并随着社会经济状况的变化,地区之间存在明显的梯度。经济发展水平越差,单位面积拥有的医疗卫生机构数量越少。具体数据见表5—8。调查地区每千人拥有的医护人员数量也存在巨大的差距，并同样是随着经济发展水平的变化而变化，经济发展水平越高，每千人口拥有的医护人员数量越多，具体数据见表5—9。

表5—8　　　调查地区医疗卫生机构配置情况（以10平方公里为单位）

	合计	城市合计	农村合计	大城市	中城市	小城市	一类农村	二类农村	三类农村	四类农村
机构总数	0.21	1.41	0.21	12.62	7.31	0.49	0.19	0.13	0.18	0.07
医　　院	0.07	0.69	0.03	7.05	5.0	0.14	0.04	0.02	0.03	0.01
卫生院	0.12	0.31	0.11	1.15	0.27	0.25	0.14	0.10	0.14	0.05
妇幼保健院	0.01	0.05	0.01	0.34	0.27	0.02	0.01	0.01	0.01	0.00
疾控机构	0.02	0.11	0.01	0.87	0.81	0.04	0.02	0.01	0.01	0.01

数据来源：《第三次全国卫生服务调查分析报告》，中国协和医科大学出版社，第143页。

注：卫生院在城市为社区卫生服务中心、街道卫生院。

表5—9　　　调查地区卫生人力资源配置情况（以千人为单位）

	合计	城市合计	农村合计	大城市	中城市	小城市	一类农村	二类农村	三类农村	四类农村
执业医师数	1.8	3.8	1.0	5.8	4.4	1.7	1.3	1.0	0.8	0.6
注册护士数	1.7	3.8	0.7	5.8	4.8	1.4	1.1	0.7	0.6	0.4

数据来源：《第三次全国卫生服务调查分析报告》，中国协和医科大学出版社，第143页。

以上数据充分说明，城乡居民以及不同经济发展水平地区的居民在卫生服务的物质可及性上是存在差距的，落后地区的可及性要低于经济发达地区。更进一步，不仅医疗卫生机构数量和人力资源数量在地区间的宏观配置上不公平，即便是同级别的医疗机构，在提供卫生服务的能力上也存在显著的差异。

首先，医疗机构在病床拥有量上存在差距。以综合性医院为例。在第三次卫生服务调查地区共有县及县以上综合性医院240所（城市地区126

所，农村地区 114 所）。城市地区平均每所医院实有床位 441.5 张，万元以上设备 256.3 台，百万元以上的设备 7.4 台，而农村地区医院平均拥有床位 243.7 张，万元以上设备 75.1 台，百万元以上设备 1.8 台。院均拥有的设备和床位数随着经济状况呈梯度减少。具体数据见表 5—10。卫生院也是同样的情况。城市平均每所卫生院实有床位 16.2 张，万元以上设备 3.7 台。而农村地区卫生院平均拥有床位 17.3 张，万元以上设备 3.0 台。农村地区卫生院院均设备与拥有床位的数量随着经济状况呈梯度减少。具体数据见表 5—11。

表 5—10　　　调查地区县及县以上综合性医院平均拥有的床位和设备情况

	合计	城市合计	农村合计	大城市	中城市	小城市	一类农村	二类农村	三类农村	四类农村
编制床位（张）	341.0	441.5	241.7	487.4	410.6	339.4	278.2	293.2	181.5	144.5
实有床位（张）	335.8	429.0	243.7	482.3	383.7	320.8	276.4	300.6	186.0	129.4
万元以上设备（台）	214.9	256.3	75.1	483.7	247.1	98.3	84.5	100.8	56.2	15.6
其中：50 万—100 万元	6.2	10.0	2.5	13.5	6.9	2.8	2.4	3.9	1.6	2.3
100 万元以上	4.6	7.4	1.8	9.8	5.3	2.4	1.8	2.6	1.3	0.5

数据来源：《第三次全国卫生服务调查分析报告》，中国协和医科大学出版社，第 146 页。

表 5—11　　　　　　调查地区卫生院院均拥有床位和设备情况

	合计	城市合计	农村合计	大城市	中城市	小城市	一类农村	二类农村	三类农村	四类农村
编制床位（张）	17.1	16.2	17.3	21.2	36.7	14.4	22.1	19.7	13.8	9.4

	合计	城市合计	农村合计	大城市	中城市	小城市	一类农村	二类农村	三类农村	四类农村
实有床位（张）	16.5	14.7	16.8	20.0	34.3	12.8	21.1	18.8	14.1	8.6
万元设备	3.1	3.7	3.0	7.3	4.0	2.6	4.8	3.3	2.2	0.7

数据来源：《第三次全国卫生服务调查分析报告》，中国协和医科大学出版社，第153页。

其次，在院均卫生人力资源上存在同样的状况。城市地区医院平均拥有执业医师206.4人，注册护士246.9名，36.0名药剂人员以及31.6名检验人员。农村地区医院平均拥有执业医师97.4名，注册护士112.9名，24.8名药剂人员以及13.3名检验人员。医院平均拥有的人力资源总量随着经济社会状况而呈梯度减少的趋势比较明显。具体数据见表5—12。

表5—12　　　　　　　调查地区医院平均卫生技术人员状况　　　　　　单位：人

	合计	城市合计	农村合计	大城市	中城市	小城市	一类农村	二类农村	三类农村	四类农村
执业医师	151.6	206.4	97.4	245.2	178.5	122.3	109.4	127.7	71.4	35.6
助理医师	7.7	5.8	9.6	5.3	4.6	8.5	11.1	10.9	8.3	5.0
注册护士	179.5	246.9	112.9	288.0	225.2	149.4	120.6	151.8	81.8	46.0
药剂人员	30.3	36.0	24.8	41.2	32.8	24.1	24.5	29.1	24.0	12.3
检验人员	22.4	31.6	13.3	37.2	18.7	28.9	13.2	17.2	11.1	6.4

数据来源：《第三次全国卫生服务调查分析报告》，中国协和医科大学出版社，第147页。

表5—13反映的是卫生院的人力资源分配的状况。城市地区的卫生院平均拥有执业医师7.4名，注册护士4.7名，2.4名的药剂人员以及0.9名检验人员。农村地区卫生院平均拥有执业医师6.3名，注册护士3.9名，2.3名药剂人员以及1.1名检验人员。城市街道卫生院执业医师所占的比例高于农村乡镇卫生院。卫生院平均技术人员总量随着社会经济状况而梯度减少的趋势也比较明显。

表5—13 调查地区卫生院卫生技术人员状况 单位：人

	合计	城市合计	农村合计	大城市	中城市	小城市	一类农村	二类农村	三类农村	四类农村
执业医师	6.5	7.4	6.3	13.1	14.0	5.6	8.9	6.7	5.2	3.3
助理医师	3.8	3.5	3.9	4.6	4.7	3.1	4.1	4.8	4.8	3.1
注册护士	4.0	4.7	3.9	10.1	5.7	3.1	5.6	4.4	2.9	1.7
药剂人员	2.3	2.4	2.3	4.2	3.7	1.9	3.2	2.6	1.9	0.5
经验人员	1.1	0.9	1.1	1.7	1.0	0.6	1.5	1.3	0.8	0.3

数据来源：《第三次全国卫生服务调查分析报告》，中国协和医科大学出版社。

3. 卫生财政支出与卫生服务可及性指数

在联合国开发计划署《中国人类发展报告2002——绿色发展，必选之路》中提出卫生服务可及性指数的概念，它是构造健康风险指数的四个指标之一[1]。卫生服务可及性指数是用来评价卫生服务能力的指标，由不能获得卫生保健单位服务的人口指数和每千人拥有的医院床位、医生和护士的指数加权平均构成。

a) ‰ = (不能获得卫生保健服务的人口/省、市总人口) × 100%

不能获得卫生保健单位服务的人口指数 = [(实际 X_i 值 − 最小 X_i 值) / (最大 X_i 值 − 最小 X_i 值)] × 100%

b) ‰ = 每千人拥有的医院病床、医生和护士数量

每千人拥有的医院床位、医生和护士的指数 = 1 − [(实际 X_i 值 − 最小 X_i 值) / (最大 X_i 值 − 最小 X_i 值)] × 100%

赋予以上两个指数以相同的权重：0.5，就可得出卫生服务可及性指数。我们以上海和贵州两个地区来演示卫生服务可及性指数的计算[2]。

a) 不能获得卫生保健单位服务的人口。在中国，不能获得卫生保健单位服务的人口的最大值和最小值分别为0.49%和38.89%。则不能获得卫

---

① 健康风险指数与人类发展指数成反比。根据世界资源研究所的研究，一个国家内的空气、水、粮食来源的质量，会影响到人类健康和潜在的人口对环境健康风险的暴露水平。在中国，健康风险指数由对空气污染的潜在暴露水平、水污染、营养不良状况和卫生保健服务的可及性四个部分组成。参见《中国人类发展报告2002——绿色发展，必选之路》，中国财政经济出版社2002年版，第148页。

② 《中国人类发展报告2002——绿色发展，必选之路》，中国财政经济出版社2002年版，第149页。

生保健单位服务的人口指数：

上海 $=(0.49-0.49)$ ／ $(38.89-0.49)=0$

贵州 $=(17.18-0.49)$ ／ $(38.89-0.49)=0.43$

b）每千人拥有的医院病床、医生和护士数量。在中国，每千人拥有的医院病床、医生和护士数量的最大值和最小值分别为 3.38 和 14.16。则每千人拥有的医院床位、医生和护士的指数：

上海 $=1-(11.81-3.38)$ ／ $(14.16-3.38)=0.23$

贵州 $=1-(3.38-3.38)$ ／ $(14.16-3.38)=1$

卫生服务可及性指数：

上海 $=(0.00+0.23)$ ／ $2=0.12$

贵州 $=(0.43+1)$ ／ $2=0.72$

指数越小，说明卫生服务的可及性越好。我们根据《中国人类发展报告2002——绿色发展，必选之路》中公布的中国各省（自治区、直辖市）的卫生服务可及性指数的数据和《中国统计年鉴》中的卫生财政支出数据，进行了简单分析，结果见图5—8。图5—8反映的是各省的卫生服务的可及性与该省卫生财政支出之间的关系。从该图中可以发现，卫生财政支出与卫生服务可及性之间存在负向关系。卫生财政支出水平越高，卫生服务可及性指数越低。一个特殊的省份是西藏，由于是特殊的少数民族地区，有中央的特别政策，卫生财政支出水平较高，但其卫生服务的可及性水平并不高，卫生服务可及性指数为0.91。但总的来说，卫生财政支出与卫生服务可及性之间的一般关系是成立的。

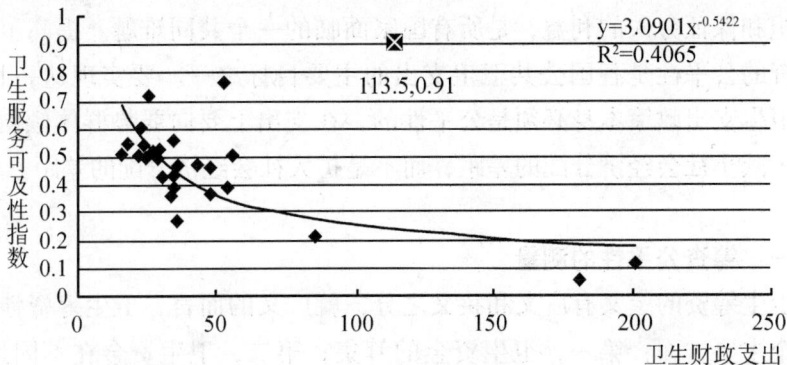

图5—8　卫生财政支出与卫生服务可及性指数之间的关系图

第二节　卫生服务的筹资公平性分析

世界卫生组织（WHO）在 2000 年的《卫生系统：改善业绩》的卫生报告中，首次把卫生服务筹资公平性作为评估卫生系统绩效的三大指标之一，认为筹资公平性以及对筹资风险的防范是基于"每一个家庭应当负担公平的筹资份额"。在 WHO 对 191 个成员国的卫生系统绩效和卫生服务筹资公平性指数的排序中，中国的卫生系统绩效综合指数位于 144 位，卫生筹资公平性排在 188 位，位于倒数第 4 位。这一结果不仅引起学术界，也引起了决策部门的极大关注和强烈反响。

卫生服务筹资公平是指在卫生服务筹资过程中，不同人群间的经济负担应当公平。卫生服务筹资的公平性有横向公平与纵向公平两种，其中前者是指具有同等支付能力的人应对卫生服务提供同等的支付；纵向公平是指支付应当与支付能力成正相关，即支付能力高的人应当多支付。在实践工作中，往往对卫生服务筹资纵向公平的关注更多，主要目的在于强调更多关注贫困人口的卫生服务问题，避免因病致贫和因病返贫。事实上，无法保证脆弱人群在卫生服务筹资过程中的公平是世界各国在卫生服务筹资中遇到的最大问题，中国也遇到了相似的问题。越来越多的证据表明，在中国，穷人自付医药费用无论是金额还是比例都要高于富人，这加剧了穷人的负担，拉大了贫富差距[①]。如何建立一个具有良好风险共担（risk pooling）和风险分担（risk sharing）的筹资体系，尽量降低疾病给家庭带来的负担和保证穷人的利益，是所有国家面临的一个共同难题。提高卫生服务筹资的公平性是各国公共卫生支出的主要目标之一。要实现这一目标，公共卫生支出政策本身必须是公平性的，在支出上要向弱势群体倾斜，要有利于减小社会经济分配的差距，而不是扩大社会经济分配的差距。

一　筹资公平性的测量

卫生筹资的定义有广义和狭义之分，就广义的而言，卫生筹资涉及以下三个主要方面：第一，卫生资金的筹集；第二，卫生资金在不同地区、

---

① 应晓华：《中国卫生服务筹资公平性研究》，复旦大学博士论文 2003 年。

不同人群、不同机构和不同医疗卫生服务之间的分配；第三，医疗卫生服务系统的支付机制。就狭义的而言，卫生筹资只涉及卫生资金的筹集。卫生筹资公平性研究取决于卫生筹资的定义，从广义的定义上讲，卫生筹资公平性包括卫生资金筹集、分配和支付的全过程，不仅包括筹资负担的公平，也包括受益方的公平。就狭义定义而言，卫生筹资公平性仅指卫生资金筹集过程中的公平性[①]。由于资金来源和受益方都存在着再分配的问题，所以只有在广义定义的基础上对筹资公平性进行评价，才能客观、全面地揭示筹资公平性的真实性。

（一）筹资来源的公平性

基于资金来源角度的公平性分析主要是通过检验不同收入家庭对卫生资金的负担情况来完成的。根据公共筹资领域的支付能力原则，筹资公平性分为垂直公平和水平公平。垂直公平要求支付能力越大的家庭为医疗卫生所支付的金额占其支付能力的比例越高；水平公平要求相同支付能力的家庭对医疗卫生资金作出同等的贡献。目前，狭义筹资公平性研究主要集中于垂直公平，使用家庭水平的数据对各种卫生筹资渠道进行累进性分析，评价一个国家或地区卫生筹资机制的先进程度。当收入越高的家庭的医疗卫生支出占其可支配收入的比例越高时，筹资机制被认为是先进的；反之，当收入增加时，其医疗卫生支出占其收入的比例反而下降，则可认为该筹资机制是累退的；如果随着收入的增加，卫生支出占可支付能力的比重基本保持不变，可认为是等比例卫生筹资。一般认为，先进的卫生筹资机制应该是累进制。但是，一个国家的卫生筹资系统应该累进到什么程度，不同社会的公众均有其自己的期望值，典型的经验性研究都避免对此做出明确的价值判断，而仅仅针对累进程度进行大量研究[②]。

目前，国际上对卫生筹资累进性进行分析评价，主要采用比例法和指数法两大类方法。

---

① 万泉、赵郁馨、张毓辉等：《卫生筹资累进分析方法研究》，《中国卫生经济》2004 年 7 月第 7 期。

② Nolan B., Turbat V., 1993 Cost recovery in public health services in Sub – Saharn Africa. Mimeography. Washington, DC: Economic Development Institute, Human Resource Division, World Bank. Wagstaff A., van Doorslaer E., Equity in the finance of health care: methods and findings. In: Wagstaff A., van Doorslaer E., Rutten F., Equity in the finance and Delivery of Health Care: An International Perspective. New York: Oxford University Press, pp. 20 – 49. 转引自 Timothy Evans, et al. 《挑战健康不公平》，第 227 页。

1. 比例法

比例法是将人群分为不同的收入组，将一个收入组的卫生支出占总卫生支出的比例与其收入占总收入的比例进行比较，做出累进或累退的初步判断。如果卫生系统的筹资机制是累进的，则低收入人群卫生支出占卫生总费用的比例将小于其可收入占总收入的比例，高收入人群卫生支出占卫生总费用的比例将大于其可收入占总收入的比例。如果卫生系统的筹资机制是累退的，上述比例关系则恰好相反。例如，Gottschalk 等人对荷兰、英国和美国的医疗保健筹资体系进行了比较研究。结论是美国的医疗保健体系是累退的，因为低收入人群在卫生总支出中所支付的比例超过了他们的收入占全国总收入中的比例，而高收入人群在卫生总支出中所支付的比例低于他们的收入占全国总收入的比例（Gottschalk P.，Wolfe B.，Haveman R.，1989）。

2. 指数法

与比例法相比较，利用指数法测量与分析卫生筹资累进性更为直观和全面。在经济学研究领域中，指数法最早运用于测量税收负担的公平程度，后来被普遍用于评价各种筹资机制，最有代表性的是 Kakwani 指数。Kakwani 指数反映的是一种筹资渠道偏离均衡点的程度。图 5—9 可以很直观地说明该指数。该图中反映的是按照卫生服务筹资前的收入顺序，绘制出来的卫生服务筹资集中曲线和卫生服务筹资前的 Lorenz 曲线。如果卫生支出严格按照收入水平来筹集，两条曲线是重合的，表示该种筹资渠道既不是累进也不是累退；如果伴随着收入的提高，支出的比例也在升高，集中曲线将在 Lorenz 曲线下面，表示该筹资渠道是累进的，反之，如果集中曲线在 Lorenz 曲线上面，表示低收入人群承担的卫生筹资比重较大。集中曲线与 Lorenz 曲线出现交叉也是可能的，表明整个筹资系统对一部分人来说是落后的，对另一部分人来说是先进的。或者说在某些人群中是累进的，某些人群是累退的。Kakwani 指数为集中曲线与 Lorenz 曲线之间面积的 2 倍，其取值范围为 -2（累退程度最大）到 0（支付与收入成比例），再到 1（累进程度最大）。Kakwani 指数可按下式计算：

Kakwani = Cpay – Gini

其中，Cpay：按照卫生服务筹资前的收入顺序，测算出来的卫生服务筹资集中指数。Gini：卫生服务筹资前的 Gini 系数。

运用 Kakwani 指数，Wagstaff 和 van Doorslaer（1993）研究发现，在标

准范围的假设下，医疗保健的总税收是一种典型的累进的筹资方法。与此相反，社会保险是按比例的，除非一个人应缴纳的数额是封顶的，从那一点开始趋于轻度的累退。商业保险的累退性更强，因为社会保险是按工资进行有比例的缴纳，而商业保险则不是。个人的商业保险金是根据其相对危险来定的，因为经济情况较差的越容易得病，所以这种保险金也趋于与收入呈负相关。私立群体保险同样趋于累退。直接现金支付则比其他任何一种筹资方式的累退程度都大[①]。

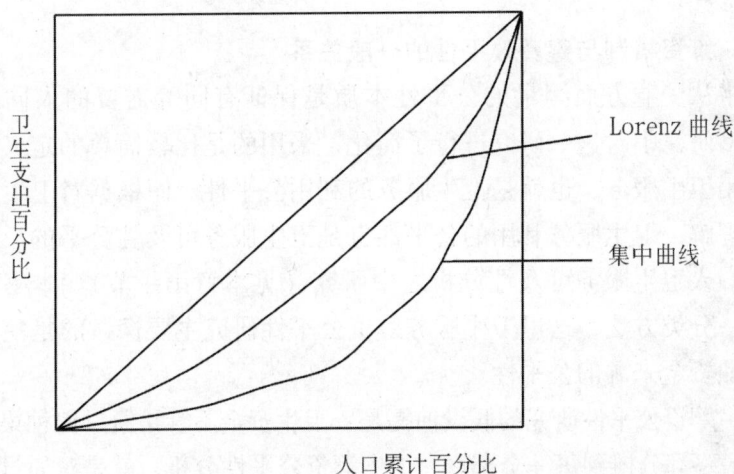

图5—9　Lorenz 曲线与卫生支出的集中曲线

（二）卫生服务受益的公平性分析

从受益的方面测量公平性的研究倾向于水平公平，即有同等需要的人应当同等的受益。Van Vliet 和 VAN DE EN（1985）提出一种将每一收入组的卫生支出标准化的方法。假定每一收入组的患病率相同，标准化的支出就可以定义为一个收入组的年龄分布和人口的患病率与全人群相同的情况下应有的支出。根据不同收入组的标准化支出的份额，画一条标准化支出集中曲线。在平等受益体系中，标准化支出的份额应该与每一组的份额相等。在这种情况下，标准化支出集中曲线应该与对角线重合。通过测量标准化支出集中曲线与对角线之间的面积来判断卫生服务受益的不公平程度（HIwvp）。

---

① Timothy Evans，et al.：《挑战健康不公平》，第 229 页。

当卫生服务受益的不公平指数（HIwvp）大于 0 时，说明卫生支出是累退性分配；当其为负值时，说明卫生支出是累进性分配。

卫生服务受益的公平性分析是从卫生资金的分配角度，研究谁最终消费了卫生服务。卫生资金的最终负担者与最终受益者往往是分离的，而二者都带有再分配的意义。一个理想的卫生筹资机制应当是同时满足筹资来源上的公平和受益的公平。以低收入者而言，尽管对卫生资金的贡献较低，但仍然能够根据需要消费必需的卫生服务。

二　筹资机制与筹资公平性的一般关系

鉴于从受益方面测量的公平性本质是保证有同等需要的人同等的受益。许多研究中对这一研究进行了简化，采用的是比较简单的定义：即平等地利用卫生服务，也就是卫生服务的利用公平性。而根据对卫生服务可及性的理解，卫生服务利用的公平性也是卫生服务可及性公平的反映，可以将其归入卫生服务可及性分析之中研究（见本章第一节）。本书采用的就是这一分类方法，这里卫生服务筹资公平性研究主要探讨的是狭义的公平性，即资金来源的公平性。

卫生筹资公平性研究的假设前提是：卫生资金不管是通过何种渠道筹集而来，最终都分摊到每一个家庭。卫生筹资公平性分析，就是对通过各种渠道筹集而来的卫生资金做累进性分析。在中国，目前卫生筹资渠道主要有四种：政府预算卫生支出、社会医疗保险支出（城镇职工医疗保险、城市居民医疗保险和农村新型合作医疗）、商业医疗保险支出和个人现金支出。其中，前三种属于预付制，个人现金支出属于现付制。一般而言，预付制和家庭的支付能力相关，与个体是否利用卫生服务无关。如果卫生筹资具有累进性，则反映是一种先进的筹资机制。而现付制，除了和支付能力有关外，还和个体是否利用卫生服务直接相关。一个卫生系统中，个体在接受卫生服务时，如果必须由自己支付全部医疗费用或支付其中很大一部分，这个卫生系统就有可能阻碍一部分人对卫生服务的利用，排斥无法负担医疗费用的最贫穷的阶层。这种情况下，现付也有可能表现出累进的特点，但是，这种表面的累进掩盖了真正的卫生筹资不公平[1]。

----

① 万泉等：《卫生筹资累进分析方法研究》，《中国卫生经济》2004 年第 7 期。

（一）政府卫生财政支出

政府卫生财政支出来源于政府的财政收入，财政收入由税收和其他收入组成，如国有企业上缴利润收入、国债收入、规费收入等，但税收是财政收入的主要来源。长期以来，在各国财政支出都是卫生资金的主要筹资渠道，尤其是低收入国家，由于技术和管理上的复杂性使得社会保险和商业保险无法覆盖到大部分人群时，会更加依赖政府支出作为医疗卫生的资金来源。然而，政府税收的多少取决于一国的经济繁荣状况，低收入国家的课税基础薄弱，收税能力也较差[①]。对卫生筹资而言，低税收比例通常意味着医疗卫生公共支出不足。

税收有多种分类标准和方法，依税负是否容易转嫁为标准，可以把税收分为直接税和间接税两种[②]。对家庭和个人而言，直接税主要是个人所得税[③]，间接税主要指流转税，如增值税、消费税等。一般而言，直接税用以调节收入分配的公平问题，在大多数国家属于累进税，即对高收入人群征收较高的比例。当然，如果有一个最高的税负总额的话，则这种征税体系就会变得具有累退性了。一些间接税，如消费税和增值税是略有累退性的，因为收入越高的人群，其支出和纳税的金额占其总收入的比例会越低，而其资产占收入的比例会越高。这是对诸如食品等一些穷人在其上支付了收入很大比例的商品实行消费税豁免或低税率的原因。同时，对富人花掉收入较大比例的奢侈品往往税率很高。

政府卫生财政支出由于主要来源于税收收入，公平性较好。因为，尽管税种类别很多，纳税形式多样，但由于经济收入越高，支付的所得税越高，消费水平也随之提高，所缴纳的间接税也相应增加，纳税总额就相对增多。因此，通过税收负担的卫生筹资一般而言是具有累进性的，其累进程度取决于税收的累进程度，也就是说，取决于一个国家的税制结构，累进税所占比例较高，则累进性较高。

---

① 美洲开发银行 1996 年的一项研究表明，低收入国家全国收入的平均 18% 被用于税收，而在高收入国家，这一比例达到 48%。

② 凡税负不能转嫁于他人，由纳税人直接承担税负的税种，即为直接税，如所得税和财产税等。凡税负可以转嫁于他人，纳税人只是间接承担税负，而真正的负税人并不是法定纳税人的税种，即为间接税，如各类流转税。

③ 原来的农业税也属于直接税。

（二）社会医疗保险支出

社会保险是由政府或社会依法举办的强制性的社会保障项目，符合条件的个人都必须参加，缴费金额和受益都是通过法定的社会契约（法律）明文规定的。大多数情况下，保险费往往按工资的一定比例支付，在经济学文献中，保险费也称为工薪税。由于个人要支付一定的保险费，在大多数国家只是覆盖正规部门的职员，尤其是发展中国家。如果一个国家希望社会医疗保险覆盖全体居民，政府必须利用税收为社会上的贫困人口缴纳保险费。

如果社会医疗保险计划覆盖所有人口，缴费的工资没有上限和下限，所有人按照相同的比例支付保险费，那么，从筹资的垂直公平性角度讲，这一筹资方式是等比例筹资的，既不累进，也不累退。但为什么社会医疗保险仍然是主要的筹资方式之一呢？原因在于其从受益的水平公平性来讲是具有再分配性的。如果收入与健康状况相关联，健康状况越好，收入越高，则低收入者缴纳较少的保险费，往往受益水平较高，即便收入与健康状况没有关联，这种筹资方式的受益水平公平性也是显而易见的，它起到了风险分担的作用。所以，尽管筹资是等比例的，但从广义的筹资公平来讲，社会医疗保险筹资的公平性是较好的，并通过适当的设计，完全可以使这一筹资方式具有累进性特征。

需要特别注意的是，在各国的实践中，社会医疗保险支出的实际累进性效果取决于以下几个因素：一是工资制度，也就是说，货币工资在收入中所占的比例。在一些国家，如中国，职工的收入既包括货币性工资，也有一部分实物、补贴等收入形式。而征税只是针对货币性收入，而其他部分的收入都是免税（工薪税）的，这种情况下，社会医疗保险支出实际上是累退的。二是缴纳工薪税的收入是否存在限额。如果同时存在最高限额和最低限额，那么，这种筹资方式对最低收入者而言是累进的，而对最高收入者而言则是累退的；如果只有最高限额，实际效果无疑是累退的，相反，如果只有最低限额，则具有一定的累进性。三是要看社会医疗保险计划的覆盖率。如果该计划只覆盖部分人群，结果导致社会医疗保险筹资必然向经济条件好的人群严重倾斜。国际研究显示，如果所实行的社会医疗保险制度仅覆盖部分人群，累进是必然的结果。但对这种筹资渠道累进性的解释必须要慎重，累进的结果可能是由制度本身造成的，对全社会而言，这种累进并不一定具有公平性，结果要视未被覆盖的人群的医疗计划而定。而且，如果将社会医疗保险计划覆盖到全体人口时，有可能是累退的。

（三）商业医疗保险

商业医疗保险是购买者自愿在相互竞争的营利或非营利保险机构中购买符合自身利益的一系列保险。商业医疗保险可以针对个人，也可以针对团体，但不管是个人还是团体，保险机构是根据风险的大小，而不是支付能力来索取保险费的，因此，这种筹资方式是极端累退的。因为，如果个人的经济状况与健康相关联，以风险为基础的保险费必将导致穷人支付更多。另外，从风险防范的角度讲，私人保险市场充满着逆向选择和风险选择的问题，结果是面临严重疾病经济风险的正是无力购买保险的人。

（四）个人现金支付

居民现金卫生支出是指居民在利用各类医疗卫生服务的过程中，以现金方式直接向提供服务的机构或个人支付的医药费用，这些费用不会由第三方给予报销。几乎在所有的国家中都存在个人对卫生服务的现金支付，关键在于个人现金支付在卫生总费用中的比例。

从垂直公平性看，直接现金支付是高度累退的。根据国际研究结果，在发展中国家，如果全部人群都能充分利用卫生服务，直接现金卫生支出的分布是累退的，因为基本医疗卫生服务的收入价格弹性很小，当这种基本需求都能得到满足时，越贫困的家庭，其现金卫生支出占家庭可支付能力的比重越大，其分布必然是累退的；但是，如果出现相反的结果，现金卫生支出表现出累进或等比例的特点，有可能是由于贫困人口的支付能力有限，不得不放弃对卫生服务的利用，这些贫困家庭并没有发生实际卫生支出，或者说只有相对富裕的家庭才有经济能力去接受医疗卫生服务，现金卫生支出的分布自然向富裕人群倾斜。

综上所述，每一种筹资渠道的筹资公平性是不同的，一般而言，公共卫生支出，即来源于税收的卫生财政支出和社会医疗保险支出的公平性要好于商业医疗保险和个人现金支付，表5—14总结了这些筹资方式的特点。

表5—14 不同筹资方式的公平性

筹资方式	资金动员（资金来源）	医疗保健可及性	筹资保障
税收			
高收入国家	倾向于累进	除美国以外，所有国家都平等可及	在全民保险和国家卫生服务制度下是平等的（美国除外）
发展中国家	高度变异。所得税累进，增值税累退，除非食物免除	依资源分配而定；倾向于累退	公立医院提供免费服务时是累进的
社会保险			
高收入国家	呈比例的，当所得税封顶时是轻度累退的	累进的	全民覆盖时是平等的
发展中国家	呈比例的，当所得税封顶时是轻度累退的	只覆盖了高收入和中等收入阶层；总的来说是累退的	只保护正规部门的职员
商业保险			
个人保险	累退性很强	对于被保险人是平等的	只针对被保险人
团体保险	累退性	对于被保险人是平等的，但群体内部倾向于累退	只针对被保险人
直接现金支付	累退性极强，除非穷人免除	累退性	没有保护
集体筹资	累退性，除非总税收大力资助	所有成员都平等，成本共享时是累退的	对于成员是累进的

资料来源：Timothy Evans, et al.：《挑战健康不公平》，第233页。

三　关于中国卫生筹资公平性的实证分析

任何国家的筹资模式都是这几种筹资方式的组合，具体的筹资组合不同，筹资公平性也就有所区别。具体到中国，随着社会经济体制的变革，卫生筹资模式已由原来的以政府投入为主的单一模式转变为包括政府税收、社会医疗保险、商业医疗保险、个人直接现金支出和其他卫生投入在内的多元的筹资模式。我们认为在目前的筹资方案下，有理由推断：筹资公平性是比较差的，也无法实现卫生筹资对低收入者提供疾病财务风险保护的目标。

第一，从支出结构上看，卫生总费用中，私人卫生支出比例过高，而私人支出是高度累退的，且疾病财务风险保护功能较弱。图5—10显示，1996年至2006年间，按国际口径，卫生总费用中私人卫生支出的比例从1996年的53.41%，上升至2001年的64.43%，之后有所降低，但至2006年，私人卫生支出仍然占到59.35%。而且，私人卫生支出以个人现金支出为主。2006年，个人现金支出占私人卫生支出的83.09%。

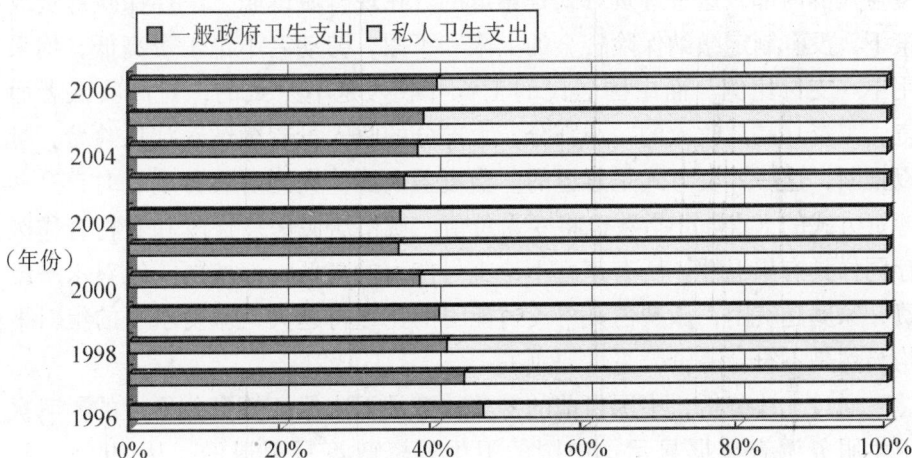

图5—10　1996—2003年中国卫生总费用的筹资构成（国际口径）

数据来源：卫生部卫生经济研究所，《中国卫生总费用研究报告（2008）》。

第二，政府卫生财政支出基本不具有累进性。政府卫生支出的累进性取决于税制结构，中国目前的税收是以间接税为主，直接税尤其是所得税比例过低，直接税所占的比例只有25.6%，较欧盟低46个百分点，即便将社会保障基金也计入直接税，直接税所占的比例也只有38.9%。由于直接税，特别是企业所得税和个人所得税具有较强的收入再分配职能，直接税收入比例过低，尤其是所得税类收入比例过低，必然影响税收收入再分配功能的发挥①。赵郁馨等（2004）的研究结果显示，甘肃省城镇居民通

---

① 中国税务学会学术研究委员会《税制改革》课题组：《关于中国税制改革的几个问题》，ht-tp：//www. taxexpert. com. cn/expert/speak/displaynews. ASP？ id =403。

过税收筹资卫生支出的 Kakwani 指数为 - 0.016，在农村中这一数据为 - 0.033，城乡合计的 Kakwani 指数为 - 0.0134[①]。

以上结论如果结合政府卫生财政支出的受益归属结果来看将更有意思[②]，政府卫生财政支出在来源上是不具有累进性的，在支出的受益归属上却是利于富人的，必然导致原本最应发挥再分配职能，调节卫生公平的这一支出实际上不但没有起到应有的作用，反而扩大了卫生不公平性。

第三，目前，中国政府推行的医疗保险制度包括三个部分：城镇职工医疗保险、城市居民医疗保险和农村新型合作医疗制度。在社会医疗保险覆盖人群内部，这一筹资方式是累退的。在现行城镇职工医疗保险筹资政策下，没有制定缴纳保险资金的上限和下限，劳动者不论工资高低，均采用单一支付比例。而中国居民的工资与收入是不一致的，对高收入者而言，工资只是其收入的一小部分，大部分的收入没有缴纳医疗保险费，可以推断，这一筹资方式是累退的。当覆盖人群扩大到所有劳动者时，这种筹资方式的 Kakwani 指数也将变为负值。城市居民医疗保险和农村合作医疗同样具有累退性。所有家庭不论支付能力的高低，都按同一绝对水平缴费，家庭越贫困，缴费占其可支付能力的比重将越大，缴费水平的绝对平均显然是不符合筹资公平性原则的。

通过上述分析，中国目前的筹资政策是无法保证筹资公平性的。三次卫生服务调查数据显示：中国的卫生筹资政策是累退的。从 1993 年到 2003 年，医疗卫生支出在增加，但前后 5 年的趋势不同。1993 年到 1998 年间，卫生支出的增长速度较低，不管在城市，还是在农村，卫生支出的增长速度与收入水平有关，收入水平越高，增长越快。在城市地区，低收入人群的卫生支出甚至出现下降趋势，年均下降 7.16%[③]。1998 年至 2003 年间，卫生支出的增长速度明显增加，但增长速度与收入水平相关联的规律仍然存在。说明低收入者的卫生服务利用是受到抑制的。从卫生筹资角度看，从 1993 年至 2003 年的十年间都表现出相同的趋势，即收入越高，医疗保健支出无论是占收入的比例，还是占非食品支出的比例都越低，卫生筹资具有累退性。2003 年，卫生支出占农村最低收入组人群非食品性支

---

① 赵郁馨等：《中国卫生筹资累进分析案例研究》，《中国卫生经济》2004 年第 7 期。

② 在第一节中已经说明，政府卫生财政支出是倾向于富人的。

③ 这与当时城市的企业改革有关，医疗保险覆盖率下降，就诊率下降。

出的28.93%，占城市最低收入组居民非食品性支出的19.61%。这还是在低收入组的卫生服务利用受到抑制情况下的数据，如果按照卫生服务需要来计算，累退情况将更加严峻。具体数据见表5—15。

表5—15　　　　　　　　不同收入人群的医疗保健支出

医疗卫生支出	城市					农村				
	最低	第二	第三	第四	最高	最低	第二	第三	第四	最高
1993 年	104	102	115	113	152	44	52	55	64	80
1998 年	72	98	121	155	216	48	56	67	80	118
2003 年	102	151	227	300	459	89	92	101	133	220
1993—1998 年年均增长率（%）	-7.16	-0.87	0.98	6.60	7.31	1.56	1.14	4.14	4.44	8.19
1998—2003 年年均增长率（%）	7.40	9.16	13.52	14.06	16.24	13.04	10.72	8.45	10.90	13.14
1993 年占收入的比例（%）	14.07	8.13	6.86	5.15	3.95	19.73	13.47	10.07	8.34	5.01
1998 年占收入的比例（%）	9.51	7.2	6.34	6.08	4.7	13.37	9.11	7.49	6.69	4.96
2003 年占收入的比例（%）	10.78	8.27	8.08	7.25	5.64	26.73	14.98	11.41	10.33	7.75
1998 年占非食品支出比例（%）	20.55	19.52	18.46	16.88	16.01	24.69	21.55	20.05	18.09	14.79
2003 年占非食品支出比例（%）	19.61	17.08	18.42	17.67	14.87	28.93	23.88	20.95	19.79	17.62

　　数据来源：《中国卫生服务调查研究：第三次国家卫生服务调查分析报告》，中国协和医科大学出版社，第84—85页。

　　注：卫生支出按1993年的可比价格计算。

　　WHO认为筹资的公平性主要表现在两个层面：一是健康人群与非健康人群之间的风险分担，这样患病的人群可避免疾病和经济困难的双重打击，如实行强制性社会医疗保险等措施，可实现这种风险分担；二是不同经济收入水平人群之间的风险分担，即每个人的贡献不一定相同，贡献的多少应根据经济状况或收入来确定，经济状况越好，其贡献越大。也就是说，先进的卫生筹资机制能够对居民的疾病财务风险提供保护，避免因病致贫，使生活陷入困境。但在中国，"因病致贫"和"因病返贫"现象已经成为一个重大的社会问题。通过对2003年和1998年两次全国卫生服务调查数据的对比发现，1998 年疾病和损伤还不是导致城乡居民贫困的最主要原因，当时导致居民贫困的首要原因是缺少劳动力，到 2003 年，疾病和损伤已经上升为致贫的首要原因，因病致贫的人口比例接近贫困人口的 1/3，从 1998 年到 2003 年的短短五年间这一比例上升了一倍。详细数据见下表 5—16。

表 5—16　　　　　　两次卫生服务调查中贫困户致贫原因构成　　　　　单位：年, %

指标	城乡合计			城市合计			农村合计		
	2003	1998	变化	2003	1998	变化	2003	1998	变化
疾病或损伤	30.0	15.2	14.8	25.0	4.4	20.6	33.4	21.6	11.8
劳动力少	27.1	17.1	10.0	26.9	7.1	19.8	27.1	23.1	4.0
自然条件差	11.6	10.8	0.8	3.5	0.6	2.9	17.2	16.9	0.3
人为因素	8.3	7.7	0.6	8.1	2.9	5.2	8.5	10.6	-2.1
其他因素	23.0	49.2	-26.2	36.5	85.1	-48.6	13.8	27.7	-13.9

数据来源：《中国卫生服务调查研究：第三次国家卫生服务调查分析报告》，中国协和医科大学出版社，第 15 页。

第三节　总　结

　　根据上述两节的分析，我们认为，现有的卫生筹资政策是非常不利于低收入者的，不仅没有缩小卫生服务公平性，反而进一步加大了城乡之间以及不同收入人群之间的差距。作为再分配政策之一，一个良好的卫生财政政策应当能够通过卫生筹资政策和各种补助政策进行卫生资源在人群中的再分配，从而削弱居民的收入及其居住地点与其卫生服务可及性以及卫生服务实际利用率之间的关联度。但目前的实际情况是，卫生筹资政策对低收入者是非常不利的，收入越低获得的补贴越少。政府卫生财政支出不仅在来源上是不具有累进性的，在支出的受益归属上也是利于富人的，而且，由于高收入人群的医疗保险覆盖率明显高于低收入人群，因此获得的医疗保险的社会性补贴就高于低收入人群。因此，低收入组家庭的卫生服务筹资水平比高收入组要高许多。收入越高，医疗保健支出无论是占收入的比例，还是占非食品支出的比例都越低。卫生筹资是累退的，2003 年，卫生支出占农村最低收入组人群非食品性支出的 28.93%，占城市最低收入组居民非食品性支出的 19.61%。这还是在低收入组的卫生服务利用受到抑制情况下的数据，如果按照卫生服务需要来计算，累退情况将更加严峻。导致的结果是不仅城乡之间居民的卫生服务可及性和卫生服务利用差别明显，而且城乡不同收入人群之间卫生服务利用的差距也在扩大。首先，从城乡之间的差距来看，中国的城乡无疑是两个世界，在疾病负担和卫生服务可及性以及实际利用上都存在着巨大的差距。三次卫生服务调查都显示城市的卫生服务利用水平明显高于农村。其次，在城市内部和农村内部，不同收入水平的人群之间的卫生服务可及性和卫生服务利用也都存在着巨大的差异，收入越高，应就诊而未就诊率越低、应住院而未住院率越低，而且这一差异有进一步扩大的趋势。从患者未就诊比例来看，1993—2003 年的十年间城乡居民的未就诊率、未住院率呈逐步上升趋势，收入越低，未就诊比例越高，未就诊增加的幅度越大，低收入人群与高收入人群之间的差异在进一步扩大。

中国经济已经持续高增长多年，卫生财政支出也有大幅度提高，但中国卫生公平性却不容乐观。世界卫生组织在 2000 年对 191 个成员国进行健康筹资绩效的衡量。衡量的结果在 191 个成员国中，中国排在第 188 位，属于健康筹资最不公平的国家之列。这说明经济增长以及卫生财政支出的增长并不必然改善公平性，关键是要看增长的财富以及卫生财政支出的分配状况。中国的经济增长的结果并没有被全体居民共享，相反，财富分配的差距在急剧扩大，同样，中国的卫生财政支出不管是从筹资来源，还是从受益归属来看都是利富而不利贫的。也就是说，中国的卫生财政政策进一步强化了个人经济收入水平与医疗卫生之间的关联度，没有实现其再分配的功能。

第六章 卫生财政支出与国民健康改善

人们对卫生服务供给与需求的关注不在于卫生服务本身，而在于人们对健康的关注，卫生服务市场的结果最终反映在人们的健康状况上，卫生财政支出的最终目标就是要提高全民的健康水平和健康公平性。在卫生经济学研究中，关于"卫生财政支出与居民健康改善之间的关系"的研究没有一致的结论。针对发达国家样本数据的研究获得支持性证据的较少，而针对发展中国家样本数据的研究获得支持性证据较多。显然，卫生财政支出与居民健康之间的关系并不是唯一的。即便是同一个国家，在不同的发展阶段上，二者之间也有可能表现出不同的运行模式。这就提示我们，只有针对各个国家不同发展阶段的具体情况的实证研究，而不是仅仅基于理论推导，才可能获得卫生财政支出与健康之间的真实关系。这一研究具有显而易见的政策意义，如果政府卫生支出对健康存在积极的影响，包括健康水平的提高和健康公平性的改善，则需加强政府对卫生的投入；反之，我们则需要超越公共卫生支出政策，从更广义的层面上去考虑如何促进公民的健康问题。

获取健康的各种决定因素是公共部门实施有效卫生政策的首要前提（Flimer, 1997）。决定居民健康的因素很多，如收入水平、教育水平、卫生支出、营养、居住条件、饮食习惯、生活环境等。这些因素对健康的影响到底有多大？Grossman 的健康需求模型给我们提供了一条分析线索和研究路径。本章以 Grossman 健康需求模型为基础，构建了中国宏观健康生产函数并对其进行了经验分析，重点讨论卫生财政支出对健康改善的作用。

第一节 健康需求理论与健康生产函数

早在 1909 年，Irving Fisher 在提交给国会的《国家健康报告》中就提出，从广义的角度看待健康首先是一个财富的形式。在报告中，Fisher 界定了疾病所带来的损失包括：1. 因为早亡而丧失的未来收益的净现值；2. 因为疾病而丧失的工作时间；3. 花费在治疗上的成本。Fisher 估计美国的健康资本存量在 1900 年为 2500 亿美元，大大超过了其他形式的财富数量。Mushkin（1962）在《Health as Investment》一文中正式将健康看做人力资本组成部分，并将"教育与健康"并列为人力资本框架下的孪生概念，认为健康和教育同为重要的人力资本，并比较了它们的异同，分析了两者相互促进的关系（Mushkin，1962）。Becker（1964）认为人力资本是多年的连续教育、良好的健康、充足的食物和营养的结果。他把健康作为人力资本的一个重要方面。然而，直到 Grossman（1972）年发表了《On the Concept of Health Capital and Demand for Health》的经典之作后，健康需求模型才正式提出。此后，学者们在 Grossman 模型的基础上，不仅从增加条件和改变假设等方面对基本模型进行了拓展，同时也开展了大量的实证研究，如运用截面数据，Wagstaff（1986）估计了丹麦健康需求函数，Erbsland 等（1995）估计了德国健康需求函数；运用面板数据 VanDoorslaer（1987）估计了荷兰健康需求函数，Leigh 和 Dhir（1997）研究了美国健康与教育的关系。Grossman（1972）模型是使人们第一次能够真正意义上利用经济学理论解释健康决定因素重要性的重要文献[1]。本节将在分析 Grossman（1972）健康需求理论模型的基础上构造中国的宏观健康生产函数。

一 Grossman 健康需求理论

1972 年，Grossman 在 Becker 提出的家庭生产函数的基础上，引入健康资本的概念，第一次构建了健康需求的理论模型。Grossman 假定健康是耐用资本品，每个人出生时都获得了一定的健康存量，此存量会随着时间加速折旧并减少，如果健康存量低于某一水平则表示死亡。个人可以通过对健康的投资来增加健康存量，以延长生命的期限（长度），而对健康资本的投资是通过家庭生产函数来进行的。消费者对健康投资所使用的生产要素，包括个人花在健康上的时间和从市场购买的物品，如医疗服务与食

---

① Muurinen, J. M.: 1982, *Demand for health: A Generialised Grossman model*, Journal of Health Economics 1, pp. 5 – 28.

品等。此外，健康生产函数也受到特定环境变量（Environmental Variables）的影响，其中，最重要的因素就是消费者的教育程度。这些变量可以视为一种无形的生产技术，会影响到健康生产过程的效率。更为重要的前提假定是，Grossman 认为健康是消费品，同时也是投资品。作为消费品，健康直接进入消费者的效用函数，让消费者得到满足；作为投资品，它的产出是健康的天数，从而可以决定消费者从事各种市场与非市场活动的可用时间。

Grossman 模型的基本架构是消费者一生的效用函数，假设一个代表性的消费者在一生中各个时期的效用函数为：

$$U = U(\varphi_0 H_0, \cdots, \varphi_n H_n, Z_0, \cdots, Z_n) \tag{1}$$

其中，H_0 为遗传的初始健康资本存量，H_i 为 i 时期的健康存量，φ_i 为 i 时期单位健康资本的收益，即单位存量能够产生的健康天数。Z_i 为消费的除健康外的其他"产品"。初始的健康资本存量为 H_0 是外生的，以后各期的 H_i 是内生的，由消费者自己选择。当 $H_i = H_{\min}$ 时，个体死亡，所以生命的长度 n 为内生决定的。健康资本的增量为：

$$H_{i+1} - H_i = I_i - \delta_i H_i \tag{2}$$

I_i 为 i 时期人们对健康资本总的投入，δ_i 为折旧率。δ_i 是外生给定的，但它随着年龄的变化而变化。I 和 Z 由以下函数决定：

$$I_i = I_i(M_i, TH_i; E_i)$$
$$Z_i = Z_i(X_i, T_i; E_i) \tag{3}$$

其中，M_i 是医疗服务投入，TH_i 是个人花在健康上的时间，X_i 和 T_i 分别代表生产健康以外的产品所投入的商品和时间，E_i 为教育水平，是外生给定的，代表个人生产健康的效率。假设生产函数是一次齐次的。则健康总投入生产函数可以写成：

$$I_i = M_i g(t_i; E_i) \tag{4}$$

其中，$t_i = \dfrac{TH_i}{M_i}$。进而可以得到时间和医疗服务的边际产量分别为：

$$\frac{\partial I_i}{\partial TH_i} = \frac{\partial g}{\partial t_i} = g'$$

$$\frac{\partial I_i}{\partial M_i} = g - t_i g' \tag{5}$$

假定消费者在每一分析期内所有的时间存量为 Ω，在消费者面临的时间约束为：

$$TW_i + TL_i + TH_i + T_i = \Omega \tag{6}$$

其中，TL_i 为生病的时间，其余为健康的时间。Ω 为总时间，一般为一年，若以天为单位，则 $\Omega = 365$ 天，用 h_i 来代表一年中健康的天数，则：

$$TL_i = \Omega - h_i \tag{7}$$

健康的天数包括用于工作的天数（TW_i）、用于生产健康的天数（TH_i）和生产其他产品的天数（T_i）。

在生命周期内，消费者面临的收入约束为：

$$\sum_{i=0}^{n} \frac{P_i M_i + V_i X_i}{(1+r)^i} = \sum_{i=1}^{n} \frac{W_i TW_i}{(1+r)^i} + A_0 \tag{8}$$

其中 P_i 为医疗的价格，V_i 为其他商品的价格，W_i 为工资率，TW 为用于工作的时间。A_0 为贴现后的资本收入。

由公式（6）（8）可得消费者在生命周期内的"完全财富约束"：

$$\sum_{i=0}^{n} \frac{P_i M_i + V_i X_i + W_i(TL_i + TH_i + T_i)}{(1+r)^i} = \sum_{i=1}^{n} \frac{W_i \Omega}{(1+r)^i} + A_0 = R \tag{9}$$

因此，给定健康初始禀赋和折旧率，在公式（2）（3）（9）的约束下，最大化消费者效用，可以得到均衡时的 H_i 和 Z_i。

均衡条件的推导如下：首先，应用拉格朗日方法求一阶最优条件，

$$L = U(\varphi_0 H_0, \ldots, \varphi_n H_n, Z_0, \ldots, Z_n) + \lambda \left(R - \sum_i \frac{C_i + C_{1i} + W_i TL_i}{(1+r)^i} \right)$$

其中，$C_i = P_i M_i + W_i TL_i$，$C_{1i} = V_i X_i + W_i T_i$。

$i-1$ 时期的一阶最优条件由 $\dfrac{\partial L}{\partial I_{i-1}} = 0$ 解出，得：

$$\frac{\pi_{i-1}}{(1+r)^{i-1}} = \frac{W_i G_i}{(1+r)^i} + \frac{(1-\delta_i)W_{i+1}G_{i+1}}{(1+r)^{i+1}} + \cdots + \frac{(1-\delta_i)\cdots(1-\delta_{n-1})W_n G_n}{(1+r)^n}$$

$$+ \frac{Uh_i}{\lambda}G_i + \cdots + (1-\delta_i)\cdots(1-\delta_{n-1})\frac{Uh_n}{\lambda}G_n \tag{10}$$

$$\pi_{i-1} = \frac{P_{i-1}}{g - t_{i-1}g'} = \frac{W_{i-1}}{g'} \tag{11}$$

其中，$Uh_i = \partial U / \partial h_i$ 为健康带来的边际效用，λ 为财富的边际效用，$G_i = \partial h_i / \partial H_i = - (\partial TL / \partial H_i)$，为健康的边际产出，即单位健康资本能够产生的健康天数。$\pi_{i-1} = \partial C_{i-1} / \partial I_{i-1}$，代表 $i-1$ 时期健康总投入的边际成本。

公式（10）说明，$i-1$ 时期健康总投入的边际成本的现值必须等于边际收益的现值。i 时期的边际收益：$G_i \left[\dfrac{W_i}{(1+r)^i} + \dfrac{Uh_i}{\lambda} \right]$，表明了健康资本给人们带来的两种收益，即健康带来的货币收入 $G_i \dfrac{W_i}{(1+r)^i}$ 和健康直接带来的效用 $G_i \dfrac{Uh_i}{\lambda}$。

公式（10）决定了在 $i-1$ 时期，最优的健康总投入 I_{i-1}，公式（11）说明了在总投入给定的情况下，最小化成本的条件：当投入在医疗上的花费的边际产出与投入在健康上的时间的边际产出相等的时候，成本最小。

当 i 时期的健康总投入也为正的时候，同样可以得到：

$$\frac{\pi_i}{(1+r)^i} = \frac{W_{i+1}G_{i+1}}{(1+r)^{i+1}} + \frac{(1-\delta_{i+1})W_{i+2}G_{i+2}}{(1+r)^{i+2}} + \cdots + \frac{(1-\delta_{i+1})\cdots(1-\delta_{n-1})W_nG_n}{(1+r)^n}$$
$$+ \frac{Uh_{i+1}}{\lambda}G_{i+1} + \cdots + (1-\delta_{i+1})\cdots(1-\delta_{n-1})\frac{Uh_n}{\lambda}G_n \tag{12}$$

由（10）和（12）可以得到：

$$\frac{\pi_{i-1}}{(1+r)^{i-1}} = \frac{W_iG_i}{(1+r)^i} + \frac{Uh_i}{\lambda}G_i + \frac{(1-\delta_i)\pi_i}{(1+r)^i}$$

于是有：

$$G_i \left[W_i + (\frac{Uh_i}{\lambda})(1+r)^i \right] = \pi_{i-1}(r - \widetilde{\pi}_{i-1} + \delta_i) \tag{13}$$

其中，$\widetilde{\pi}_{i-1}$ 为从 π_{i-1} 到 π_i 的变化率。

公式（13）说明，在任何时刻 i，最优健康资本存量的边际产出都必须等于资本的供应价格，$\pi_{i-1}(r - \widetilde{\pi}_{i-1} + \delta_i)$，即持有一个单位的资本的成本。

在这个模型中，健康资本不能够在市场上出售，这意味着健康总投入是非负的。

用健康总投入的边际成本 π_{i-1} 去除式（13）可得：

$$\gamma_i + \alpha_i = r - \tilde{\pi}_{i-1} + \delta_i \tag{14}$$

其中，$\gamma_i = \dfrac{W_i G_i}{\pi_{i-1}}$，代表健康投入的边际回报的货币价值，而 α_i 则表示消费者的精神回报率（The psychic rate of return），其表达式如下：

$$\alpha_i = \frac{(\dfrac{Uh_i}{\lambda})(1 + r)^i G_i}{\pi_{i-1}}$$

分子表示健康投资在效用层面上所获得的回报，而分母则表示健康投资在效用层面上所付出的成本，两者相除代表一种在效用层面上所获得的投资回报率，Grossman 称之为精神回报率。因此，α_i 也可解释为新增加每一单位健康资本所能增加的健康时间乘以新增健康时间的边际效用，再除以投资健康的边际成本乘以财富的边际效用。

可见，最优条件（14）与经济学中常用的最优条件类似，即边际收益等于边际成本。均衡状态下，投资于健康的回报率等于"实际利率"（real – own rate of interest）与折旧率之和。

在上述模型的基础上，可以有两种方式对健康需求进行实证研究：纯粹的投资模型和纯粹的消费模型。Grossman（2000）指出：我强调在实证研究中采用纯粹的投资模型而不是纯粹的消费模型，因为前者的假设较弱，且可以从简单的分析中产生强有力的预测[①]。在纯投资模型中，Grossman 忽略健康资本具有消费品的特性，只考虑健康资本的投资品特性，也就是只考虑健康资本的投资效益。在这一模型中，健康时间的边际效用为 0（$Uh_i = 0$），同时，也忽略了投资成本变动的影响（$\tilde{\pi}_{i-1} = 0$）。得到纯投资模型的均衡条件：

$$\frac{W_i G_i}{\pi_{i-1}} = r_i = r + \delta_i \tag{15}$$

① Grossman, M.：2000, The Human Capital Modelofthe Demandfor Health, Chapter7, Handbookof Health Economics, J. P. Newhouse, A. J. Culyered., Amsterdam：ElsevierScience.

公式（15）提供了一系列可供检验的理论预测。如图 6—1 所示，MEC 代表消费者对健康资本的需求曲线，这一曲线表示健康资本存量 H_i 与投资回报率或资本边际效率（r_i）之间的关系，S 线则是表示健康资本的供给曲线，这一曲线表示健康资本存量 H_i 与资本成本（$r + \delta_i$）之间的关系。由于资本成本不受健康资本存量大小的影响，因此，S 线是一条水平线。供给曲线与需求曲线的交叉点，就可决定消费者的最佳健康资本存量 H_i^*。在 H_i^*，$r_i = r + \delta_i$ 满足（15）的均衡条件。

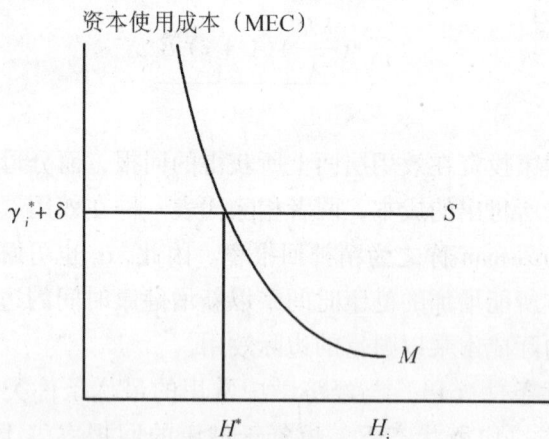

资本使用成本（MEC）

$\gamma_i^* + \delta$　　　　　　　　　　　　　　　　　　　　S

M

H^*　　　　　H_i

图 6—1　消费者最佳健康资本的决定

Grossman 模型说明了健康需求在许多重要方面与传统需求方式的不同:[①]

1. 消费者需求的不是医疗保健本身，而是健康。医疗保健需求是一种派生需求，它是由对原来生产健康的投入和需求所产生的。人们想要健康，就需要投入以生产健康。

2. 消费者并非消极地从市场上购买卫生。相反，消费者还生产健康，除了购买医疗投入，他们还花费时间努力地改进健康。

3. 健康不止持续一个时期，它不会立刻贬值，所以可以被看做资本品。

4. 或许非常重要的是，卫生服务可以看做既是一种消费品，也是一种投资品。作为消费品，卫生服务被人们需要是因为它可以使人们的身体感

---

① 舍曼·富兰德、艾伦·C. 古德曼、迈伦·斯坦诺著，王健、孟庆跃译:《卫生经济学》，中国人民大学出版社 2004 年版，第 128 页。

觉更舒适；作为投资品，卫生服务被需要是因为它增加了人们可以工作的健康的天数，从而获得收入。

二　健康生产函数

（一）微观健康生产函数

健康生产函数表述的是健康投入与健康产出之间的关系，其理论基础是 Grossman 健康需求模型。尽管之前也有一些研究探讨健康差异产生的原因（Adelman，1963；Fuchs，1965），但大都没有通过建立行为模型来预测实际影响。而 Grossman（1972）的模型消除了健康差异分析中的理论与经验之间的隔阂，解释了个人在健康资本供需曲线上的差异。

Grossman（1972）利用这一微观健康需求模型首次引入了健康生产函数的概念，他指出消费者继承了一定的初始健康存量，该存量随年龄增长而减少，但可以通过生产健康的方式来补充健康资本的消耗。在这个框架下，健康生产函数的投入要素包括医疗服务和诸如受教育水平、收入、合理饮食、锻炼、生活方式、居住条件、环境质量等非医疗因素。根据 Grossman 模型，我们可以通过下面的健康生产函数来研究健康的决定因素：

$$H = F(X)$$

其中，H 代表个人健康状况，X 表示一组影响个人健康状况的向量。这些向量的元素包括医疗服务、生活方式、收入水平、教育水平、个人特征变量（例如年龄、性别、婚姻状况、遗传特征等）、个人环境禀赋（例如居住条件、环境污染水平）、致力于增进健康的时间投入等。

Grossman 模型使我们彻底地理解了各种变量在医疗服务生产过程中通过对健康资金的需求所产生的作用，这些变量包括年龄、教育、健康状况和收入[①]。随后，大量的研究用这一模型构建了微观健康生产函数，研究若干因素对健康的影响（Newhouse & Friedlander，1980；Berger & Leigh，1989；Kenkel，1991；Sickles & Yazbeck，1998）。

在健康决定因素方面，关于医疗服务对健康是否有作用是存在争论的。许多医学史学者一致认为，医生提供的医疗服务对人口死亡率的下降所起到的作用很小，甚至可以忽略不计。Thomas McKeown（1976）对

---

① 舍曼·富兰德、艾伦·C. 古德曼、迈伦·斯坦诺著，王健、孟庆跃译：《卫生经济学》，中国人民大学出版社 2004 年版，第 127 页。

1750 年以来至今的英格兰和威尔士人口急剧增长的调查研究工作也证实了医疗服务对健康的作用是很小的，从而呼应了医学史学者的观点。McKinlay 和 McKinlay（1977）通过考察美国 1900—1973 年的人口数据发现，在有效的治疗方法出现以前，美国常见的传染病的死亡率已经大幅下降。这一证据同样证明了医疗服务对健康促进作用有限的观点。Fuchs（1974）研究了纽约市的婴儿死亡率，发现婴儿死亡率在 1900—1930 年大幅下降的主要原因在于死于"肺炎—痢疾"人口的减少。对此，他在《Who Shall Live?》一书中写道：认识到医疗保健对人口死亡率的下降几乎没有起任何作用这一点是很重要的。虽然我们并不知道准确的原因，但我们相信，人们生活水平的提高、文化和教育的传播以及出生率大幅下降对此起到了一定的作用。

但也有许多经济学家使用不同的样本数据，运用计量经济学方法来估计医疗保健对健康的边际产出。其中有的研究结果认为医疗保健对健康具有显著性的贡献。Auster et al.（1969）、Hadley（1982，1988）、Sickles 和 Yazbeck（1998）所作的研究都表明医疗保健对健康的边际产出仍是有益的，研究结果见表 6—1。但目前大部分的计量经济学研究结果表明，医疗保健对健康确实起到了一定的作用，但其边际收益很小。相反，医疗保健之外的其他因素，如生活方式、教育、收入等对健康的重要性更大。

表 6-1 卫生支出对人口健康的贡献

所引用的研究	研究日期	卫生支出对健康的弹性	显著性
Auster et al.	1969	0.67	通常没有
Hadley	1982	0.70	有
Hadley	1988	0.2	有
Sickles 和 Yazbeck	1998	0.6	有

资料来源：由舍曼·富兰德、艾伦·C. 古德曼、迈伦·斯坦诺著，王健、孟庆跃译的《卫生经济学》第 113 页的表 5-2 调整而来。

生活方式的重要性。Fuchs（1974）阐明了生活方式对人体健康的重要性，他们认为对健康状况影响最大的因素就是个人的行为。因此，诸如生活习惯和饮食习惯等是影响个人健康水平的重要生活变量。

健康与教育。Grossman（1972）的需求理论将教育置于中心位置，认为教育将提高人们改善健康的效率，"一个受过良好健康教育的人将有效提高自己的健康状况。受过良好教育的人能理解并有能力保持身体健康，而且他们能更懂得使用医疗服务与其他投入以及自己的时间来改善健康状况"①。

健康和收入。关于收入对健康的影响一直是学术界研究的一个焦点。普遍观点认为，保持其他条件不变，个人收入越高，健康越好；反之，收入越低，健康越差，即存在"收入—分层"现象，同时收入对健康影响的边际收益递减。也有的学者从相对收入和收入分配的角度来研究收入的健康效应。

（二）宏观健康生产函数

Grossman 理论模型是从微观角度解释健康的生产函数，但当我们要研究诸如政府的卫生财政支出、医疗保险的覆盖率等宏观层面上的变量对健康的影响时，微观生产函数就无能为力了。为此，我们参照 Filmer et al. (1999) 的总体健康生产函数②，在 Grossman 理论模型的基础上，构建了一个宏观（总体）的生产函数。将微观生产函数中的健康投入向量 X 所代表的个人变量转换成一组代表经济、社会、教育和卫生的变量，健康生产函数可表示为：

$$H = A \prod S_i^{\alpha_i} \prod Y_j^{\beta_j} \prod E_k^{\lambda_k} \prod M_g^{\gamma_g} \prod Z_f^{\delta_f}$$

其中，S_i、Y_j、E_k、M_g、Z_f 分别代表一组社会特征变量、经济变量、教育特征变量、医疗卫生投入变量和其他的投入变量；α_i、β_j、λ_k、γ_g、δ_f 为各组变量的弹性系数。A 是社会初始健康状况的估计值，它表示在没有社会、经济、教育、卫生和其他因素影响下的健康状况，$(\prod S_i^{\alpha_i} \prod Y_j^{\beta_j} \prod E_k^{\lambda_k} \prod M_g^{\gamma_g} \prod Z_f^{\delta_f} - 1) \times 100\%$ 表示随社会、经济、教育、卫生和其他因素变化所导致的健康状况改变。

对上式进行对数处理，得到以下的函数形式：

$$\ln(H) = \ln(A) + \sum \alpha_i \ln(S_i) + \sum \beta_j \ln(Y_j) + \sum \lambda_k \ln(E_k) + \sum \gamma_g \ln(M_g)$$
$$+ \sum \delta_f \ln(Z_f)$$

在一般的经验分析中，不同国家和地区所采用的具体变量不一定是统

---

① Grossman M. : *On the concept of health capital and the demand of health*, The Journal of Political Economy，Vol. 80，No. 2（Mar. – Apr.，1972），pp. 223 – 255.

② Filmer et al.（1999），总体生产函数的形式：健康变量，公共卫生支出，除外的其他的 GDP。

一的，这是因为各个国家影响健康状况的社会、经济、文化因素不尽一致。各国应该结合本国实际选择影响健康状况的各种投入因素，不能盲目地借鉴或照搬发达国家的理论模型①。同时，在一些国家，由于数据的缺失，变量的选择也需要做出相应的调整。为了避免多重共线性问题，一些研究者将这些变量简单地归并为"社会经济地位"（SES），但是这种收入、教育和职业的混合物使其研究的科学价值和所提政策的适用性十分有限。变量间的相互作用众多，而且存在多样性和非线性的特征，使得建立正确的因果关系成为最大的问题之一。此外，即使一个因果关系看起来似乎十分正确，但行为机制通常是不确定的。所有的这些问题由于健康是多方面决定的这一事实而变得更加难以解决。通常使用的诸如死亡率、发病率、致残率和自我评估健康状况的测量方法间常常是正相关的，但有时这种相关性变得很弱，特殊情况下甚至为负。比如，假定年龄为常数，女性的健康状况低于男性且致残率高于男性，但她们的平均寿命却高于男性②。

综合中国国情、数据可得性以及本章的研究目的等方面的考虑，我们在实证分析中引入的变量主要有以下几个方面：卫生支出变量、收入变量、教育变量、人口特征变量、社会特征变量以及卫生资源和卫生条件变量。

第二节　卫生财政支出对健康水平影响

一　计量模型、变量解释及数据来源

（一）计量模型

在实证分析中，我们将重点考察政府卫生支出对健康产出的影响。但正如前文的分析，影响健康的因素很多，因此只有在很好的理解并控制其他因素对健康产出的影响下，实证分析结果才能揭示二者之间的正确关系。本章的计量经济学模型如下：

$$H_{it} = \alpha + \Phi X_{it} + \Gamma Z_{it} + a_i + u_{it}$$

---

① Behrman, J. R., and Deolalikar. Health and Nutrition. In H. Chenery and T. N. Srinivasan, eds., Hand‐book of Development Economics. Vol. 1. Amsterdam : Elsevier Science, North‐Holland, 1988.

② 王俊：《政府卫生支出有效机制的研究——系统模型和经验分析》，中国财政经济出版社2007年版，第110页。

$t = 1,2,\cdots,T$

$i = 1,2,\cdots,N$

其中，下标 i 表示特定省份；t 代表特定年份；H_{it} 表示第 i 个省份第 t 年的健康状况指标，X_{it} 是卫生投入变量的向量，包括卫生财政支出和私人卫生支出；Z_{it} 是一组控制变量的向量，包括经济、社会、教育和人口特征变量；Φ 和 Γ 是待估参数；u_{it} 表示随时间变化的影响健康的非观测因素；$\mathrm{Cov}(x_{itj}, a_i) = 0, t = 1,2,\cdots,T, \alpha_i$ 为各地区在时间上恒定的影响健康的非观测因素。根据对 a_i 的假设不同，式（1）可以是固定效应（fixed effects）模型，也可以是随机效应（random effects）模型。如果假定 a_i 与其他自变量没有相关性，即 $\mathrm{Cov}(x_{itj}, a_i) = 0$，$t = 1,2,\cdots,T$，$j = 1,2,\cdots,K$，那么式（1）就是随机效应模型；反之，如果 a_i 与其他自变量相关，那么固定效应模型就成为首选。

本章的研究使用面板数据的分析方法。这主要是基于以下几个方面的原因：第一，影响健康状况的因素非常多，由于数据的限制，我们不可能得到对所有影响因素的度量，因而也就无法将其纳入到回归方程中来，这样就会出现遗漏变量所导致的误差（omitted variable bias）；第二，还有一些影响健康的因素我们无从观测，自然这些不可观测的因素（unobserved heterogeneity）也就无法纳入分析，这也会导致偏差的产生。而面板数据的使用能解决遗漏变量偏差，同时能够控制不可观察的影响健康的"地区效应"。

（二）变量解释

1. 健康水平的测量

选择合适的健康指标是实证研究的基础，但健康的测量是很困难的，没有哪一个单独的指标可以全面地度量出一个国家或地区居民的总体健康水平。经验研究中，一般使用人口死亡率、平均预期寿命、婴儿死亡率、5 岁以下儿童死亡率和孕产妇死亡率来描述社会人群的健康水平。伴随着疾病谱和医学模式的转变，结合死亡和伤残信息的人群健康综合测量指标（summary measure of population health，SMPH）日益引起人们的重视。SMPH 主要分为两类，即健康期望指标和健康差距指标。目前应用较广的伤残调整寿命年（disability – adjusted life years，DALY）即为健康差距指标。WHO 在 2000 年的报告中使用的是健康期望值表中的伤残调整期望寿命（disability – adjusted life expectancy，DALE）。DALY 和 DALE 虽然考虑因素比较全面，但数据难以获得。国际上的绝大部分经验研究都是采用婴儿死亡率、5 岁以下儿童死亡率和预期寿命作为健康指标的。婴儿死亡，尤其是 5 岁以下的儿童死亡主要是由于可预防的因素导致。Murray et al.（1992）研究表明，1988 年发展中国家 97% 的儿童死亡是可以预防的，而成年人死亡中只有 72% 是可以预防的。因此，相比于一般人口死亡率而言，婴儿死亡率和 5 岁以下儿童死亡率更能反映出包括公共卫生支出政策在内的卫生政策的效果，同时，也对社会、经济环境的变化更加敏感。结合数据的可得性，本章采用婴儿死亡率和 5 岁以下儿童死亡率指标作为健康指标。

2. 卫生支出变量

卫生支出变量包括，代表政府公共卫生支出变量的人均卫生财政支出和代表私人支出变量的城镇居民人均医疗保健支出和农村居民人均医疗保健支出。其中卫生财政支出对健康产出的影响是本章分析的重点。

3. 控制变量

（1）收入变量：人均 GDP。收入与健康之间存在密切的关系是被大量的实证研究所证实的。较高的收入水平通过促进对与健康有关的基础性需求的满足，从而改善健康状况（Wolfson et al.，1993）。例如，较高的收入水平对应着较好的营养条件和生活环境等。我们用人均 GDP 指标代表一个地区的收入水平，这也是大量的实证研究中的通行做法。

（2）教育变量：15 岁及以上人口中文盲及半文盲所占比例。关于教育，许多研究表明，成人的文盲率与婴儿死亡率之间存在很强的关系，文盲率越高，婴儿死亡率也越高（Tresserras et al.，1992）。相当多的研究，不管是对总体健康水平的研究，还是对家庭层面的健康水平的研究，都充分证实了较高的女性教育水平与良好的健康状况之间的密切关系（Hill & King，1992；Hobcraft，1993；Caldwell，1986，1990）。由于数据的限制，我们无法获取这一变量，在本章的分析中，我们利用 15 岁及以上人口中文盲及半文盲所占比例代表教育变量。

（3）人口特征变量：65 岁及以上人口所占的比例。一个地区人口的年龄结构与其总体健康状况之间必然存在着密切的关系。总人口中老年人口所占比例越高，就需要花费越高的健康投入才能获得相同的健康产出。

（4）社会特征变量：城市化率。Schultz（1993）的研究发现，农村、低收入和农户家庭具有较高的死亡率，因此建议通过提高城市化水平来改善居民的健康状况。Thornton（2002）的研究认为，城市化对健康状况既有积极的一面，又有消极的一面。从积极方面来看，他认为城市化能够使人们获得更好的医疗服务和医疗信息；从消极的一面来看，城市化的污染和堵塞将导致健康状况的下降，综合两方面的因素，城市化对健康的影响效果要取决于二者的净效应。本章引入的城市化率是指城市人口占总人口的比例。

（5）卫生资源和卫生条件变量：每千人口医生数和农村卫生厕所户数占农村总户数的比例。卫生资源和卫生条件与健康之间的关系是显而易见的。每千人口医生数一定程度上代表居民对医疗服务的可及性，每千人口拥有的医生数越多，表明对医疗服务的可及性越好，从而理论上的健康状况也越好。较好的生活卫生条件，如对清洁水的使用和对卫生厕所的使用都对居民健康有着积极的影响。在中国城市地区，清洁的生活用水和卫生厕所问题基本上都得到了解决。在农村地区，改水和改厕的"双改"工程也已进行了很多年，本章使用农村卫生厕所户数占农村总户数的比例代表居民的生活卫生条件。

（三）数据来源、样本选取及数据处理

本章的数据来源主要有：历年的《中国统计年鉴》《中国人口年鉴》《中国卫生年鉴》《中国卫生统计年鉴》《全国卫生统计年报资料》和《卫生部内部统计资料》等。由于重庆是在 1997 年成为直辖市的，1997 年以前的有些数据无法将重庆和四川分开，而本章将采用滞后的人均 GDP 变量，所以重庆和四川两个地区没有纳入研究范围。另外，考虑到西藏自治区的经济社会系统和卫生系统的运作与其他地区差异甚大，样本中也不包括西藏自治区，以避免其对研究结果带来影响。

由于数据的可得性，本章分析的时间段是从 1997 年至 2001 年。首先，我们只获得了从 1992 年至 2001 年的健康数据。另外，省级层面上的卫生财政支出数据只有在 1997 年之后才能获得，因为在政府卫生财政支出中，从 1997 年开始设了单独的卫生财政支出项目，而在 1996 年及以前没有单独的卫生支出项目，卫生支出的数据是放在科教文卫的财政支出项目中的，从中难以剥离出卫生财政支出的数据。这样，本章的数据资料就是 1997 年至 2001 年，28 个省（直辖市、自治区）的数据构成的面板数据。另外，根据各省（直辖市、自治区）所处的地理区域及经济发展水平的不同，将其分为沿海地区和内陆地区，以便考察不同区域的健康生产模式，以及政府卫生财政支出在其中的作用。沿海地区包括北京、天津、河北、山东、上海、江苏、浙江、福建、广东和海南 10 个省及直辖市，其余省份归入内陆地区。

在估计中，所有的变量都取对数值。取对数的原因，一是在于各因素与健康之间是一种非线性的关系，对数形式能够很好地捕捉这一非线性关系（Filmer et al.，1999），而且通过取对数，将宏观生产函数变成线性形式，方便模型估计；二是可以消除数据波动，使各变量在时间序列上更加平稳；三是在双对数模型下，估计的系数为弹性，更方便变量的解释。在已有的实证研究的文献中，大部分使用的都是双对数模型（如 Pritchett & Summers，1996；Filmer & Pritchett，1997；Filmer et al.，1998；Wang，2001；以及 Gupta et al.，2002 等）。

另外，卫生投入变量以及人均 GDP 都以 1990 年的价格为基期，利用 CPI 进行了调整。

二　模型估计与结果

（一）健康与收入之间的共时性问题

学者们普遍认为，健康与收入之间存在着双向因果关系，就是计量经济学中的共时性问题（simultaneous），使得人均 GDP 作为健康的解释变量可能存在内生性问题。但关于二者之间因果关系的讨论在世界范围内并没有明确的结论（Wang，2003）。Prichett 和 Summers（1996）利用气候等几个工具变量对二者之间的关系做了广泛的计量经济学上的讨论，结果认为，只有足够的证据接受收入对健康的因果关系。Filmer 和 Prichett（1997）利用相似的方法来检验健康与公共卫生支出之间是否存在互为因果的关系。在研究中，Filmer 和 Prichett 使用一个国家是否主要依靠出口石油和 1776 年以后独立年份的百分比作为工具变量进行参数的估计。结果认为，没有证据显示健康与公共卫生支出之间存在互为因果的关系[①]。Filmer（1997）认为，在宏观层面上，不论健康对收入的影响有多大，它都不会对用面板数据和截面数据所得到的收入—死亡模型产生影响。

---

① 在研究中，引入工具变量利用两阶段最小二乘估计（TSLS）对参数进行了重新估计，结果发现，TSLS 对 OLS 结论几乎没有任何明显的影响。

尽管如此，我们在分析中仍然慎重地考虑了宏观层面上收入与健康之间可能存在的内生性问题。当前的健康状况会影响当期和未来的收入，但不会影响过去的收入，所以在模型估计中，我们将人均 GDP 变量的滞后期数据带入模型，而不是使用当期的人均 GDP 数据。事实上，这样的处理也能够更好地捕捉收入对健康的影响。我们知道，当前的收入需要经过一定时间，通过一定的过程才能对健康产生影响。因此引入滞后期的人均 GDP 数据作为健康的解释变量是更合理的。我们通过对数据的分析也证实了这一判断。利用构造的面板数据，我们对人均 GDP 与婴儿死亡率以及人均 GDP 与 5 岁以下儿童死亡率做了简单的一元回归，回归结果见表 6—2。

表 6—2　　　　　　　　1997—2001 年人均 GDP 对健康指标的产出弹性

变量	LNIMR			LNU5MR		
	系数	T	R^2	系数	T	R^2
当期	−0.874	−13.69	0.723	−0.880	−13.5	0.719
滞后 1 期	−0.990	−15.64	0.775	−1.103	−16.73	0.750
滞后 2 期	−0.929	−14.91	0.747	−0.968	−15.90	0.725
滞后 3 期	−0.912	−14.09	0.742	−0.951	−15.09	0.719
滞后 4 期	−0.898	−12.06	0.733	−0.944	−12.95	0.710
滞后 5 期	−0.762	−10.70	0.716	−0.808	−11.61	0.695

在模型估计中，我们分别引入人均 GDP 的当期数据、滞后 1 期、滞后 2 期、滞后 3 期、滞后 4 期和滞后 5 期的数据。结果发现，从当期到滞后 5 期，人均收入的变化都对婴儿死亡率的变化有着积极的影响，弹性为负值，且都具有统计学上的显著性意义。人均收入对健康生产具有明显的时滞性，但滞后 1 期的数据对婴儿死亡率变化的解释力度最大，弹性达到 −0.990，滞后 2 期到滞后 5 期的产出弹性依次降低，分布为 −0.929、−0.912、−0.898 和 −0.762。当期的人均 GDP 的产出弹性为 −0.874 与滞后 4 期的弹性相当，高于滞后 5 期。对 R^2 的分析，可以得出相同的趋势，说明当期的收入水平对未来健康状况的解释力度更大。各期的人均 GDP 与 5 岁以下婴儿死亡率之间的关系显示出了与上述分析结果的高度一致性。

（二）模型估计结果

我们分别估计了每个影响因素对婴儿死亡率和 5 岁以下儿童死亡率的

弹性，模型估计结果见表6—3和表6—4。

表6—3 　　　　　　各因素对婴儿死亡率的产出弹性估计结果

变量	全国层面		沿海地区		内陆地区	
	估计弹性	T	估计弹性	T	估计弹性	T
常数项	6.9669	6.26	5.0138	2.28	6.8819	4.94
卫生支出变量						
卫生财政支出	-0.2903	-3.41**	-0.1833	-1.82*	-0.2996	-2.81**
城镇私人支出	-0.0354	-0.98	0.0774	1.59	-0.1167	-2.19**
农村私人支出	0.0123	0.70	-0.0589	-0.90	0.0074	0.41
收入变量						
人均GDP滞后1期	-0.4953	-3.19**	-0.3388	-1.23	-0.4212	-2.02**
社会变量						
15岁及以上人口						
文盲及半文盲率	0.1110	2.15**	0.2303	2.07**	0.790	1.28
老年人口比例	0.1723	1.26	0.0082	0.05	0.2651	1.36
城市化率	0.0069	0.13	-0.0311	-0.51	0.066	0.79
卫生变量						
每千人口医生数	0.1948	0.94	0.0503	2.08**	-0.0326	-0.09
农村卫生厕所普及率	-0.0097	-1.70*	-0.0226	-0.99	-0.0097	-2.20**

** 表示 P=0.05 的水平上显著；* 表示 P=0.10 的水平上显著。

表6—4 　　　　各因素对5岁以下儿童死亡率的产出弹性估计结果

变量	全国层面		沿海地区		内陆地区	
	估计弹性	T	估计弹性	T	估计弹性	T
常数项	8.2019	7.42	6.9667	3.13	8.0768	5.87
卫生支出变量						
卫生财政支出	-0.2789	-3.30**	-0.2575	-1.61	-0.3048	-2.89**

续表

变量	全国层面		沿海地区		内陆地区	
	估计弹性	T	估计弹性	T	估计弹性	T
城镇私人支出	− 0.0243	− 0.68	0.0738	1.66	− 0.1010	− 1.91*
农村私人支出	0.0172	0.99	− 0.0198	− 0.30	0.0109	0.54
收入变量						
人均 GDP 滞后 1 期	− 0.6211	− 4.03**	− 0.5103	− 1.98**	− 0.5277	− 2.56**
社会变量						
15 岁及以上人口						
文盲及半文盲率	0.0849	1.66*	0.1894	1.68*	0.0542	0.88
老年人口比例	0.1701	1.25	− 0.2223	− 0.13	0.2739	1.42
城市化率	− 0.0762	0.12	− 0.0381	− 0.61	− 0.0746	0.90
卫生变量						
每千人口医生数	0.1518	0.74	0.1759	1.94*	− 0.1926	− 0.53
农村卫生厕所普及率	− 0.0067	− 0.54	− 0.0073	− 0.32	− 0.099	− 0.64

**表示 P = 0.05 的水平上显著;*表示 P = 0.10 的水平上显著。

1. 卫生财政支出健康产出弹性分析

从全国层面上看，卫生财政支出对健康状况具有显著的改善作用，对婴儿死亡率和 5 岁以下儿童死亡率的产出弹性分别为 − 0.2903 和 − 0.2789，且都在 P = 0.01 的水平上显著。但这一健康产出效应存在着明显的地区差异，对经济欠发达的内陆省份的健康影响更大。相比内陆省份，卫生财政支出在沿海地区的健康产出弹性不仅低，而且显著性水平降低。对婴儿死亡率的弹性从 − 0.2996 上升至 − 0.1833，显著性水平从 P = 0.01 的水平升为 P = 0.10 的水平；对 5 岁以下婴儿死亡率的弹性从 − 0.3048 上升至 − 0.2575，且在统计上不再显著。中国的经济发展水平极不均衡，各省之间的差异非常大，早在 2002 年就有学者指出，一个中国四个世界的观点（胡鞍钢，2002）。我们的经验分析也显示了这一特点，卫生财政支出与健康水平之间的关系，在沿海地区的表现与发达国家相似，在经济欠发达的内陆省份的表现与发展中国家相似。这一结果也符合已有的研究结论。

2. 私人卫生支出健康产出弹性分析

从全国总体的层面上看，私人卫生支出对健康生产的作用很小。城镇私人卫生支出对健康生产表现出一定的积极影响，但对婴儿死亡率和5岁以下儿童死亡率的弹性系数分别只有 -0.0354 和 -0.0243；农村私人卫生支出对健康生产的作用具有一定的消极影响，对婴儿死亡率和5岁以下儿童死亡率的弹性系数分别为 0.0123 和 0.0172，但四个弹性系数都不具有统计上显著性意义。

相对于卫生财政支出，私人卫生支出的健康产出弹性很小，不到卫生财政支出弹性系数的十分之一，而且统计上是不显著的。这说明，中国居民健康的改善，总体上还是更多地依赖于政府的卫生支出水平。

从不同地区来看，城镇私人卫生支出与农村私人卫生支出对健康的影响方向并不一致。对沿海省份，城镇居民的私人卫生支出的健康产出弹性为正值，而农村私人卫生支出的健康弹性为负值；对内陆省份，则刚好相反，城镇居民的私人卫生支出的健康产出弹性为负值，而农村私人的卫生支出的健康弹性为正值。其中，只有城镇居民的私人卫生对内陆省份健康的影响有统计上的显著意义，对婴儿死亡率和5岁以下儿童死亡率的弹性系数分布为 -0.1167 和 0.1010。也就是说，尽管总体上私人卫生支出对健康生产的作用很小，但在欠发达的内陆地区，提高城镇居民的收入，增加其对卫生的投入仍然是有利于健康水平的提高的。

3. 人均 GDP 的健康弹性分析

不管是在全国层面，还是在地区层面，人均 GDP 对健康水平的改善都存在明显的促进作用，其健康产出弹性在所有因素中是最大的，也就是说，在中国，收入仍然是居民健康改善的重要决定因素。但我们发现，尽管人均 GDP 对所有地区的健康都存在积极的影响，但对经济欠发达的内陆省份的影响更大，对健康的产出弹性不仅更大，而且在统计上也更显著。人均 GDP 对内陆省份婴儿死亡率的弹性为 -0.4212，而在发达省份，弹性系数只有 -0.3388，且在统计上不再显著。人均 GDP 对5岁以下儿童死亡率的弹性系数具有相似的规律，对内陆省份的弹性系数是 -0.5277，对发达省份的弹性系数有所降低，为 -0.5103，且统计上的显著性降低。

另外，在多因素分析中，人均 GDP 对健康的弹性系数只有其在单因素分析中弹性的 50%，说明经济增长水平对健康的影响有一半是通过其他因素，诸如教育、政府卫生支出等发挥作用的。因此，我们不难理解，为什么中国的经济保持了几十年的高速增长，但居民的健康水平并没有得到显著的改善。

4. 每千人口医生数的弹性分析

从全国层面上看，尽管统计上是不显著的，但每千人口医生数的健康产出弹性为正值，说明每千人口拥有的医生数越多，居民的健康状况不但没有改善，反而有所恶化；分地区来看，对沿海省份的健康状况具有显著性的消极影响，健康产出弹性为正值，而对内陆省份的健康状况具有正向的影响，但统计上不显著。

关于这一点，可能的原因在于，中国的医疗服务供给体系存在着明显的配置效率低下的问题，而且，在卫生筹资超过一半是通过个人现金支出的状况下，绝大部分的医疗费用支付只能按传统的按项目支付的方式进行，医疗服务市场的供方处于绝对的强势地位。过多的医生意味着过多的诱导需求现象，不仅医疗质量难以监控，而且推动医疗服务价格的不断上升，使得更多的人，特别是低收入群体的医疗服务需求受到抑制。从而导致医生数量的增加反而有可能出现健康状况恶化的现象。事实上，沿海地区的每千人拥有的医生数要明显高于内陆省份，从1997年至2001年，沿海省份每千人拥有的医生数要比内陆省份平均高出30%。

5. 农村卫生厕所普及率的弹性分析

农村卫生厕所普及率代表的是居民的生活条件和公共卫生状况，一定程度上也反映了地方政府对公共卫生的重视程度，而良好的公共卫生状况往往与良好的健康状况密切相关。实证分析结果也显示，不管是在全国层面，还是在地区层面，农村卫生厕所普及率的提高都对健康改善具有显著性的促进作用，在降低婴儿死亡率方面的效果要大于降低5岁以下儿童死亡率的效果，对欠发达的内陆地区的效果要大于对发达的沿海地区的效果。对婴儿死亡率的全国层面的弹性系数为 -0.0097，在 $P=0.10$ 的水平上显著，在内陆省份的弹性系数为 -0.0097，在 $P=0.05$ 的水平上显著。

6. 教育的弹性分析

我们用15岁及以上人口的文盲半文盲率代表居民的受教育水平。从分析结果看，不管是全国层面还是地区层面的结果都显示了相同的规律，即15岁及以上人口的文盲半文盲率越低，居民的受教育水平越高，健康状况越好。但比较不同的地区，教育的健康促进作用在发达地区表现得更为显著，而对欠发达地区的健康促进作用是显著性降低。结合人均收入对健康改善的作用效果，可以看出，在一个地区的经济增长达到一定水平之后，人均收入对健康改善的直接的边际影响将减低，而通过收入之外的因素，如教育水平的提高等途径表现出的间接效应将显著增强。而当经济增长仍然处于低水平状态时，人均收入对健康改善的直接影响更大。

7. 城市化率的弹性分析

不管是在全国层面还是在地区层面，城市化率的变化对居民健康水平都不具有显著性的影响。从对 5 岁以下儿童死亡率的弹性系数看，城市化水平越高，健康状况越好。城市化水平提高对健康的促进作用的原因在于：城镇居民与农村居民的健康需求是有差异的，前者要明显地高于后者。城市化水平的提高，总体上对健康的需求必然增加，从而健康状况有可能改善。

（三）主要结论与讨论

根据上述的经验分析数据，我们可以得出如下的几个重要的结论：

1. 健康生产模式存在地区差异，制定差别化的健康促进政策是必要的。

健康是经济发展和社会发展的终极目标，但在不同的经济发展水平下，健康的决定因素是不相同的。在经济欠发达的内陆省份，健康的主要决定因素是人均收入水平、卫生财政支出水平、城镇私人的卫生支出水平以及代表公共卫生状况的农村卫生厕所的使用率；在经济较为发达的沿海省份，健康的主要决定因素是教育程度和代表医疗资源数量的每千人口医生数，另外，人均 GDP 的作用是弱显著的[①]。可见，健康生产模式存在一定的地区差异，制定差别化的健康促进政策是非常必要的。

从改善健康的角度促进经济增长，为改善健康提供必要的物质基础固然重要，但对经济欠发达省份而言，除了要大力发展经济外，还应当提高卫生筹资中政府支出的比例、提高居民个人的收入水平，并要加强对农村"改厕"的公共卫生项目的支持力度，提高卫生厕所的使用率等公共卫生发展水平；但在经济增长已经达到相当水平的发达省份，以上这些措施的健康改善作用并不大，而且统计上也不显著。相反，提高居民的教育水平

---

① 对婴儿死亡率的健康产出弹性在统计上不显著，对 5 岁以下儿童死亡率的产出弹性，T = −1.98，P = 0.057。

将是促进健康水平提高的有效措施。同时，必须改善医疗服务市场的低效率状况，合理配置医疗资源，避免医疗资源的过度供给。

2. 经济增长多途径影响健康水平，过度迷信经济增长作用的政策取向需要反思。

根据经验分析数据，在单因素分析中，滞后 1 期人均 GDP 的健康产出弹性较大，对婴儿死亡率和 5 岁以下儿童死亡率的产出弹性分别达 −0.990 和 −1.103。但在引入其他变量之后，人均 GDP 对健康的产出弹性只有原来的 50% 左右，对婴儿死亡率和 5 岁以下儿童死亡率的产出弹性分别降至 −0.4953 和 −0.6211。说明经济增长对健康的影响，有一半是通过诸如教育、卫生支出、医疗资源和卫生条件以及社会特征变量等其他因素发挥作用的。这一结论不仅呼应了已有的研究结果[1]，同时也蕴涵极强的政策意义。

经济增长对健康的作用，除了依赖于经济发展水平本身外，还依赖于经济增长对教育、卫生和城市化等其他社会发展方面的影响。如果伴随经济增长的同时，显著地提升了国民的受教育程度、增加了政府的卫生支出水平、改善了公共卫生状况、提高了城市化水平，那么健康改善的作用是不言而喻的；反之，即便经济快速增长，居民的健康状况也不一定得到显著的改善。这一点从中国居民健康状况的变化趋势上是可以得到证实的。

中国人的平均预期寿命从新中国成立前的 35 岁上升到 2001 年的 71.8 岁，高于世界平均预期寿命（65 岁）和中等收入国家的预期寿命（69 岁）。同时，中国的婴儿死亡率也从新中国成立前的 200‰左右下降到的 32‰，而世界的平均水平是 44‰，中等收入国家是 30‰。但我们注意到，这一健康成就主要是在 20 世纪 80 年代以前完成的，而之后，健康改善的速度迅速下降[2]。1979 年中国开始了市场化导向的改革，从那以后，经济高速增长，人们生活水平显著提高，对卫生的总投入也急剧上升，名义卫生总费用从 1978 年的 110.21 亿元上升到 2007 年的 11289.48 亿元，占

---

① 参见本书第二章文献研究的相关部分。
② 王绍光：《中国公共卫生的危机与转机》，《比较》第七辑。

GDP 的比重从 3. 02% 提高到 4. 52%①。然而，健康改善速度不但没有同比上升，甚至是下降的。健康改善速度从非常突出的位置下降到与某些同等水平国家接近甚至比这些国家还慢。改革之后的 20 年里，1980—1998 年，中国的婴儿死亡率降低了 26%，而同期低收入国家平均下降了 27%，中等收入国家平均下降了 43%，高收入国家平均下降了 60%，和印度的预期寿命差距从 14 岁下降到 7 岁②。分析原因，我们不难发现，在改革之前，尽管经济发展水平比较低下，但在政府对社会目标的不懈追求下，迅速改善了全民的教育状况以及卫生状况，到 20 世纪 70 年代末，中国已经成为拥有最全面的医疗保障体系的国家之一。但改革以后，政府过度强调经济增长，一切以经济建设为中心，而明显忽视了社会领域的问题③。从指导思想上，过度迷信了经济增长的作用，以为经济增长了，蛋糕做大了，居民的健康状况的改善就是水到渠成的事情。但实际上，在这一时期，虽然经济保持了长时期的快速增长，但居民的健康改善速度非常缓慢。

　　结合中国的实践以及经验分析结果，我们有理由认为，经济增长并不必然带来健康水平的提高，同时需要注重社会发展问题，关注经济增长对其他诸如教育程度等很多与健康有关的因素的影响，才能充分发挥经济增长对健康的促进作用。

　　3. 能显著改善居民健康的是卫生财政支出，而非私人卫生支出，因此在健康投入上通过政府税收的集体筹资替代个人分散筹资是必要的。

　　相对于卫生财政支出，私人卫生支出的健康产出弹性很小，不到卫生财政支出弹性系数的 1/10，而且统计上是不显著的。说明中国居民健康的改善，总体上还是更多地依赖于政府的卫生支出水平。然而近 30 年来，政府在卫生投入上的责任不断弱化，卫生财政支出在卫生总费用中的比重从 1978 年的 32. 16% 下降到 2005 年的 17. 93%，与此同时，居民个人现金支出占卫生总费用的比重则从 20. 43% 增长到 52. 21%。也就是说，中国卫

---

　　① 数据来源：《2009 年中国卫生统计年鉴》，http：//www. moh. gov. cn/publicfiles/business/html-files/zwgkzt/ptjnj/200908/42635. htm。

　　② 数据来源：由王绍光的《中国公共卫生的危机与转机》（发表于《比较》第七辑）中的数据计算而得。

　　③ 丁宁宁：《经济体制改革与中国的医疗卫生事业——中国医疗卫生体制变化的政治、经济、社会背景》，《中国发展论坛（中文版）》第 7 卷增刊第 1 期。

生总费用的一半以上依赖于居民个人的分散筹资。然而，上述研究结果说明，分散的个人支出对健康的促进作用远远低于通过卫生财政支出的作用。这也说明了为什么改革以来，中国的卫生总费用在大幅度增长，个人的医疗负担日益沉重，但居民的健康改善速度却在日益降低。显然，提高卫生财政支出水平，在健康投入上通过政府税收的公共筹资替代个人分散筹资是非常必要的。

4. 卫生财政支出的健康产出效应存在明显的地区差异，需要强化转移支付手段，制定差异化和有针对性的卫生投入政策。

卫生财政支出对健康有积极的影响，但对经济欠发达的内陆省份的健康影响更大。相比内陆省份，卫生财政支出在沿海地区的健康产出弹性不仅低，而且显著性水平降低。这与已有文献的研究结论是一致的，即在经济发达国家，公共卫生支出对健康的影响很小，而在发展中国家，公共卫生支出的作用显著。

Self 和 Grabowski（2003）利用 191 个国家的截面数据研究公共卫生支出对健康的作用，结果显示，公共卫生支出对健康的影响具有统计上显著的边际产出递减趋势，而且，这一趋势不管是对经济发达国家，还是对中等收入国家和发展中国家都是成立的。这就告诉我们，政府对卫生投入并不是越多越好，如果投入处在健康生产曲线的陡峭位置，应当加强。

显然，相比沿海发达省份，在经济欠发达的内陆省份，卫生财政支出的水平处在一个更为陡峭的位置。因此，加强对这一类省份的财政支出力度是非常有必要的，而且投入产出效率很高。但是在目前的卫生财政支出体制下，卫生投入几乎全部由地方政府承担。这样，在经济发展水平极不均衡的情况下，越是经济落后的地区，卫生财政支出水平越低下。图6—2显示，从1997年至2001年，两类地区的卫生财政支出水平一直存在较大差距，1997年内陆省份的人均卫生财政支出水平只有沿海发达省份的43.93%，2001年是45.47%。二者之间的相对差距丝毫没有缩小的迹象，而绝对差距却在不断扩大。从健康生产的角度，这种卫生投入是非常没有效率的。因此，必须建立规范的财政转移支付制度，加强中央政府对欠发达省份的卫生转移支付力度，提高这类地区的卫生财政支出水平，获取更大的健康产出效应。

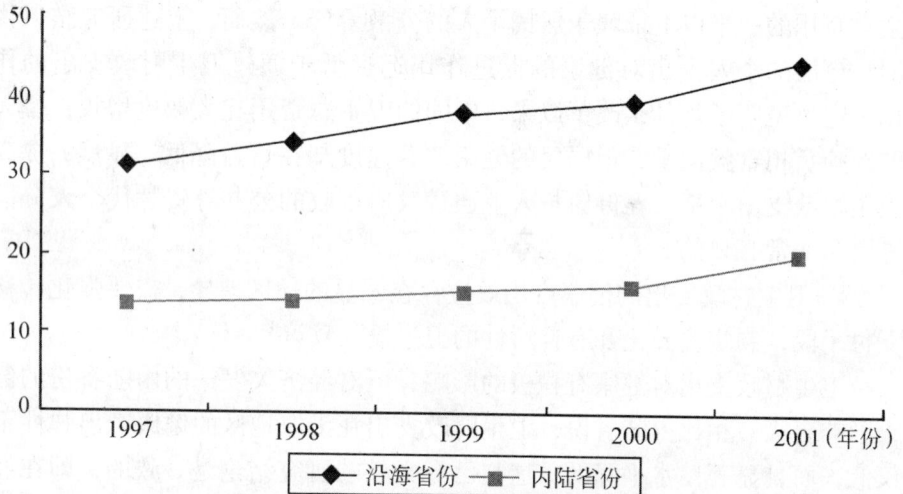

图6—2 不同地区人均卫生财政支出比较

5. 单纯地追求医疗资源的数量，并不能够带来健康水平的提高。

每千人口拥有的医生数对健康的影响是非常值得我们关注的。全国总体的层面，每千人口医生数的健康产出弹性尽管不显著，但为正值，在沿海省份，这一弹性是显著为正的。如果这一指标能够代表有医疗资源的话，说明单纯的追求医疗资源的数量，并不一定能够带来健康水平的提高，相反有可能对健康改善带来消极的影响。因此，单纯地追求卫生资源的数量，而不重视其配置效率，从改善健康的角度来讲，并不一定是件好事。

第三节 卫生财政支出与健康公平

健康不公平很早就被认为是一个社会问题（Wilkinson，1996），并且随着社会经济的发展，人们对这一问题表现出越来越多的关注。世界卫生组织（WHO）在其宪章中宣告："享受最高标准的健康是每个人的基本权利之一"，1977 年第 30 届世界卫生大会提出了 "2000 年人人健康"（Health for All by the Year 2000）的战略目标，即各国政府和世界卫生组织的主要卫生目标应该是：到 2000 年使世界所有的人民在社会和经济方面达到生活富有成效的那种健康水平。这一战略目标的含义就是所有人民都能享有基本的卫生保健服务，通过消除和控制影响健康的各种有害因素，使人们享有在社会和经济生活方面都富有成效的那种健康水平，达到身体、精神和社会适应的良好状态。这一目标引领了 20 世纪 70 年代中期至 80 年代中期世界范围内的关于健康公平性的研究潮流。

在世界卫生组织"人人享有卫生保健"的框架下，各国也调整了各自的卫生战略目标，在卫生政策中体现了健康公平的思想。1979 年世界卫生会议提出消除健康不平等，为人人提供健康的全球性战略决议。1980 年世界卫生组织欧洲区的 32 个成员国采纳一种共同的卫生政策，并于 1984 年一致同意签署了 38 个区域目标。其中第一个目标就是通过改善弱势民族或人群组的健康水平，到 2000 年使不同国家之间及同一国家不同人群组之间健康状况的差异至少降低25%。但 20 世纪 80 年代中期以来，由于许多贫穷国家面临严重的经济困难以及东欧一些国家发生重大的社会变动，使人们对政府在提供卫生保健，促进阿拉木图宣言的实现过程中所起的作用产生怀疑，并导致国际卫生领域的研究逐步转向卫生改革和卫生系统绩效及其可持续性研究方面。但经过一段时间后，人们发现，不管是在国家之间还是一国内部，无论是发达国家还是发展中国家，健康不公平的问题已经越来越严重，而且健康不公平的趋势已经不单纯是卫生系统内部的问题，其所涉及的广度和深度迫切要求人们进行全面的关注和研究①。因此，在经历了多年的低潮以后，近几年关于健康公平性的研究又重新受到了越来越多的关注。

一　健康不公平的概念

（一）健康公平性研究中"健康"的界定

健康公平性研究中的"健康"究竟指什么？有学者提出对健康公平性的研究应当包括卫生保健服务的公平，卫生保健服务的公平性本身固然重要，但它只是众多健康决定因素之一，甚至可能不是最重要的因素，因此，如果将卫生保健服务纳入研究范畴，那么教育、收入等其他因素也应该纳入研究范畴。Sen 认为，如果我们关心人们真正享有的自由、或个人

---

① 刘宝、胡善联：《社会经济变革背景下的健康不平等研究》，《中国卫生经济》2002 年 9 月。

真正的良好状态，那就不能仅仅根据医疗保健的数量来进行健康公平的判定。对健康公平的评价必须超越卫生保健的范围，包括其他可以改善健康产出的途径（例如通过教育）和获得这些产出的权利（Sen，1992）。基于此，大多数学者主张将健康公平性研究中的"健康"界定为健康产出的公平。事实上，健康产出的公平也是卫生公平领域里最重要的一个衡量尺度，将健康产出的公平作为一个核心研究对象，而把卫生保健服务、教育、收入等作为健康公平性的影响因素来研究是一个比较合理的选择。本章采纳的也正是在这个意义上的健康概念。

（二）健康不公平与健康不平等

健康公平是指所有社会成员均有机会发挥其全部的健康潜能，获得尽可能高的健康水平，如果可以避免，任何人都不能被剥夺这一权利。健康不平等是对不同人群健康状况的差异所进行的客观描述。健康不平等或者健康差异是绝对存在的，而健康不公平是指不可接受的、不公正的健康不平等状况。可见，健康不公平涉及价值判断的问题。

目前广泛应用的是 1992 年 Whitehead 提出并被 WHO 欧洲区采纳的健康不公平（Health Inequity）概念，即健康不公平是指可以避免的、不公正的健康不平等（Health Inequality）。Whitehead 罗列了 7 个健康差异的决定因素：自然和生物学的差异；损害健康的行为；当某一组采纳一种健康促进行为时，这一组的健康有点高于其他组；对不良生活习惯的选择程度被严格限制；暴露于非健康的居住与生活环境；不恰当的对基本卫生和其他公共服务的利用；自然选择或与健康有关的社会疾病，包括易患病的群体变为贫困人群。认为那些与生理变异有关的因素和与知识水平无关的选择所造成的健康差异是最不可避免的，或者说是公平的不平等。而那些由个体选择自由度很小的决定因素（如工作环境、医疗保健和其他公共服务的可及性等）引起的健康差异可避免性更大，且是不公平的，所以这类健康差异是不公平的（Whitehead，1992）。可见，对公平和公正的判断是建立在健康不平等至少是在理论上可以避免的前提假设基础上的。健康不平等和健康不公平的关系如图 6—3 所示。我们对健康公平的追求就是尽量缩小不可接受的、不公平的健康不平等。

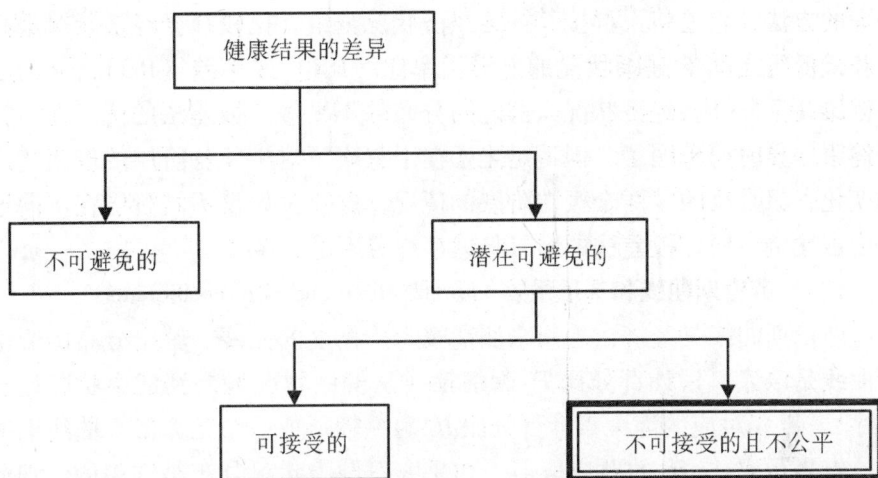

图6—3 判断健康结果的公平性

资料来源：Timothy Evans，Margaret Whitehead 等：《挑战健康不公平——从理念到行动》，第25页。

二 健康不公平的测量

测量健康不公平的方法有很多，不同的测量方法提供的信息差异很大。Black 等的研究揭示出 20 世纪 50—70 年代英格兰和威尔士的死亡相对不平等逐步增加（Black，et al，1980）。但运用不同测量指标对同一时期健康不平等进行分析的结果显示时得到了改善，这就与 Black 等的研究发现存在部分分歧（Le Grand & Rabin，1986）。差异的原因在于，Black 等测量的是不同社会阶层的健康不公平，而 Le Grand 和 Rabin 研究测量的是寿命的个体差异，没有考虑社会分组的情况。测量健康不公平的方法可以分为两组：不同人群组之间的健康差异和个体的健康分布。第一种方法——各组之间的不平等——是文献中最常见的，第二种方法——个体之间的变异——主要见于与收入分布测量相关的经济学文献[①]。本章中采用的是第一种方法，下面我们就介绍这种方法中的几个常见的测量指标。

（一）极差法（range）

极差法是在所有有关健康公平研究的文献中最常用的一种测量健康不

---

① Timothy Evans，Margaret Whitehead 等：《挑战健康不公平——从理念到行动》，第49页。

平等的方法，它是将人群按其社会经济状况分组，比较社会经济状况最高组和最低组之间的健康状况的差异，率比（RR）或率差（RD），从而表明健康在不同社会经济状况人群之间分布的不平等。极差法的优点在于描述健康差异时简单明了。但不足之处在于忽略了对中间各阶层的健康状态的变化，只是反映了两个极端阶层的情况，这样，如果不同阶层在不同地区中占比例不同，极差法的结果显然存在着不可比性。

（二）劳伦斯曲线和基尼系数（Lorenz curve and Gini coefficient）

劳伦斯曲线是经济学上用来测量收入均衡度的曲线。健康分布的劳伦斯曲线是以人口累计百分比 P_i 为横轴（从健康状况最差到健康状况最好排序），以相对应的健康累计百分比 H_i 为纵轴形成一个正方形。曲线上的每一点表示 P_i 与 H_i 的对应取值，如果人口健康状况分布是均匀的，则劳伦斯曲线与正方形的对角线 OD 重合，否则它就会偏离对角线，在对角线 OD 之下。与对角线偏离越大，表明不公平程度越大，如图6—4。

基尼系数是指 Lorenz 曲线与对角线 OD 围成的面积与对角线之下面积之比，取值范围是0到1，比值为0表示健康分布完全均匀，比值为1，则表示所有人群健康集中于一人，是极端不平等状态。比值越接近0，健康公平性越好。

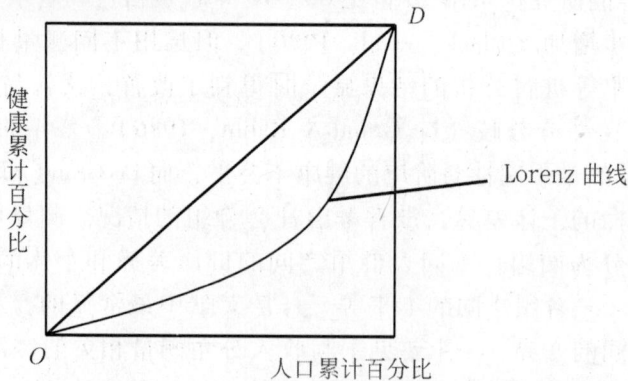

图6—4　Lorenz 曲线

劳伦斯曲线和基尼系数是被广泛认可的测量健康不平等的方法。基尼系数可以直接进行比较，使用简便，而且反映全体人群的健康状况，而不是仅仅代表最高阶层和最低阶层的健康差异。但这种方法由于缺少社会分层变量，因此无法给出健康不公平在多大程度上是与社会经济状况相关的。也就是说，它无法了解当健康分布不均匀时，社会经济状况在其中所起的作用。

（三）**差异指数**（index of dissimilarity，ID）

差异指数也称不相似指数，是各个阶层反映健康状况的某变量的比重和其对应的人口比重的离差和的 1/2，用其判断各个阶层的健康水平是否有差异，并且可以计算出各个阶层的差异程度。假设有 j 个经济分组，$j = 1,2,3,\cdots,k$，差异指数的计算公示为：

$$\text{ID} = \frac{1}{2} \sum_{j=1}^{k} \left| S_{jh} - S_{jp} \right|$$

其中，S_{jh} 是第 j 阶层反映健康状况的某变量的比重，S_{jp} 是第 j 阶层的人口比重。S_{jh} 和 S_{jp} 差异越大，健康不公平程度就越高。差异指数介于 0 和 1 之间，ID 越接近于 0，说明各个阶层人群的健康水平差异越小；ID 越接近于 1 表示各个阶层的健康水平相差越大。

差异指数法可以了解人群健康状况在每个经济阶层上的分布差异，但它的缺点在于不能将这种健康差异与各组之间的社会经济状况进行比较，因此，同 Lorenz 曲线一样不能反映社会经济状况对健康不公平的影响。

（四）**不平等斜率指数及其相对指数**（slope and relative indices of inequality）

这种方法是将人群按社会经济状况分组后，计算每一组的健康状况的平均值，然后按其经济状况，而不是按其健康状况排序，如图6—5。每个直条图的高度表示每组健康状况的平均值，宽度表示该组人口在总人口中的比例。

不平等斜率指数（SII）定义为各组的健康状况与其对应的社会经济组的序次之间回归线的斜率。它反映的是从社会经济组最低组到最高组之间健康状况的改变。由此可见，不平等的斜率指数与差异指数和 Lorenz 曲线不同，它能够反映社会经济状况对健康不平等的影响，而且它避免了极差法在测量上的缺陷，即反映了整个人群的健康状况，侧重于按社会经济状况而不是按健康状况分组，所以能够反映社会经济状况对健康公平性的影响。

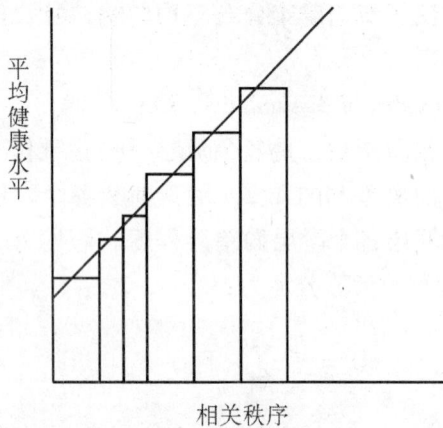

图6—5 不平等斜率指数及其相对指数

不平等的相对指数（RII）= SII/平均健康水平。SII 对人群的健康水平很敏感，假设每个人的健康水平增加一倍，SII 则变成以前的两倍，但 RII 没有改变，即绝对差异被拉大了，但相对差异不变。

（五）集中指数法（concentration index）

集中指数 CI 考察与社会经济状况相联系的健康不公平程度。假设有连续变量 h_i 代表人群中每个人的伤病—健康得分，则人口的累计百分比（按收入排序，从最低收入开始）相对于伤病—健康得分的累计百分比可表示为集中曲线 $L(s)$（图6—6）。如果 $L(s)$ 与对角线重合，则每个对

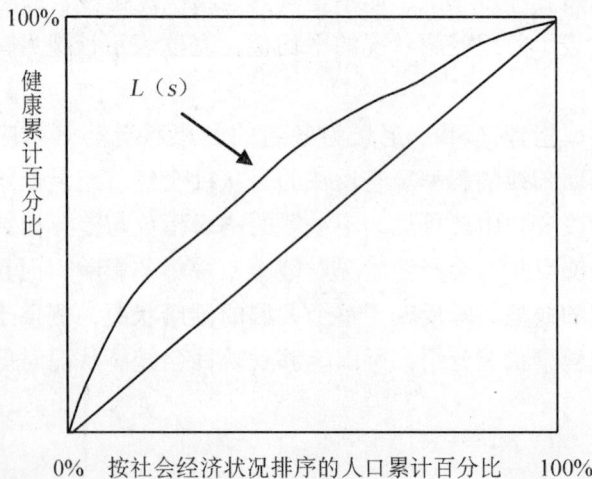

图6—6 健康集中指数

象都享有相等的健康。如果 $L(s)$ 在对角线之上，则存在健康不平等，并且富裕人群健康状况好，而低收入人群健康状况差。$L(s)$ 与对角线的距离越远，不平等性越大。

健康集中指数 C，定义为 $L(s)$ 与对角线间的面积的 2 倍。

$$C = 1 - 2\int_0^1 L(s)\,ds$$

当 $L(s)$ 与对角线重合时 C 值为 0，当 $L(s)$ 在对角线之上时 C 为负，当 $L(s)$ 在对角线之下时 C 为正。C 取值在 -1 和 1 之间，$C < 0$，表示低收入者的健康状况较差，当 $C = -1$ 时，表示人群中的所有伤病都发生在收入最低者上，当 $C = 1$ 时，表示人群中的所有伤病都发生在收入最高者上。

集中指数的计算有两种方法：公式法和回归法（Kakwani et al.，1997）。公式法是根据集中指数的定义，利用个体层面数据或分组数据进行计算。利用个体层面数据的计算公式是：

$$C = \frac{2}{n\mu}\sum_{i=1}^{n} x_i R_i - 1$$

其中，x_i（$i = 1,\cdots,n$）是第 i 个个体的伤病—健康分数，μ 是所有个体的伤病—健康分数的均值，R_i 是根据收入从低到高排列后第 i 个个体的相对序次。分组数据是将人们按照不同的收入区间分为 T 个组，第 t 组的平均伤病—健康水平为 μ_t，人数比例为 f_t。将这些组按照收入从低到高排列。假设 $L(s)$ 是分段线性的，则 C 可以被计算为：

$$C = \frac{2}{\mu}\sum_{t=1}^{T} f_t \mu_t R_t - 1$$

在这里，R_t 是第 t 组的相对序次，其定义是：

$$R_t = \sum_{\gamma=1}^{t-1} f_\gamma + \frac{1}{2} f_t$$

回归法是 Kakwani et al.（1997）发展出的一种计算方法。对于分组数据，对下述回归方程进行估计：

$$2\sigma_R^2 [\mu_t/\mu]\sqrt{n_t} = \alpha_1 \cdot \sqrt{n_t} + \beta_1 \cdot R_t \sqrt{n_t} + u_t$$

其中，n_t 代表第 t 组的人数，$\sigma_R{}^2 = \sum_{t=1}^{T} f_t (R_t - \frac{1}{2})^2$。$\beta_1$ 的估计值即集中指数 C，β_1 的标准误即集中指数 C 的标准误。但由于方程中引入了 R_t 这一具有自相关（Autocorrelation）性质的变量，因此在估计系数和标准误的过程中采用 Newey – West 回归估计方法以校正自相关和异方差（Heteroskedasticity）问题。对于未分组的个体数据则可使用简易回归方程：

$$2\sigma_R{}^2 [x_t/\mu] \sqrt{n_t} = \alpha_2 + \beta_2 \cdot R_i + u_i$$

用同样的方法进行估计，β_2 的估计值即集中指数 C，β_2 的标准误即集中指数 C 的标准误。

三　实证分析结果

（一）健康的地区差异

本章使用集中指数来测量健康不平等程度。Wagstaff 等（1991）在总结了评价健康社会经济不平等性的众多指标后，认为集中指数是测量健康不平等最适合的指标。因为它符合三个基本要求：（1）能够反映出健康不平等的社会经济特征；（2）能够反映全体人群的情况；（3）它对人口社会经济分布的变化十分敏感。

由于数据的限制，健康指标我们只获得了1992年至2001年中国各省（自治区、直辖市）的婴儿死亡率和5岁以下儿童死亡率的数据，而没有全国层面或者地区层面的不同收入阶层的健康指标，因此本章主要讨论健康状况的地区差异。我们利用省级的婴儿死亡率和5岁以下儿童死亡率作为健康指标，计算了从1992年至2001年的健康集中指数，反映各省之间健康状况的差异程度。由图6—7可知，中国地区的健康集中指数是负的，说明，经济越落后的省份，健康水平越低，而且地区之间的这种健康差异随着时间的推移，呈现出逐步扩大的趋势。在20世纪90年代中期以前，各省之间的健康差异迅速扩大，婴儿死亡率的集中指数从1992年的 -0.06，迅速降低至1995年的 -0.16。20世纪90年代中期以后，虽然健康差异扩大的势头得到遏制，但健康的集中指数仍然表现出下降的趋势，婴儿死亡率的集中指数从1995年的 -0.16 降低至2001年的 -0.17。同期，5岁以下儿童死亡率的集中指数从1992年的 -0.16 降低至1995年的 -0.17，再至2001年的 -0.19。

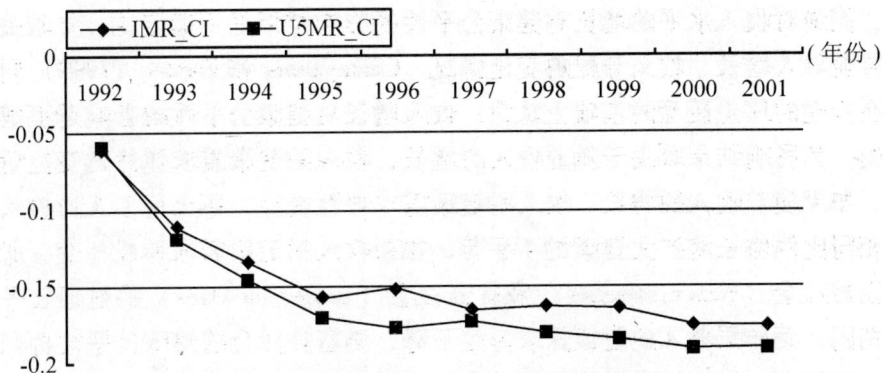

图6—7　1992年至2001年各省之间的健康公平性状况

（二）卫生财政支出与健康公平

为了了解卫生财政支出是否影响健康公平及其影响的程度，我们构造了如下的线性回归模型。因变量是利用婴儿死亡率和5岁以下儿童死亡率指标计算而得的健康集中指数，在实证分析中，我们采用的是负的集中指数（将集中指数变成了正值）。

$$CI_t = \beta_0 + \beta_1 X_{t1} + \beta_2 X_{t2} + \beta_3 X_{t1} + \varepsilon_t$$

其中，t = 1，2，3，…，10，表示从1992年至2001年的10个时期，CI_t是每年对应的健康指标的集中指数，X_{t1}, X_{t2}, X_{t3}为三个解释变量，分别为人均卫生财政支出、人均GDP和收入基尼系数。

1. 变量解释

我们用人均卫生财政支出变量代表卫生财政支出的水平。关于这一变量对健康公平性的影响，实证研究结果并不一致，但针对发展中国家的研究，大多数得出的是支持性结论，即提高卫生财政支出水平，有利于缩小健康差异；相反，针对发达国家的研究得出支持性结论的比较少[①]。

收入是从两个方面影响健康公平性的，一是收入的绝对水平，二是收入的公平性。因此，我们在方程中引入了人均GDP和收入的基尼系数。Wagstaff（2001）在健康需求理论的基础上构建了一个收入对健康公平性影响的理论模型，他认为，缩小收入分配的不公平就可以缩小健康的不公

①　参见本书第二章文献研究中的相关部分。

平，但绝对收入水平的增长对健康公平性的影响结果是不确定的，要取决于伴随收入增长、收入分配的变化情况。Contoyannis 和 Forster（1999）同样在构建的理论模型的基础上认为，收入增长对健康公平性的影响是不确定的，其影响结果取决于随着收入的增长，收入的健康需求弹性的变化情况，如果随着收入的增长，收入的健康需求弹性提高，那么每个人的收入以相同比例增长将扩大健康的不平等；如果收入的健康需求弹性不变，那么富裕社会（richer societies）和贫穷社会（poorer societies）的健康公平性相同；而如果收入的健康需求弹性下降，则富裕社会的健康公平性将好于贫穷社会。但大多数的实证研究的结果都显示，随着人均 GDP 的提高和收入分配的不平等的加剧，健康公平性是下降的。

综合已有文献以及中国是发展中国家的现实，三个解释变量对健康公平性的影响可能有如下表中的几个假设。

表 6—5　　　　　　　　　健康公平性与影响因素关系的假设

假设	内容	来源	预期关系
1. 人均卫生财政支出	公共卫生支出规模的提高能够缩小健康差异	Bidani & Ravallion（1997）；Claeson et al.（2001）	+
2. 人均 GDP	人均 GDP 的提高将扩大健康差异	Wagstaff, A. 2001	－
3. 收入的基尼系数	基尼系数的提高会扩大健康差异	Van Doorslaer et al.（1997）	－

2. 数据来源及说明

本章所使用的数剧来源于《中国统计年鉴》、《中国卫生费用研究报告》和《卫生部统计年报资料》。由于 1993 年缺四川和内蒙古两省的健康数据，所以 1993 年的集中指数是根据 28 个省（直辖市）的健康数据计算而得。在 1997 年以后，集中指数是由包括重庆在内的 31 个省份（直辖市）的健康数据计算而得。人均 GDP 的数据是用 GDP 的平减指数调整后的实际值。另外，本章中的健康集中指数反映的是健康的地区差异，相对应的，收入的基尼系数是用各省的 GDP 和人口数计算而得，反映的是收入分配（经济增长）的地区差异程度，而不是以历年《中国统计年鉴》上的收入数据所计算的基尼系数。事实上，利用两种数据计算的基尼系数不仅数值是不相等的，其含义也有所区别。为了数据平稳性，我们对人均GDP和人均卫生财政支出都取了对数。

3. 分析结果

表6—6给出了方程的回归结果。两个回归方程是显著的，而且 Adj – R^2 值较大，说明方程的拟合度很好。三个变量回归系数的符号与假设基本相同。在两个模型中，人均GDP的回归系数是正的，而且具有统计上的显著性，说明伴随经济增长，收入水平的提高，健康差异将不断扩大，与已有文献的研究结论是一致的。收入基尼系数对婴儿死亡率集中指数的回归系数是正的，但对5岁以下儿童死亡率集中指数的回归系数是负的，但回归系数不具有统计上的显著意义。人均卫生财政支出的回归系数在两个模型中都是负的，说明这一变量对健康公平性具有积极的影响，提高卫生财政支出水平将显著地改善健康公平性，缩小地区之间的健康差异。但对5岁以下儿童死亡率集中指数的回归系数不具有统计上的显著性。

表6—6　　　　　　　　　　健康集中指数的回归结果

变　量	IMR – CI		U5MR – CI	
	系数	T 统计量	系数	T 统计量
常数项	0.74	4.848**	1.940	3.298*
基尼系数	0.753	2.045	– 1.318	– 0.928
lnGDP	0.228	9.873**	0.422	4.752**
ln 卫生财政支出	– 0.161	– 5.908**	– 0.249	– 2.368
Adj – R^2	0.957		0.790	
Prob > F	0.000		0.006	

注：因变量是 – CI。* 表示在 0.05 的水平上显著；** 表示在 0.01 的水平上显著。

四　主要结论与讨论

本节利用分省的婴儿死亡率和5岁以下儿童死亡率指标，应用健康集中指数的测量方法，发现中国地区间存在较高的健康不公平性，同其他国家一样，健康不公平有利于高收入地区，收入水平越低的省份（自治区、直辖市），健康水平越低，而且这种不公平性有扩大趋势，尤其是在20世纪90年代中期以前，健康不公平迅速加剧。

对健康不公平程度进行的因素分析发现，地区间的收入分配差距虽然有可能扩大健康不公平程度，但在统计上是不显著的；而收入水平和卫生财政支出水平则显著的影响健康公平性，但二者的影响方向是相反的，收入水平的提高将扩大健康不平等程度，而提高卫生财政支出水平能够有效的缩小健康差异。这一结果正好呼应了第二节经验分析的结果：人均 GDP 对经济发达的沿海地区健康的促进作用更大，而卫生财政支出水平对内陆省份的健康改善作用更大。这一点具有很强的政策意义，说明强化政府对卫生发展的支持力度，提高卫生财政支出水平，不仅有利于总体健康水平的提高，而且能够有效地抑制伴随经济增长过程不断扩大的地区间健康差异。

另外，了解地区间的健康差异与不同收入人群间的健康差异这两个概念的区别，以及健康水平改善与健康公平性改善之间的区别对理解本章的研究结论是至关重要的。卫生财政支出对健康公平性的影响主要是通过影响卫生服务的公平性来完成的。根据第五章的分析，中国政府的卫生财政支出不但没有缩小卫生服务的公平性，反而由于其在实践中"利富"的价值取向，进一步恶化了卫生服务的公平性，从而可以推断，政府卫生财政支出水平对改善健康公平性具有消极的影响。这一推论看似与本章的研究结论相互矛盾，但我们应当看到，本章健康公平性研究针对的是健康的地区差异，而非不同收入人群之间的健康差异。健康的地区差异衡量的是不同省份之间的健康水平的差距；不同收入人群之间的健康差异衡量的是不同收入阶层之间的健康差距。实际上，不同省份之间的健康差异在缩小，每个省份内部不同收入阶层之间的健康差距可能在扩大。

为了更好地理解上述结论，假设 A 省是一个经济落后的省份，如果提高其卫生财政支出水平，但不改变目前的卫生财政支出方向，根据第五章的研究结论，即卫生财政支出的"利富倾向"，该省内部不同收入阶层的健康公平性将越差，但根据本章第二节的经验研究结论，由于卫生财政支出对经济落后地区的健康产出弹性更大，因此该省的总体健康水平将提高。因此，即便是全国的卫生财政支出水平提高相同的幅度，A 省与其他经济发达省份之间的健康差距也将缩小。

第七章 主要结论与政策选择

在一个有效的卫生筹资政策下，卫生财政支出不仅能够与经济增长保持协调发展，在卫生总费用中占有一定的比例，与此同时，还能够对医疗服务的生产起到积极的激励作用，提高人们对卫生服务的可及性，促进卫生服务的公平，并最终有效地改善居民的健康状况和健康公平性。在前面几章中，我们对中国卫生财政支出在各个方面的有效性进行了充分的讨论，本章将对这些研究结论做个适当的总结，并在此基础上，提出相关的政策建议。

第一节 主要研究结论

一 卫生财政支出没能与经济增长保持协调发展，并一定程度上刺激了卫生总费用的快速上涨

不管是从基本人权的视角、人类发展的视角，还是基于人力资本的考虑，健康水平的提高和健康公平性的改善都是各国政府努力追求的目标。人们对卫生服务的需求就是派生于对健康的需求。医疗卫生系统的根本目的，就是要通过提供医疗卫生服务来满足人们的健康需求。一个社会中能够用于医疗卫生领域的资源是有限的，因此卫生服务的生产必须是有效率的，以保证有限的资源投入生产出尽可能多，且合乎要求的医疗卫生服务以满足人们的需求，最大限度地提高健康水平。同时，从促进健康公平的角度，还必须要保证卫生服务能够在人群中公平合理的分配。

由于卫生服务市场远远偏离了竞争性市场的特征，政府干预成为必要。为了保证政府卫生发展职能的实现以及卫生支出的可持续性，卫生财政支出必须具有一定的规模，并且与经济增长保持协调一致。但中国的情况却不容乐观，政府并没有有效承担起保护居民健康和发展医疗卫生事业

的责任。

我们通过时间序列分析发现，虽然卫生总费用的收入弹性为 1.1023，低于发达国家的 1.47，但高于低收入国家的 1.00，与世界平均水平 1.13 和中等收入国家平均水平 1.19 比较一致，符合国际经验。可以看出，与世界各国的平均水平相比，仅就弹性系数而言，中国的卫生总费用的增长速度虽然较快，但与经济增长速度还是比较协调的，没有超出经济增长的承受能力。但政府预算卫生支出的收入弹性为 0.79，小于 1。说明政府预算卫生支出没能与经济增长保持协调一致，其增长速度远远慢于经济增长，人均 GDP 每增长 1%，政府预算卫生支出只增长 0.79%。从世界范围看，公共卫生支出的收入弹性为 1.21，大于卫生总费用的收入弹性 1.13 和私人卫生支出的收入弹性 1.02。可见，中国政府卫生支出增长没能与经济增长保持协调，政府并没有有效承担起保护居民健康和发展医疗卫生事业的责任。这一结果也解释了为什么政府预算卫生支出的绝对水平在不断上升，实际值从 1978 年的 35.44 亿元提高到 2005 年的 370.52 亿元，增长了 10.45 倍，但其在卫生总费用中的比例却在不断下降，从 1978 年的 32.16% 下降至 2005 年的 17.93%。政府预算卫生支出占 GDP 的比重也一致维持在一个较低的水平，2005 年为 0.85%，最低的 1995 年只有 0.64%。

另外，也正是由于卫生总费用中政府卫生支出所占比例的快速下降，导致卫生总费用的快速上涨。根据协整分析，卫生总费用与政府预算卫生支出之间存在着长期稳定的协整关系，提高卫生总费用中政府预算卫生支出的比例能够抑制卫生总费用的上涨，而且这种抑制作用具有统计上的显著意义。

二　政府卫生支出的责任向下分权，导致卫生财政支出水平具有明显的地区差异和城乡差异

随着财政管理体制从高度集中的"统收统支"到 1994 年开始的"分税制"，公共支出责任大幅度地向地方政府转移。在中国，各级地方政府支配了 70% 的政府支出，而在大多数工业化国家，地方政府支配的全部政府预算不到 30%。与此相对应，卫生财政支出责任也在政府间进行了大规模的分权化改革。结果是地方政府，尤其是基层政府成了卫生财政支出的主体。从 1991 年到 2005 年，地方政府承担了全部卫生经费的 97.78%，

中央财政仅负担了 2.22%①。

在这一卫生财政管理体制下，各地的卫生财政支出水平与地方经济收入水平密切相关，经济发展水平越高，人均卫生财政支出越高。我们按卫生财政支出的水平进行排序后发现，1996 年到 2005 年的十年间，卫生财政支出高低顺序基本没有变化，处在前几位的一直都是经济发达地区，处在后几位的则是经济欠发达的中西部省份。并且，卫生财政支出的地区间的绝对差距在显著扩大，极差从 1996 年的 118.62 元扩大到 2005 年的 388.0 元，相对差距也在扩大，从 1996 年的 9.59 倍扩大到 2005 年的 11.03 倍。

中国的经济发展不仅具有巨大的地区差距，而且是典型的城乡二元经济结构。这种情况下，逐级向下分权的结果必然导致卫生财政支出上的巨大城乡差距。第三次全国卫生服务调查的结果显示，城市地区的卫生财政投入力度要明显高于农村地区，政府资源尤其向大城市集中。而在农村内部，不同农村地区随其经济发展水平的差异，在卫生事业上的投入也存在差距。

三　政府对医院的财政补助没有提高医院的公益性和经营效率

纯粹的市场机制无法保证医疗服务的生产效率，政府对医院财政补助的首要目的就是要改变医疗机构的激励机制，纠正医疗机构的行为，促使其按最有效的方式生产。具体到中国，政府对医院的财政补助的目标应当是提高医院在提供医疗服务过程中的公益性和生产经营效率。改革以前，医院以"事业单位"的身份受政府管制并依赖财政补贴，再以一种强制性低价的模式提供医疗服务，财政对医院的补助存在"预算软约束"。这一时期，医院的经营效率低下，出现"看病难、住院难、手术难"的三难问题，但医院却很好地体现了社会公益性，基本实现了政府的目标，即通过对医院的财政补助，降低医疗服务的价格，实现全体居民获得低价或免费的医疗服务，一些低收入者和没有保险的群体也能够从医院获得基本的医疗服务。

---

① 数据来源：历年的《中国统计年鉴》，中国统计出版社。在统计年鉴中的科目为卫生事业费，但它的口径又不同于《卫生总费用研究报告》中的卫生事业费，为了区别，此处写为政府财政负担的卫生经费。

改革以后，财政不再对医院承担全部的责任，医院获得的财政补助大幅下降。2003 年，财政补助只占医院收入的 7.8%。药品收入和医疗服务收入所占的比例分别上升到 43.7% 和 46.0%。医院的行为严重扭曲，变成了医疗市场上的逐利者。导致医疗服务提供的资源配置效率低下，医院的公益性严重淡化，过度的和不适合的服务普遍存在。通过 DEA 分析方法，我们发现，政府对医院的财政补助尽管在 20 世纪 90 年代初能够对医院的经营效率产生积极作用，但从 20 世纪 90 年代末开始，这一积极作用消失了，即医院获得的财政补助并没有有效地转化为医院的生产效率，反而有可能成为医院低效率的原因。

四　卫生财政支出的"利富"取向，降低了卫生服务的公平性

中国经济已经持续高增长多年，卫生财政支出也有大幅度提高，但中国卫生服务公平性不但没有改善，反而大大低于改革之前。一个重要的原因在于，中国的经济增长的结果并没有被全体居民共享，相反，财富分配的差距在急剧扩大，同时，中国的卫生财政支出不管是从筹资来源，还是从受益归属来看都是利富而不是利贫的。也就是说，中国的卫生财政政策进一步强化了个人经济收入水平与医疗卫生服务之间的关联度，没有实现其再分配的功能。

卫生筹资是累退的，低收入组家庭的卫生服务筹资水平比高收入组要高许多，收入越高，医疗保健支出无论是占其收入的比例，还是占非食品支出的比例都越低。2003 年，卫生支出占农村最低收入组人群非食品性支出的 28.93%，占城市最低收入组人群非食品性支出的 19.61%。这还是在低收入组的卫生服务利用受到抑制情况下的数据，如果按照卫生服务需要来计算，累退情况将更加严峻。导致的结果不仅是城乡之间居民的卫生服务可及性和卫生服务利用差别明显，而且城乡不同收入人群之间卫生服务利用的差异也在扩大。

首先，在疾病负担和卫生服务可及性以及实际利用上都存在着巨大的城乡差距。三次卫生服务调查都显示，城市的卫生服务利用水平明显高于农村。

其次，在城市内部和农村内部，不同收入水平的人群之间的卫生服务可及性和卫生服务利用也都存在着巨大的差异，收入越高，应就诊而未就诊率越低、应住院而未住院率越低，而且这一差异有进一步扩大的

趋势。从患者未就诊比例来看，1993—2003 年的十年间城乡居民的未就诊率、未住院率呈逐步上升趋势，而且收入越低未就诊比例越高，未就诊率逐年增加的幅度越大。低收入人群与高收入人群之间的差异在进一步扩大。

五　卫生财政支出能够显著提高健康水平，且对欠发达地区的健康产出弹性更大，提高卫生财政支出水平能够缩小健康的地区差异

基于各省份的面板数据分析结果，中国的健康生产模式存在一定的地区差异，不同的经济发展水平下，健康的决定因素是不相同的。在经济欠发达的内陆省份，健康的主要决定因素是人均 GDP、卫生财政支出水平、城镇私人的卫生支出水平以及代表公共卫生状况的农村卫生厕所的使用率；在经济较为发达的沿海省份，健康的主要决定因素是教育程度和代表医疗资源数量的每千人口医生数。另外，人均 GDP 的作用是弱显著的[①]。

卫生财政支出对健康有积极的影响，但对经济欠发达的内陆省份的健康影响更大。相比内陆省份，卫生财政支出在沿海地区的健康产出弹性不仅低，而且显著性水平降低。这与已有文献的研究结论是一致的，即在经济发达国家，公共卫生支出对健康生产的影响很小，而在发展中国家，公共卫生支出的作用显著。

卫生财政支出水平的提高还有利于缩小地区间的健康差异。我们计算了婴儿和 5 岁以下儿童死亡率的集中指数，并对其作了因素分析，发现，随着经济增长，健康的地区差异越大，但政府卫生支出对改善健康的地区差异具有积极的影响。

综上所述，目前中国卫生财政支出面临的问题是：尽管绝对规模在不断提高，但由于卫生总费用更快速的增长，政府卫生支出占卫生总费用的比例在持续下降；对卫生服务市场的供给和需求都存在消极的影响。其中，对医院的激励机制发生极大的转变。改革以来，医院获得财政补助不但没有显著提高医院的公益性，对医院的经营效率同样缺乏有效激励；对医疗服务需求而言，由于支出的"利富"特征，对低收入者的医疗服务需

---

① 对婴儿死亡率的健康产出弹性在统计上不显著，对 5 岁以下儿童死亡率的产出弹性，$T = -1.98, P = 0.057$。

求具有明显的抑制作用。但从健康改善作用来看，卫生财政支出具有积极的作用。结合中国改革之前的卫生发展道路，我们有理由认为，通过适当的制度安排，消除卫生财政支出对卫生服务市场的消极影响，完全有可能使卫生财政支出的健康改善作用更大。

第二节　政策选择

在卫生财政支出实证分析的基础上，我们提出如下的政策建议，希望能对中国未来卫生政策的制定提供一些有益的参考。

一　明确政府在卫生筹资中的主导地位，保证卫生财政支出水平与经济增长协调一致

政府卫生支出在卫生总费用中的比重，不仅取决于经济发展水平，更取决于政府的政治意愿和社会价值取向。改革以来，中国卫生财政支出相对不足的原因不在于经济实力，而在于政府追求包括卫生服务公平在内的社会目标的政治意愿下降，并且在如何促进卫生发展的指导思想上存在误区。

首先，改革前后政府对社会目标的追求意愿发生转变。改革前，卫生经费基本上是由政府财政负担，个人支出很少，这实质上是一种政治上的公平性在卫生领域中的体现，当时的政府有强烈的干预意愿和极有力的资源动员能力。

新中国成立初期的卫生政策是与当时的政治目标及经济体制有着非常密切的关系的。与第二次世界大战后取得独立的大多数发展中国家不同，新中国是在工农底层革命的基础上诞生的，而非仅仅得益于反法西斯战争的胜利，社会平等观念很强。而且，近代中国没有完全沦为西方的殖民地，因而在向西方国家学习的同时，中国知识界一直保持着相对独立的判断力，在制度创新问题上没有框框。还有，尽快摆脱"东亚病夫"的屈辱历史，是新中国领导人和广大群众的共同心愿。因此，中央政府提出了新中国卫生工作的四大方针：面向工农兵、预防为主、团结中西医、卫生工作与群众运动相结合。这一时期的卫生经费基本上是由政府财政负担，个人支出很少。在很短的时间内，居民的健康水平得到极大的改善，地区差距与城乡差距尽管存在，但在不断缩小。这种成就的取得，虽然与当时高

度集中的计划经济体制密切相关，更主要的是得益于政府对社会目标的不懈追求①。

改革以后，在发展战略上"一切以经济建设为中心"，政治上追求社会公平的愿望下降，社会发展的目标被忽视。市场的观念迅速地渗透卫生领域，卫生改革更多的是服从于经济改革的需要，卫生财政支出下降并高度分权，政府干预的意愿下降。

其次，改革以来，政府在对待卫生发展的问题上还存在指导思想上的误区。第一，长期以来，中国政府一直没有意识到健康水平及其公平性对经济增长、社会发展的重要意义，从而将卫生投入仅仅当作福利性支出，而不是人力资本投资。1997 年全国卫生工作会议形成的政策文件中指出："中国卫生事业是政府实行一定福利政策的社会公益事业"（中共中央、国务院，1997）。依据投资的理念，公共卫生支出的增加幅度至少不低于财政总支出的增长幅度。若把这项支出仅仅视作福利支出，其投入量就失去了公共基本需求的客观标准，从而使它在公共投资竞争中处于劣势②。正因为如此，尽管文件规定中央和地方政府对卫生的投入要随着经济增长逐年增加，并且增加幅度不低于财政支出的增加幅度水平，但实际上政府卫生支出的平均增长速度持续地低于财政支出的增长速度。第二，严重地高估了经济增长对卫生发展的作用。中国政府一直在强调发展是硬道理。本来"发展"二字的含义是经济社会全面的进步，绝不仅仅是指经济增长。但在实际工作中，各级政府往往把"发展是硬道理"理解成"经济增长是硬道理"；更进一步，"经济增长是硬道理"又往往被理解成追求经济尽快增长，其他一切都要让步，都可以被牺牲，包括生态环境、就业、公共卫生③。政策制定者们过度高估了经济增长作用，以为只要经济增长了，蛋糕做大了，一切问题就会迎刃而解。具体到卫生领域，只要经济增长了，卫生服务供给不足的问题自然得到解决，从而人们的健康水平会水到渠成的得到增进，健康的公平性自然得到改善。

正是基于上述原因，中国政府从未说过卫生发展不重要，但从公共资

---

① 丁宁宁：《经济体制改革与中国的医疗卫生事业——中国医疗卫生体制变化的经济、政治、社会背景》，《中国发展论坛》（中文版）第 7 卷增刊 1 期，第 16 页。

② 朱玲：《健康投资与人力资本理论》，《经济学动态》2002 年第 8 期。

③ 王绍光：《中国公共卫生的危机与转机》，《比较》第七辑。

源的分配上看，卫生问题确实不是政府关心的重点，卫生财政支出水平远远落后于经济增长水平，其收入弹性不仅大大低于卫生总费用的收入弹性，而且大大低于世界平均水平和中低收入国家的平均水平①。而根据我们的实证研究，经济增长对健康改善的作用是多途径的，经济增长并不必然带来健康的改善。同时，理论分析和国际经验也表明，政府要有效承担起保护居民健康和发展医疗卫生事业的责任，明确政府在卫生筹资中的主导地位，保持政府卫生支出与经济发展水平相互协调是至关重要的。况且，根据公共支出的增长理论，伴随经济的高增长，教育、卫生等社会事业支出应保持相应的增长速度。

当然，政府卫生支出的逻辑起点是卫生资源配置的效率和公平，显然，它同时具有实证和规范的特点。既然带有规范性，那不同的国家、组织就有不同的理解。正如有的学者在论述福利国家理论时提出的那样，要讨论福利国家存在的合理性到底有多大，首先要回答两个问题。第一个问题是，政策的目标是什么；第二个问题是，用何种方法来实现这一目标。一旦第一个问题得到回答，第二个问题就成为一个实际的技术问题了。既定的目标应该由市场配置还是由政府提供来实现，取决于哪一种方法更能顺利实现这一目标②。尽管政府卫生支出的总体目标是提高效率和改善公平，但在不同的社会价值观念下，对政策目标的诠释却不尽相同，由此所给出的效率和公平的权重也各不相同。偏重公平目标的国家，卫生总费用中政府支出所占的比例偏高；反之，个人支出的比例偏高。

但从世界范围来看，为了实现全民覆盖的目标③，尽管各国的筹资模式不尽相同，但无论是经济发达的高收入国家，还是经济欠发达的低收入国家，更多地采用以税收为主的筹资模式。据统计，在实现全民覆盖的国家中，以税收为主的国家有 50 个，约占所有实现全民覆盖国家的 57%。而且越是经济发展水平低的国家越是倾向于选择税收筹资模式，在与中国

---

① 世界平均水平：卫生总费用的收入弹性为 1.13，公共卫生支出的收入弹性为 1.21，私人卫生支出的收入弹性为 1.02。中国数据：政府预算卫生支出的收入弹性为 0.79，卫生总费用的收入弹性为 1.10。数据来源：世界数据来自于世界银行材料，Schieber，1997；中国数据由作者计算。

② 尼古拉斯·巴尔著，郑秉文等译：《福利国家经济学》，中国劳动和社会保障出版社 2003 年版，第 4 页。

③ 中国目前正在致力于实现全民覆盖的目标。

经济发展相近的中低收入国家中，有 3/4 的国家选择了税收筹资模式，而实行社会医疗保险的国家只占 1/4。在低收入国家中，结果尤为明显，全部是通过税收筹资模式实现了基本卫生服务的全民覆盖。不少国家在实践中，还出现了中途转型的做法。如泰国、巴西、墨西哥、英国、意大利和西班牙等国家开始时选择的是以社会保险作为主要的卫生服务筹资模式，实施一段时间后认识到其局限性，继而转为以税收为主的卫生服务筹资模式①。

目前，中国一般税收筹资的卫生支出只占卫生总费用的 17%，即便是忽略政府卫生发展的目标，与世界平均水平相比，中国政府对卫生领域的干预也是不足的。按平均汇率计算，2002 年 57 个低收入国家中广义政府卫生支出占卫生总费用的比例为 47.1%，这一比例在 60 个中低收入国家、37 个中高收入国家和 38 个高收入国家中分别为：56.1%、62.9% 和 72.3%。中国的广义政府卫生支出占卫生总费用的比例只有 33.7%，甚至低于世界低收入国家的平均水平。从狭义政府卫生支出的相对水平来看，低收入国家、中低收入国家、中高收入国家和高收入国家的狭义政府卫生支出占卫生总费用的比例分别为 44.74%、44.32%、41.89% 和 47%，而在中国，这一比例非常低，只有 17%②。

可见，不管是纵向比较，还是横向的国际比较，中国的政府卫生投入都是不足的。事实上，目前不管对卫生改革持哪一种观点，是政府主导型，还是市场主导型，也都在强调要发挥政府在卫生筹资中的主导地位。我们也认为，提高政府在卫生筹资中的责任，保证卫生财政支出与经济增长协调发展是非常重要的，但其前提条件必须是要提高政府促进卫生发展的意愿，并且彻底扭转指导思想上的误区，否则不可能根本改变目前卫生财政支出的现状。

二　加强立法，合理调整各级政府的卫生支出责任，保证政府卫生投入的可持续性

中国卫生财政支出不足的原因是多方面，其中一个主要原因在于地方

---

①　赵郁馨等：《2005 年中国卫生总费用测算结果及基本卫生服务筹资》，《中国卫生经济》2007 年第 4 期。

②　数据来源：WHO, The World Health Report. 2005, Http://www.who.int。

财权与事权的不匹配。要保证政府卫生投入的可持续性，就必须加强立法，合理调整各级政府的卫生支出责任。

首先，要科学调整各级政府的卫生财政支出责任。科学划分政府间支出责任是明确卫生领域里政府和市场的基本分工、规范中央和地方的支出行为、科学界定中央和地方的卫生职能的基本前提，对保证政府卫生投入的可持续性具有重大意义。

各级政府卫生支出责任的划分，实际上就是对基本卫生服务事权的划分。所谓基本卫生服务事权，是指每一级政府在基本卫生服务中应承担的任务和职责[①]。实际操作中可以分为支出事权（支出责任）和管理事权（管理责任），本文研究的是前者。

从20世纪80年代以来，中国财政体制从传统的高度集中的"统收统支"向分级分税财政体制演变，各级政府间的支出责任重新划分，中央政府将更多的支出职责交给了地方政府。与此相随，卫生领域也进行了大规模的分权改革，财政事权逐步下移给了地方政府，尤其是基层政府，各级政府负责本级的卫生经费开支。根据黄佩华（2003）的研究，从支出结构上看，中央政府仅占卫生预算支出的2%，其他均为地方政府支出。而在地方政府，县、乡镇共支出了预算的55%—60%。这表明中国的基层地方政府才是卫生事业的支出主体，而中央和省级政府并不承担卫生支出的主要职责[②]。这与世界上大多数市场经济国家通常由中央政府和省级政府为主负担教育和医疗卫生支出的制度安排相反。

据国际经验，类似义务教育、医疗卫生这样的基本公共服务在许多国家是由中央政府（联邦）或省政府支出的[③]。具体来说，在联邦制国家中，省政府支出占相对较大的比例，而在单一制国家中，政府支出则主要由中央政府负担，见表7—1。作为单一制国家的中国，与世界主要发达国家，不管是联邦制国家，还是单一制国家相比，中央政府承担的卫生支出比重

[①]　赵郁馨：《国民基本卫生服务筹资研究报告》，《中国卫生政策支持项目利贫政策研究（2006）》，第55页。

[②]　黄佩华：《中国：国家发展与地方财政》，中信出版社2003年版。

[③]　发达国家中，各级政府的公共服务职责配置比较明确和规范。一块是中央政府的专有职责，包括国防外交、社会保障、铁路、航空、邮政等；另一块是地方政府的专有职责，包括地方性的公共设施、城市住房、道路、交通、治安和消防等；还有一块是中央和地方共有职责，一般包括医疗卫生、公共教育、社会福利、区域公路和交通、环境保护等。

是非常低的。即便是与一些发展中国家相比，也得出了同样的结论，如巴西。巴西各级政府在卫生服务的职责划分方面形成了较为明确的分工：中央政府主要负责公共医疗服务的大部分出资与全国性卫生政策的制定，州政府承担卫生经费的剩余部分并负责本地区卫生服务的规划、管理与监管，市政府主要负责卫生医疗服务的具体提供，而各级卫生理事会（Health Councils）作为独立监管组织负责监督政府卫生支出的使用与分配。不难看出，巴西公共医疗卫生支出及其管理更多依赖于高层级政府，基层政府虽具体负责本地公共医疗卫生服务的提供，但其经费主要来自上级政府（主要是中央政府）的转移支付[①]。

表 7—1　　　　　　主要国家医疗保健经费各级政府支出比重

国家	年份	中央（联邦）	省（州）	地方
美国	1994	55.25	33.95	10.80
德国	1991	71.68	13.63	14.69
澳大利亚	1995	53.90	45.42	0.69
法国	1993	97.81	0	2.19
英国	1995	100	0	0
主要国家平均值		62.25	9.09	28.32

注：表中数据来自 IMF《政府财政统计（1997）》。主要国家平均值除表中引用国家外，还包括俄罗斯、加拿大、比利时、捷克、丹麦、爱沙利亚、匈牙利、冰岛、爱尔兰、拉脱维亚、立陶宛、卢森堡、荷兰、挪威、瑞士、波兰等国。

中国政府在卫生财政支出上，地方政府，尤其是基层政府支出太高，既与理论原则相背离，也与国际惯例相去甚远。合理调整各级政府间的支出责任是必然趋势。从理论上分析，卫生事权划分应主要根据卫生公共产品效用外溢范围的大小来确定其由哪一级政府来负责提供和筹资，如全国性的传染病、健康教育应由中央政府来负担；具有区域间效益外溢的公共卫生服务和产品要由中央和地方政府共同解决。医疗服务虽然是私人产品，但具有明显的外溢效应和区域均等化的要求，也应由中央和地方政府共同提供，按比例分担支出责任。

---

① 社会事业筹资国际经验考察报告——西班牙、巴西在教育、卫生事业筹资方面的经验及其对我们的启示，http：//www.ndrc.gov.cn/shfz/t20070118_ 112208.htm。

在支出责任的调整上要明确一个方向，就是在现有的基础上，大幅度提高中央和省级财政的支出比重，降低县、乡级财政的支出比重。具体卫生事权的调整可参考以下建议[①]：中央政府的主要职责应包括：①对于卫生基本服务包，如计划免疫、传染病控制等大部分应由中央予以承担，筹资以中央财政为主，尤其是公共卫生提供、组织与管理，这是基于这类卫生服务跨区域效用外溢和公平性的考虑；②卫生基本政策的研究制定、卫生医疗的宏观管理、全国性公共卫生事件的处理；③计划生育经费、环境卫生、健康教育以及支持重大的基础性医学科研活动；④重大卫生项目、卫生计划、设施的基本建设费用等；⑤农村地区、落后地区的卫生经费补助。省级政府承担的主要卫生职责和财政职责包括：①地方病预防、公众营养服务，尤其是危害严重的地方性疾病和传染病，如麻风病、克山病、甲状腺疾病、南方水网地区多发的各类寄生虫疾病等，省一级政府要承担主要财政职责，中央政府给予支持、指导、监督；②针对常见病、多发病的疾病预防和控制，并实行省以下垂直管理，适当扩大疾病预防与控制机构的行政授权，独立收集、披露公共卫生信息，处理相关事务；③省级政府还需要创造条件，组织并提高医疗保险的统筹层次，促使目前县（市）级统筹尽快上升到省级统筹，扩大医疗保险的覆盖面。县级政府的卫生事权主要包括负责管理和协调好本地区的卫生事宜，组织实施区域内的卫生规划、卫生监督；落实中央和省级资金支持的卫生专项支出计划；支出责任方面主要应承担本地区范围内的疾病控制、社区卫生服务、初级卫生保健的职责，负责乡镇卫生院的日常经费保障；结合当地实际情况，对常见病和多发病提供基本的诊疗保障；对经济贫困群体进行医疗救助。县级财政的实际支出经费中大部分应来自于中央和省级财政的转移支付。

其次，运用法律规范政府间支出责任划分。各级政府间的卫生支出责任的划分要以法律、法规或规范性文件做出正式的界定，确保职责划分的明确无误和稳定，防止经常变动、随意性大等问题。经验表明，依法规范政府间公共服务分工，可以为各级政府履行职责提供严格的权威性的法律依据，减少层级政府之间的矛盾冲突，提高公共服务供给的有效性。各国通常运用层次较高的法律来确保中央与地方分权的正规化和制度化。如巴

---

① 刘军民：《过度市场化与高度分权化：中国医疗卫生改革的双重误区》，《开放导报》2005年第10期。

西于 1988 年修改宪法，建立了卫生费用的税收筹资模式，并在《预算保健法》中规定了各级政府的卫生支出责任，联邦、各州和各市政府财政预算中卫生经费分别不少于 15%、12% 和 15%。

回顾中国二十多年的卫生改革历程，对借助立法来推动改革的重要性认识不足，改革内容基本上以政府文件的形式来推动，事实证明文件约束力是不足的。在目前卫生改革的关键时刻，应当看到立法的重要性，用法律来保障卫生支出的可持续性。

三　完善转移支付制度，解决卫生财政支出的地区差异和城乡差异

卫生服务的不公平已成为一个非常严峻的社会问题，这种不公平既存在于不同人群之间，也显著地存在于地区之间和城乡之间。幸运的是，中国政府已经开始意识到这一问题。从党的十六大以来，党中央、国务院对逐步实现城乡基本公共服务均等化等方面的重大民生问题非常重视。2008年 2 月 23 日，胡锦涛总书记在中共中央政治局第四次集体学习的讲话中就逐步实现基本公共服务均等化进行了重要阐述："按照全体人民学有所教、劳有所得、病有所医、老有所养、住有所居的要求，围绕逐步实现基本公共服务均等化的目标，创新公共服务体制，改进公共服务方式，加强公共服务设施建设，逐步形成惠及全民的基本公共服务体系。"2009 年 3月中共中央、国务院颁布的《关于深化医药卫生体制改革的意见》明确指出，深化医药卫生体制改革的总体目标之一是实现基本公共卫生服务的均等化，并将"促进基本公共卫生服务逐步均等化"作为 2009—2011 年五项重点改革之一。所谓均等化，就是指每位中华人民共和国公民，无论其性别、年龄、种族、居住地、职业、收入，都能平等地获得基本公共服务，包括基本医疗服务和基本公共卫生服务。

基本医疗和公共卫生服务均等化强调的就是基本医疗卫生服务的公平性，而财政能力均等化则是其重要的保障条件。在进行制度化设计时，中央政府要通过转移性支付、调整公共支出比例，优化政府职能结构等方式方法来实现各地方政府财政能力的均等化。

世界上大多数市场经济国家为了平衡卫生服务提供上的地区差异都建立了卫生转移支付制度。由第二章分析得知，中国的卫生财政支出存在巨大的地区差距和城乡差异。目前虽有针对农村的卫生转移支付的专项资金，但数量非常有限。即便是中央政府近年来大幅提高了卫生转移支付资

金，如对中西部地区的新型农村合作医疗的补助，但总的来讲，资金不足，而且没有形成制度化，所以其无论是在缩小卫生财政支出的城乡差距方面，还是在平衡地区差距方面，作用都极其有限。因此，改革和完善中国现行的卫生财政转移支付制度已势在必行。

政府间的转移支付，就是财政资金在政府间的转移或流动，政策目标主要是解决两种财政不平衡问题：即纵向和横向的财政不平衡。纵向不平衡是由地方政府所承担的支出责任与其收入不匹配造成的。横向不平衡是指不同地区的地方政府之间在收入能力、支出水平以及公共服务能力上存在差异。中央政府可以使用其部分收入对地方政府进行转移支付，以提高效率，并取得公平的社会发展。

中央政府向地方政府转移支付的形式各国不尽相同，名称各异，但按照是否规定资金的用途，可以归结为两种基本形式：一种是有条件转移支付，或称专项转移支付、有条件拨款，包括配套和非配套转移支付两种；一种是无条件转移支付，又称一般性转移支付、无条件拨款。在中国，有条件的转移支付分为专项转移支付和分类转移支付。专项转移支付一般明确规定资金的用途和使用条件，如一些项目，体现了政府定向支援和委托地方政府办理某项公共事务的政策意图；分类转移支付一般只规定转移资金的适用范围，但不规定具体的援助项目，即地方政府可在限定的领域内自由使用。如对教育、医疗的转移支付，只规定大的范围，具体的资金投向由地方政府根据领域内的各项目的轻重缓急予以支持。无条件的转移支付主要是对地方财力的补助，主要为财政困难地区的政权组织正常施政和公职人员按标准享受工资福利待遇提供财政资金保障，弥补其各项刚性财政开支来源的不足。主要目的是解决中央和地方政府财力分配的纵向不平衡问题①。

理论上，矫正公共卫生由地方政府提供产生外部性，鼓励地方政府增加对公共卫生这种有益产品的财政支出，从而达到一个有效率的水平，应采用专项配套转移支付的形式；实现地方政府间公共卫生财政纵向和横向平衡应采用一般性转移支付。由于不同的转移支付形式会产生不同的经济效应，具有不同的政策意义，因此世界上大多数国家都采用了不止一种转

---

① 王小林、梅鸿：《中国预算制度与儿童教育卫生服务筹资》，研究报告 2006 年版，第 98 页。

移支付形式，各种转移支付形式的不同组合构成以下几种公共卫生财政转移支付制度模式。

第一种为专项转移支付制度模式，也称有条件拨款模式或美国模式。在美国的转移支付形式中，专项转移支付占绝对大的比重。据资料估计，1988年有条件拨款占整个拨款总额的98％，一般性无条件拨款只占2％[1]。其中在健康卫生领域中，专项转移支付发展最快，从1960年的3％上升到1988年的28％。据预算与管理办公室估计，该拨款项目到1994年将达到40％左右[2]。第二种为专项转移支付与一般性转移支付相结合的卫生财政转移支付模式，该模式也称日本模式，其特点是地方政府没有独立的卫生财政，卫生转移支付只是政府间转移支付的一个组成部分。两种公共卫生财政转移支付制度模式的根本区别在实现卫生财政横向平衡上，前者注重的是地区间卫生财政支出结果的公平，即采用有条件限制的专项一次转移支付，通过专款专用来确保地方政府卫生财政支出达到一定水平，后者所关注的是地区间的卫生财政能力，即通过一般性转移支付确保地方政府间具有大致相等的卫生财政能力，至于地方政府是否将转移支付优先分配给公共卫生，要取决于地方政府的财政支出行为。除上述两种模式外，在卫生财政转移支付实践中，也有极少数国家只采用一般性转移支付保证地方政府公共卫生投入的财政能力，如德国，我们把这种模式称之为卫生财政转移支付的第三种模式[3]。

中国目前的转移支付主要包括三个部分：税收返还、一般财力补助和专项转移支付。2004年，税收返还占转移支付的39％，财力补助占25％，专项转移支付占33％，剩下的3％为体制补助。其中税收返还不但没有缩小地区差距，反而扩大了地区差异；一般性财力补助尽管在规范性、科学性、合理性等方面有了明显的进展，但没有一定的规模和数量，其均等化的作用力度显得较弱。也就说，中国的财政支付制度本身还存在着很多不合理的地方。我们认为，卫生财政转移支付一定要纳入国家的转移支付制度改革中进行。结合中国的实际情况，我们认为中国的卫生财政转移支付

---

[1]　Hyman David D. Public Finance：A "Contemporary Application of Theory to Policy", Fourth Edition. The Dryden Press，1993，p. 626.

[2]　David N. Hyman. Public Finance. Fourth Edition，1993，p. 627.

[3]　王晓洁：《公共卫生支出的理论与实证分析》，人民大学博士学位论文2006年，第163页。

制度应当采用专项转移支付与一般性转移支付相结合的模式。也就是说，要以国家转移支付制度改革为基础。而国家的转移支付制度改革的设计原则应当是建立缓解基层财政困境，并促进地区公平的双目标的转移支付制度。要淡化既得利益，注重均等化目标以及补助目标，把缓解纵向不均衡和横向不均衡都纳入考虑的视野中，即所谓的收入目标和公平目标并重，包括：弥补地方政府财政缺口，以便达到公共服务的最低标准；针对溢出收益进行专项拨款，从而改进因地区财政能力差异而产生的财政不公平和财政无效率；同时还考虑解决地区的特殊需要问题[①]。在这一原则和目标下，具体的改革策略应当是调整目前的转移支付结构，提高均等化的转移支付，即一般财力补助的转移支付比重，逐步取消税收返还。

在国家提高一般转移支付比重后，地方政府的财政能力差异将逐步缩小，卫生财政支出的地区差异也将逐步缩小。在此基础上，卫生专项财政转移支付制度应当是以省为转移支付主体，以县和乡镇为支付对象。所以要以省为主体，主要是基于两方面的考虑：首先，建立规范的公共卫生财政转移支付制度，必须要有可靠的数据和准确的信息，而中央政府要逐一核实全国 2500 多个县的财政收支和卫生需求状况，且要对转移支付的全过程进行监控，其决策成本可想而知；其次，目前省以下地方转移支付制度发展缓慢，势必影响现行转移支付体系调节纵向财政平衡的效应，在一定程度上引发县、乡基层财政困难，所以我们将研究的目标锁定在省直接对县的转移支付制度上；最后，实践证明，过分强调中央公共卫生财政转移支付的责任，会导致省，尤其是中西部省份产生"等、靠、要"的思想，不利于地方公共卫生事业的发展。从实行公共卫生财政分权的国家来看，绝大多数国家的地区级政府都承担了公共卫生的大部分经费，如德国、美国等[②]。

中央的专项转移支付主要针对困难地区的重大传染病、地方病和职业病的预防控制等公共卫生项目给予补助。例如，2005 年，中央财政安排补助资金 42 亿元（比 2004 年增加 2 亿元），重点用于建立和完善突发公共卫生事件医疗救治体系、疾病信息网络体系、卫生执法监督体系及加强重

---

① 杨之刚：《政府间转移支付与平衡地区差异》，载《中国改革与发展报告 2005》，《收入分配与改革政策》，上海远东出版社 2005 年版，第 166 页。

② 王晓洁：《公共卫生支出的理论与实证分析》，人民大学博士学位论文 2006 年，第 164 页。

点疾病防治等，并基本建成覆盖省、市、县三级的疾病预防控制体系。省、市（地）级财政要对县、乡镇开展公共卫生工作给予必要的业务经费补助。

四　提高卫生财政支出的有效性

我们强调伴随经济增长适度提高政府卫生投入，但我们也认识到，仅仅增加投入并不能解决所有问题，关键还要提高卫生投入的有效性，包括使用效率和公平性。

首先，要借鉴绩效预算管理方法，逐步建立卫生支出的绩效考评体系，提高卫生支出的总体使用效率。

中国目前预算编制方法采取的是基数预算法，是在上年收支基数上加本年增减因素，以此确定本年各项预算收支，它按照管理要素的支出分为人员经费、业务费、设备消耗及材料费、差旅费等。由于基数增长法预算的编制依据首先是人头费，其次是单位日常开支需要的业务经费，因而几乎不存在效益的概念。每个机构的支出只能在上年基数的基础上增加，而不可能减少。只要管理者将支出保持在预算内，则为"良好"，而过多的节约预算，下年度的拨款将被削减，这种方法实际上就是承认以往既成事实的合理性，刺激浪费而不是节约。在卫生领域，中国财政预算是以床位和人员数为预算标准的，而不是以所提供的卫生服务项目的全部费用为依据，导致原来规模大的卫生机构得益多，今后也将长期得益；反之，原来得益少的，今后工作再好也不会多得益，造成预算资金分配上的"既得利益"、"苦乐不均"现象，不但不利于调动卫生事业单位的积极性[1]，也降低了卫生经费的使用效率。

为了解决基数增长法养人养机构的弊端，中国政府在 2002 年开始推行零基预算法。零基预算，也称项目预算，这种预算编制方法，在确定新年度财政支出预算时，不考虑当年各项支出的实际水平和历史状况，完全按照新的情况，对全部支出项目进行分析、审查、评价，根据财力可能和支出项目的重要程度，确定各个项目的支出数额。实行零基预算，通过对所有项目的开支进行评估，可有可无的开支将会缩减或者干脆取消，而重

---

① 王晓洁：《公共卫生支出的理论与实证分析》，人民大学博士学位论文 2006 年，第 169 页。

要的业务计划将会增加,这样有可能节省开支,合理分配资金和提高资金的使用效率。可见,零基预算既增强了预算分配的透明度,又保证了重要项目的支出,最大限度地发挥资金使用效益,提高了预算的科学性、规范性,弥补了传统预算的不足。

但我们认为,单纯的零基预算还不能很好地发挥对卫生支出效益的评估与控制功能,有必要在卫生部门内部引入绩效管理,通过确定绩效目标,发挥预算管理的导向功能。卫生支出的根本目的是要提供卫生服务,满足居民的健康需求,而绩效管理与绩效评估则是衡量政府支出是否满足公共需求的重要手段和尺度。在基于绩效导向的零基预算体系中,零基预算主要是作为计划的工具,绩效考核则主要发挥控制与评估的功能。

另外,要将卫生部门的预算与其工作绩效挂起钩来,建立正确的激励机制。在卫生部门进行以绩效导向的零基预算改革中,可以适当的增加卫生部门预算的灵活性,使其能根据卫生领域出现的一些新情况及时调整预算,并按照绩效评估的结果,按效率高低增减预算。这样可以激励卫生部门更好的提高预算资金的使用效率,以便今后争取更多的财政资金。

其次,在绩效管理制度下,健全医院补偿机制,提高财政补助的效率。

关于医院财政补助问题的争论由来已久。主要观点认为,医疗机构目前扭曲的行为背后最根本的原因在于,政府对医院的财政补助不够,因此必须健全医院的补偿机制,大幅提高政府对医院的财政支持力度,切断医院收入与其服务供给之间的关联,让医院回归公益性。而根据本书的研究结果,在目前市场经济蓬勃发展,医院经营高度自主化的今天,从生产效率的角度,政府对医院的财政补助并没有发挥任何的作用,因此,仅仅靠增加财政投入不是解决医疗问题的根本途径,过多的财政补助反而有可能成为低效率的源泉①。我们认为,健全公立医院的财政补偿机制,核心是要提高财政补助的绩效,高效地运用好投入。

而为了提高医院财政补助的效率,必须在医院自主化改革的同时建立和完善与之配套的措施,如建立公立医院的成本核算系统、合理的医院人力资源管理系统和薪酬系统,尤其要建立公立医院的绩效评估体系。要改

---

① 在计划经济时代,财政包揽了医院的盈亏,结果是人浮于事,效率极其低下。

革医院的财政补助方式，加强服务项目成本核算，建立以政府"购买服务"为主的补偿机制。政府对医院的经常性补助方面，比较合理的补偿方法应是根据救治人次多少来提供补偿。通过政府购买服务，按照服务量和工作绩效来进行补偿，体现促进效率的原则，这也是目前的国际趋势。因此，今后对公立卫生医疗机构的补助应在补助方式上进行变革，改革按人头的"定额拨款"为"定项拨款"，建立"养事不养人"的投入新机制。一是改变补助对象，从以机构为对象的补助转变到以任务为对象的补助，按承担任务多少给予补助；二是要改变补助方式，从补助人员经费为主转变到以补助业务工作经费为主；三是补助的项目应从综合项目补助转变到单项目补助，同时切实加强服务项目的成本核算，合理测算补助基数[①]。其次，对医院的财政补助一定要以医院的绩效评估为依据，根据其提供医疗服务的数量和效果指标，采取"后补制"的形式，有利于提高资金补助的实际效果。

再次，调整政府卫生支出的方向，确保目标人群真正从公共补助中获益，提高卫生服务公平性。

从经济学角度看，卫生领域的公共支出是政府履行的公共财政职能，通过这种社会福利再分配手段，能够达到缩小贫富差距、提高社会公平的目的。因此，公共卫生政策的制定和实施关系到社会福利在不同人群之间的配置状态，既可能促进公平，也可能有损于公平性目标的实现。从国际研究结果看，当前普遍存在的问题是政府卫生资金补助的主要受益者不是贫困人口，而是富裕人群。根据22个发展中国家和转型地区的综合研究结果，有13个地区是最富裕的20%人群享受政府补助程度超过最贫困的20%人群。非洲七国一项研究结果显示，政府医疗补助并没有很好地以穷人为目标，，政府卫生总补助的30%被最富裕的20%人群获得，最贫困的20%人群只从政府补助中受益12%。保加利亚和越南得出的结果也与此惊人地相似，20%最低收入组得到的政府补助份额大约为12%。根据第四章的分析，中国的卫生财政补助资金存在同样的问题，不但没有缩小差距，反而扩大了差距。同时，从卫生筹资上看，中国目前的卫生筹资模式总体上是累退的。

---

① 刘军明：《健全中国公立医院财政补偿机制——兼议公立医院实行"收支两条线"管理改革的可行性》，载《中国经济时报》。

为了实现卫生财政支出的公平性目标，我们认为，除了保证卫生财政支出与经济发展协调发展，提高卫生总费用中卫生财政支出的比例，大力发展社会医疗保险，降低个人现金支付比例，改善卫生筹资公平性外。在卫生支出方向上还应当强调以低收入人群和贫困人口作为公共卫生补助的重点目标人群，使有限的公共财政资金向低收入人群倾斜。为了能够做到这一点，以下几点措施是值得借鉴的[①]。

1. 卫生领域公共资金补助重点应向基层卫生机构倾斜。目前，中国卫生资源配置呈倒三角形，政府卫生事业补助经费主要流向城市医院，基层卫生机构和预防性服务在政府卫生支出中只占很小比例。实际生活中。高收入人群对城市医院利用比较多，而贫困人群却更多地利用基层卫生服务，导致富人对政府公共补助享受多，而穷人获益少的结果，与政府公共政策目标发生背离。为了让更多贫困人口受益，比较有效的对策是让政府公共补助更多、更有效地集中到主要被穷人利用的服务上，针对穷人利用较多的基层卫生机构给予更多的公共补助。一些发展中国家通过这种方式已经取得较好效果，如坦桑尼亚通过加强对基层服务的预算补助，使更多的穷人从中获益。

2. 采取"补需方"的方式对居民进行直接补助。目前，国际上比较有影响的经验是泰国的做法。泰国通过"低收入支持项目"给低收入人群提供免费医疗服务。20世纪90年代末，该项目已经覆盖了泰国20%的人口（其中大约有80%是真正的穷人）。由当地民政部官员签发身份卡，持卡人在政府卫生机构就医可以凭卡免交医疗费，这些费用由卫生部拨给卫生服务提供机构，占公共卫生预算的8%。还有一些高福利国家采取为低收入者购买保险的方法，如瑞士，由政府出资为低于特定收入标准的家庭购买医疗保险，这些居民利用卫生服务可以不支付或少支付费用。但是，采用这种补助模式对政府的管理和实施能力要求很高，操作相对复杂。目前中国正在实施的医疗特困救助就是政府对贫困居民采取的直接补助。

3. 政府开办平民医院，向贫困居民提供免费或低收费的医疗服务。设置专门为低收入人群提供服务的医疗机构，由政府对医院的运行和服务成本提供补助，为贫困人群提供价格合理的基本医疗和初级卫生保健服务。

---

① 参见张毓辉等《政府卫生公共支出的政策选择》，《卫生经济研究》2005年11月。

居民在利用这些服务时少付费或者不付费，可以减少或降低贫困居民卫生服务利用的经济障碍，这也是一种变相的直接补助形式。

最后，政府卫生支出应当向经济欠发达地区倾斜，获得更好的健康产出，并且能够有效地改善健康的地区差异。

根据第五章的分析结论，卫生财政支出对健康有积极的影响，但对经济欠发达的内陆省份的健康影响更大。所以，在均等化的转移支付的基础上，应当考虑向经济欠发达的地区适当倾斜，不仅可以获得高额的健康产出，而且可以更有效地改善健康的地区差异。

主要参考文献

一 中文部分

1. 艾德等著，黄列译：《经济、社会和文化权利》，中国社会科学出版社 2003 年版，第 194—218 页。

2. 卞鹰、孙强等：《不同性质医院服务效率差异分析》，《中国卫生资源》2001 年第 4 期。

3. 卞鹰等：《卫生经济改革对医院经济效率影响研究》，《中国卫生资源》2001 年第 4 期。

4. 邴媛媛、徐凌中、李延鹏：《卫生服务的效率及其测量》，《中华医院管理杂志》2001 年 5 月第 17 卷第 5 期，第 272—275 页。

5. 车刚、赵涛：《新型农村合作医疗对农村居民卫生服务利用公平性的影响研究》，《卫生软科学》2007 年第 2 期。

6. 陈洪海等：《中国卫生总费用与经济增长关系研究》，《预测》2005 年第 6 期。

7. 陈志兴等：《评价医院经济效益》，《中化医院管理杂志》1994 年第 12 期。

8. 代英姿：《医疗卫生需求与公共卫生支出》，《辽宁大学学报：哲社版》2005 年第 4 期。

9. 丁宁宁：《经济体制改革与中国的医疗卫生事业——中国医疗卫生体制变化的经济、政治、社会背景》，《中国发展论坛 中文版》第 7 卷增刊 1 期。

10. 杜乐勋、郑先荣：《中国医疗收费价格政策的演变与发展趋势》，http：//www. chinavalue. net/Article/Archive/2005/8/1/9038. html 2005 - 02 - 19。

11. 范雪瑾等：《杭州地区医疗市场结构与医院效率相关性分析》，

《中华医院管理杂志》2004 年第 7 期。

12. 方鹏骞、董四平、肖婧婧：《中国政府卫生投入的制度变迁与路径选择》，《武汉大学学报（哲社版）》2009 年第 2 期。

13. 方丽霖等：《新型农村合作医疗实施前后卫生服务利用公平性的比较研究》，《中国农村卫生事业管理》2006 年第 5 期。

14. 高梦滔：《美国健康经济学研究进展》，《经济学动态》2002 年第 8 期。

15. 高梦涛、王健：《中国卫生总费用、GDP 与个人付费》，《卫生经济研究》2005 年第 2 期。

16. 郭清、王小合等：《Lorenz 曲线和 Gini 系数在社区卫生服务资源配置公平性评价中的应用》，《中国卫生经济》2006 年第 1 期。

17. 国务院发展研究中心课题组：《对中国医疗卫生体制改革的评价与建议》，《中国发展评论》2005 年 1 期增刊。

18. 国务院发展研究中心课题组：《中国政府间转移支付制度的现状、问题与完善》，《经济要参》2005 年第 28 期。

19. 何平平：《中国卫生总费用增长因素研究》，《统计与信息论坛》2006 年第 1 期。

20. 何平、孟庆跃：《基于误差修正模型的卫生总费用与 GDP 的关系研究》，《中国卫生经济》2005 年第 9 期。

21. 胡鞍钢：《'一个中国、四个世界'分析地区发展差距》，《中国经济时报》2001 年 04 月 17 日。

22. 胡琳琳、胡鞍钢：《以人为本 投资健康——再论中国红冠经济与卫生健康》，《卫生经济研究》2004 年第 1 期。

23. 胡琳琳：《中国与收入相关的健康不平等实证研究》，《卫生经济研究》2005 年第 12 期。

24. 胡苏云：《健康与发展：中国医疗卫生制度的理论分析》，《社会科学》2005 年第 6 期。

25. 胡苏云：《公立医院补偿和运行机制分析：问题与对策》，《中国卫生经济》2006 年第 7 期。

26. 黄小平、方齐云：《中国财政卫生支出区域差异研究》，《中国卫生经济》2008 年第 4 期。

27. 金春林：《公立医疗机构补偿机制改革的思考》，《中国卫生资源》

2005 年 8 卷第 6 期。

28. 刘国恩：《卫生经济学的发展》，在 2001 年北京大学卫生经济论坛的发言。

29. 李斌：《卫生筹资公平性研究进展》，《中国卫生经济》2004 年第 2 期。

30. 李顺平、孟庆跃：《卫生服务公平性及其影响因素研究综述》，《中国卫生事业管理》2005 年第 3 期。

31. 李卫平等：《中国农村卫生保健的历史、现状与问题》，《管理世界》2003 年第 4 期。

32. 林皓等：《政府卫生投入与医院效率的变化》，《经济学家》2007 年第 2 期。

33. 刘琅、禹硕、于润吉：《财政对公立医院补助政策的演变及评价》，《卫生经济研究》2008 年 12 期，第 8—9 页。

34. 刘宝、胡善联：《收入相关的健康不平等的实证研究》，《卫生经济研究》2003 年第 1 期。

35. 刘军民：《重构政府与市场、政府层级间规范的卫生支出责任——关于中国医疗卫生体制改革的一个建议》，《中国经济时报》2005 年 9 月 9 日第 4 版。

36. 刘民权等：《中国的医疗卫生体制改革——市场失灵、公平性与政府职能》，《人类发展论坛》2006 年健康与发展国际研讨会。

37. 刘军民：《过度市场化与高度分权化：中国医疗卫生改革的双重误区》，《开放导报》2005 年第 10 期。

38. 刘军民：《健全公立医院补偿机制的对策》，《经济研究参考》2007 年第 24 期。

39. 刘琼莲：《中国基本公共卫生服务均等化的路径探讨》，《湖南行政学院学报》2010 年第 1 期。

40. 刘远立等：《论建立中国农村健康保障制度之必要性和相关政策问题（研究报告）》，《中国农村基本保障问题国际研讨会》2001 年 7 月 9 - 10 日。

41. 刘媛媛：《中国财政卫生支出路在何方》，《中国报道》2006 年第 1 期。

42. 雷海潮、刘新亮：《政府卫生支出的中外比较研究》，《中国卫生政策》2008 年 10 月第 1 卷第 1 期。

43. 孟庆跃、李仁中，等：《财政分权和公共卫生服务：山东省四县区结核病控制筹资分析》，《卫生经济研究》2003 年第 10 期。

44. 苗俊峰：《中国公共卫生支出规模与效应的分析》，《山东工商学院学报》2005 年第 4 期。

45. 那丽、任苒、赵郁馨：《政府卫生事业投入分析》，《中国卫生资源》2002 年第 6 期。

46. 庞瑞芝：《中国城市医院经营效率实证研究——基于 DEA 模型的两阶段分析》，《南开经济研究》2006 年第 4 期。

47. 孙健夫、要敬辉：《公共财政视角下中国医疗卫生支出分析》，《河北大学学报（哲学社会科学版）》2005 年第 3 期。

48. 孙菊：《公共卫生支出的发展效应分析》，《中国软科学》2003 年第 11 期。

49. 孙菊：《农村卫生改革：公共卫生的危机与转移支付研究》，《武汉大学学报（哲学社科版）》2004 年公共管理论丛。

50. 田文华、梁鸿：《卫生投入与卫生事业发展：从社会效率与目标考察》，《社会科学》2002 年第 1 期。

51. 万泉、赵郁馨等：《卫生筹资的垂直公平与累进研究》，《中国卫生经济》2003 年第 2 期。

52. 王丽敏、张晓波：《健康不平等及其成因分析》，《经济学（季刊）》第 2 卷第 2 期。

53. 王俊：《政府卫生支出的有效性、地区差异及其人口健康的改善》，《改革》2007 年第 11 期。

54. 王俊：《政府卫生支出规模研究》，《管理世界》2007 年第 2 期。

55. 王曲等：《健康的价值及其若干决定因素：文献综述》，《经济学（季刊）》2005 年 10 月，第 5 卷第 1 期。

56. 王绍光：《公共卫生的危机与转机》，《比较》2003 年第 7 辑。

57. 王小林、梅鸿：《中国预算制度与儿童教育卫生服务筹资》，研究报告 2006 年，第 98 页。

58. 王晓洁：《公共卫生支出的理论与实证分析》，人民大学博士学位论文，2006 年。

59. 汪洋、Shenglan Tang 等：《中国农村地区女孩健康的影响因素——

健康服务公平性的探讨》,《中国卫生事业管理》2001 年第 7 期, 第 434—437 页。

60. 徐金耀等:《医院相对效率的 DEA 方法》,《中化医院管理杂志》1995 年第 11 期。

61. 徐西林:《用 DEA 方法对医院作综合效益评价》,《中化医院管理杂志》1996 年第 6 期。

62. 薛明、汤胜蓝、高军:《中国农村地区妇产科、儿科医师分布的公平性分析》,《中国卫生资源》2003 年第 4 期, 第 184—186 页。

63. 余小平、孔志峰:《在中国实行绩效预算的设想》,《财政研究》2004 年第 2 期。

64. 姚有华、冯学山:《关于改善中国卫生服务公平性的思考》,《中国卫生资源》2004 年 1 期, 第 3—5 页。

65. 张静靖、毛正中等:《成都市下岗失业工人与在岗人员健康公平性比较》,《中国卫生事业管理》2003 年第 1 期, 第 12—13 页。

66. 张宁等:《应用 DEA 方法评测中国各地区健康生产效率》,《经济研究》2006 年第 7 期。

67. 张晓波:《中国教育和医疗卫生中的不平等问题》,《经济学（季刊)》2003 年 1 月, 第 2 卷第 2 期。

68. 张毓辉、赵郁馨等:《政府卫生公共支出的政策选择》,《卫生经济研究》2005 年第 11 期。

69. 赵郁馨、高广颖、杜乐勋:《中国卫生总费用发展变化趋势及其影响因素》,《卫生经济研究》2000 年第 1 期, 第 7—9 页。

70. 赵郁馨等:《2004 年中国卫生总费用测算结果与卫生筹资分析》,《中国卫生经济》2006 年第 3 期。

71. 赵郁馨、张毓辉等:《卫生服务公平性案例研究》,《中国卫生经济》2005 年 7 卷 24 期。

72. 赵忠:《健康卫生需求的理论和经验分析方法》,《世界经济》,2005 年第 4 期。

73. 郑建中、韩颖等:《山西省农村卫生资源公平性研究》,《山西医科大学学报》2002 年 33 (2)。

74. 周桦、刘彬:《论公共卫生最优支出策略》,《中央财经大学学报》2004 年第 5 期。

75. 朱玲:《健康投资与人力资本理论》,《经济学动态》2002 年 第 8 期。

76. 中国政府卫生支农资金的使用与管理课题组:《中国政府卫生支农资金的使用与管理研究报告》,卫生部卫生经济研究所,2002 年 5 月。

77. 中国卫生费用核算小组:《中国卫生总费用历史回顾和发展预测》,《卫生软科学》2000 年第 5 期。

78. Sen Amartya, K.:《以自由看世界(第 1 版)》,中国人民大学出版社 2002 年版。

79. Timothy Evans、Margaret Whitehead 等:《挑战健康不公平——从理念到行动》,内部翻译材料 2003 年。

80. 舍曼·富兰德、艾伦·C. 古德曼、迈伦·斯坦诺著,王健、孟庆跃译:《卫生经济学(第三版)》,中国人民大学出版社 2004 年版。

81. 何振一、阎坤:《中国财政支出结构改革》,社会科学文献出版社 2000 年版。

82. 胡庆康、杜莉:《现代公共财政学》,复旦大学出版社 2001 年版。

83. 黄佩华等:《中国:国家发展与地方财政》,中信出版社 2003 年版。

84. 孟庆跃、严非主编:《中国城市卫生服务公平与效率评价研究》,山东大学出版社 2005 年版。

85. 林毅夫、蔡昉、李周:《中国的奇迹:发展战略与经济改革》,上海三联书店、上海人民出版社 1994 版。

86. 林毅夫、蔡昉、李周:《充分信息与国有企业改革》,上海三联书店、上海人民出版社 1997 年版。

87. 尼古拉斯·巴尔等著,贺小波等译:《福利经济学的前沿问题》,中国税务出版社 2000 年版。

88. 尼古拉斯·巴尔著,郑秉文等译:《福利国家经济学》,中国劳动与社会保障出版社 2003 年版。

89. 饶克勤、刘新明主编:《国际医疗卫生体制改革与中国》,中国协和医科大学出版社 2007 年版。

90. 桑甲伊·普拉丹著,蒋洪等译:《公共支出分析的基本方法》,中国财政经济出版社 2000 年版。

91. 申书海:《财政支出效益评价》,中国财政经济出版社 2002 年版。

92. 史健、魏权龄:《DEA 方法在卫生经济学中的应用》,《数学的实践与认识》2004 年 4 月第 34 卷第 4 期,第 59—66 页。

93. 世界卫生组织：《宏观经济与卫生》，人民卫生出版社 2002 年版。

94. 世界银行：《1993 年世界发展报告——投资于健康》，中国财政经济出版社 1993 年版。

95. 约瑟夫·E. 斯蒂格利茨著，郭庆旺等译：《公共部门经济学（第三版）》，中国人民大学出版社 2005 年版。

96. 王雍君：《中国公共支出实证分析》，经济科学出版社 2000 年版。

97. 维克脱·R. 福克斯著，罗汉等译：《谁将生存？健康、经济学和社会选择》，上海人民出版社 2000 年版。

98. 卫生部统计信息中心：《中国卫生服务调查研究 第三次国家卫生服务调查分析报告》，中国协和医科大学出版社 2004 年版。

99. 王俊：《政府卫生支出有效机制的研究——系统模型与经验分析》，中国财政经济出版社 2007 年版。

100. 西奥多·舒尔茨：《对人进行投资——人口质量经济学》，首都经济贸易大学出版社 2002 年版。

101. 信亚东、郝谋等：《定量论证我国医院补偿机制的恶性循环结果》，《中华医院管理》1998 年第 1 期。

102. 徐曙娜：《公共支出过程中的信息不对称与制度约束》，中国财政经济出版社 2005 年版。

103. 雅偌什·科尔奈等著，罗淑锦译：《转轨中的福利、选择和一致性：东欧国家卫生部门改革》，中信出版社 2003 年版。

104. 张振忠主编，王禄生，杨宏伟副主编：《中国卫生费用核算报告》，人民卫生出版社 2009 年版。

105. 钟晓敏：《政府间财政转移支付论》，立信会计出版社 1998 年版。

106. 张桂香：《卫生总费用与政府卫生支出关系的动态计量分析》，《中国卫生经济》2009 年 8 月第 28 卷第 8 期（总第 318 期），第 13—15 页。

107. 赵亮、海闻、高广颖、魏炜：《预算软约束对国有医院体制改革的影响》，《中国医院管理》2006 年 6 月第 26 卷第 6 期（总第 299 期），第 12—13 页。

108. 张毓辉、陶四海、赵郁馨：《国内外政府卫生支出口径的异同及结果分析》，《中国卫生经济》2006 年 3 月第 25 卷第 3 期（总第 277 期）第 10—12 页。

109. 张仲芳：《国内外政府卫生支出测算方法口径及结果的比较研

究》,《统计研究》2008 年 4 月第 25 卷第 4 期，第 16—19 页。

110. 周旭东、赖瑞南:《国外卫生费用决定因素的研究进展》,《国外医学》（卫生经济分册）2006 年第 23 卷第 1 期（总第 89 期），第 2—5 页。

二　英文部分

1. Aday L. A. , Andersen R. M. : "A Framework for the Study of Access to Medicare", Health Services Research, 1974（9）: 208.

2. Adelman, Irma, : "An Econometric Analysis of Population Growth", American Economic Review, 1963, 53: 314 – 349.

3. Alia D. , Jaume P. Junoy: "Market Structure and Hospital Efficiency: Evaluating Potential Effects of Deregulation in A National Health Service", Review of Industrial Organization, 1998, 13: 447 – 466.

4. Anderson R. M. , Davidson P. L. : "Measuring Access and Trends. In Changing the U. S. Health Care System", Edited by Andersen R. M. , Rice T. H. , Kominski G. F. San Francisco: Jossey – Bass Publisher, 1996.

5. Andersen R. M. : "Behavioral Model of Families use of Health Services, Research Series No. 25 ," Chicago: Center for Health Administration Studies, University of Chicago, 1968.

6. Andersen, Ronald M. and John F. Newman: "Societal and Individual Determinants of Medical Care Utilization in the United States", Milbank Memorial Fund Quarterly Journal, 1973, 51: 95 – 124.

7. Anand S. , Kanbur Ravi S. M. : "Public Policy and Basic Needs Provision", The Political Economy of Hunger, Vol. 3. Oxford: Clarendon Press, 1991, 59 – 92.

8. Anand S. , Ravallion M. : "Human Development in Poor Countries: on the Role of Private Incomes and Public Service", The Journal of Economic Perspectives, 1993, 7 (1), 133 – 150.

9. Banker, R. D. , A. Charnes, and W. W. Cooper: "Some Models for Estimating Technical and Scale in Efficiencies in Data Envelopment Analysis", Management Science, 1984, 30, 1078 – 1092.

10. Barros, P. P. : "The Black – Box of Health Care Expenditure Growth

Determinants", Health Economics 1998, 7: 533 – 544.

11. Barro, Robert J. : "Health and Economic Growth, Program on Public Policy and Health", Health and Human Development Division, Pan American Health Organization, Washington, D. C. , 1993.

12. Barro, Robert J. : "Determinants of Economic Growth: A Cross – country Empirical Study", The MIT Press, Cambridge, Massachusetts, London, England, 1997.

13. Banister, J. , Zhang, X. : "China, Economic Development and Mortality Decline", World Development Vol. 33, No. 1, pp. 21 – 41, 2005.

14. Becker, Marshall H. and Lois A. Maiman: "Models of Health – Related Behavior," Handbook of Health, Health Care, and the Professions, Edited by Mechanic. New York: The Free Press. 1983, pp. 539 – 568.

15. Berger, M. , C. & Messer J. : "Public Financing of Health Expenditures, Insurance, and Health Outcomes", Applied Economics, 2003, 34, 2105 – 2113.

16. Behrman, J. R. , and Deolalikar: "Health and Nutrition", In: H. Chenery and T. N. Srinivasan, Eds, Handbook of Development Economics. Vol. 1. Amsterdam : Elsevier Science, North – Holland, 1988.

17. Berger, M. C. , Leigh, J. P. : "Schooling, Self – Selection, and Health" Journal of Human Resource, 1989, 24, 433 – 455.

18. Bhargava, A. , Jamison, D. T. , Lau, L. J. and Murray, C. J. L. : "Modeling the Effects of Health on Economic Growth", Journal of Health Economics, 2001, 20, 423 – 440.

19. Bidani, B. and M. Ravallion: "Decomposing Social Indicators Using Distributional Data", Journal of Econometrics, 1997. 77: pp. 125 – 139.

20. Black D. , Morris J. N. , Smith C. , Townsend P. : "Inequalities in Health (The Black Report)", In: Townsend P. , Whitehead M. , Davidson N. (eds), Inequalities in Health: The Black Report and The Health Divide. 2nd ed, London: Penguin, 1980.

21. Bloom, David E. ; Canning, David; Sevilla, Jaypee: "The Effect of Health on Economic Growth: Theory and Evidence", NBER Working Paper, 2001, 8587.

22. Bloom G. , Gu X. : "Health Sector Reform: Lessons From China", Social Science and Medicine Vol. 45, No. 3, pp. 351 – 361.

23. Burgess, Jr. J. F. , and P. W. Wilson: "Hospital Ownership and Technical Inefficiency", Management Science, 1996, 42 (1) : 110 – 123.

24. Caldwell, J. C. : "Routes to Low Mortality in Poor Countries", Population and Development Review 1986, 12 (2), 171 – 220.

25. Caldwell, J. C. : "Cultural and Social Factors Influencing Mortality Levels in Developing Countries", The Annals of the American Academy 1990, 510, 44 – 59.

26. Carrin, G. , Politi, C. : "Exploring the Health Impact of Economic Growth, Proverty Reduction, and Public Health Expenditure", Tijdschrift Voor Economicie En Management 1995, 40, 227 – 246.

27. Castro – Leal, F. ; Dayton, J. ; Demery, L. ; Mehra, K. : "Public Spending on Health Care in Africa: Do the Poor Benefit?", Bulletin of the World Health Organization, 2000, 78 (1), pp. 66 – 74.

28. Charnes, A. , W. W. Cooper, B. Golany, LoSeiford, and J. Stuty: "Foundations of Data Envelopment Analysis for Peroto Koopmans Efficient Empirical Production Functions ", Journal of Econometrics, 1985, 30, 81 – 107.

29. Charnes, A. , W. W. Cooper, and E. Rhodes: "Measuring the Efficiency of Decision Making Units", European Journal of Operational Research, 1978, 2, 429 – 444.

30. Claeson, et al. : "Health, Nutrition and Population", Poverty Reduction Strategy Paper Source Book, World Bank Editor, 2001, The World Bank: Washington D. C. .

31. Clemente, Carmen Marcuello, Antonio Montaes & Fernando Pueyo: "On the International Stability of Health Care Expenditure Functions: are Government and Private Functions Similar ?", Journal of Health Economics, 2004, Volume 23, Issue 3, May: 589 – 613.

32. Contoyannis, P. & P. Forster: "The Distribution of Health: A Theoretical Framework", Journal of Health Economics, 1999, 18, 605 – 622.

33. Culyer, A. J. : "Health Expenditures in Canada: Myth and Reality; Past and Future", Canadian Tax Paper, No. 82 (Canadian Tax Foundation,

Toronto), 1988.

34. Culyer, A. J. : "Cost Containment in Europe", Health Care Financing Review (Annual Supplement), 1989, 21 – 32.

35. Demery, L. , Walton, M. : "Are Proverty Reduction and Other 21st Century Social Goals Attainable?" World Bank, Washington D. C. , 1998.

36. Deolalikar, A. B. : "Government Health Spending in Indonesia: Impacts on Children in Different Economic Groups", In: Public Spending and the Poor: Theory and Evidence, van de Walle, D. ; Nead, K. (eds), Johns Hopkins University Press: Baltimore, 1995.

37. Dittman D. A. , Capettini R. , Morey R. C. : "Measuring Efficiency in Acute Care Hospitals: An Application of Data Envelopment Analysis", Health Human Resource Administation, 1991, 14 (1): 89 – 108.

38. Eckaus, R. S. : "Some Consequence of Fiscal Reliance on Extrabudgetary Revenues in China", China Economic Review 2003, 14: 72 – 88.

39. Eggleston, K. et al. : "Soft Budget Constraints in China: Evidence From the Guangdong Hospital Industry", International Journalof Health Care Finance and Economics, 2009, 9: 233 – 242.

40. Ehrlich, Isaac & Francis, T. Lui: "Intergenerational Trade, Longevity, and Economic Growth", Journal of Political Economy, 1991, 99, 5 (October), 1029 – 1059.

41. Feldstein, P. : "Health Care Economics (Sixth Edition)", Thomson Delmar Learning, 2005.

42. Filmer, D. , & Pritchett. : "Child Mortality and Public Spending on Health : How Much Does Money Matter?" Policy Research Working Paper No. 1864, World Bank, Washington D. C. , 1997.

43. Filmer, D. , Pritchett, L. : "The Impact of Public Spending on Health: Does Money Matter? " Social Science & Medicine, 1999, 49, 1309 – 1323.

44. Filmer, D. , Hammer, Jeffrey; Pritchett, Lant: "Health Policy in Poor Countries: Weak Links in the Chain", The World Bank Policy Research Working Paper Series, No. 1874, 1999.

45. Filmer, D. , Hammer, Jeffrey; Pritchett, Lant: "Weak Links in the

Chain: A Diagnosis of Health Policy in Poor Countries", The World Bank Research Observer, 2000, Vol. 15, No. 2, pp. 199 – 224.

46. Finkler, Wirtschafter D. D. : "Cost – effectiveness and Data Envelopment Analysis", Health Care Manage Rew, 1993. 8 (3): 81 – 88.

47. Fogel, R. W. : "New Sources and New Techniques for the Study of secular Trends in Nutritional Status, Health, Mortality, and the Process of Aging", National Bureau of Economic Research Working Paper Series on Historical Factors and Long Run Growth: 1991, 26, May .

48. Fogel, R. W. : "Economic Growth, Population Theory, and Physiology: The Bearing of Long – Term Processes on the Making of Economic Policy", American Economic Review, 1994 (a), Vol. 84 (3), pp. 369 – 395.

49. Fogel, R. W. : "The Relevance of Malthus for the Study of Mortality Today: Long Run Influences on Health, Morality, Labour Force Participation, and Population Growth", In: Lindahl Kiessling, Kerstin; Landberg, Hans, eds. Population, Economic Development, and the Environment, 1994 (b) .

50. Foreman S. E. , Yu L. C. , Barley D. , et al. : "Use of Health Services by Chinese Elderly in Beijing", Medical Care. 1998; 36 (8): 1265 – 1282.

51. Fuchs, Vitor R. : "Some Economic Aspects of Mortality in the United States, Mimeographed", New York: National Bureau of Economic Research, 1965.

52. Fuchs, Vitor R. : Who Shall Live? New York: Basic Books, Inc. , 1974.

53. Gbsemete, K. , and U. G. Gerdtham: "The Determinants of Health Expenditure in Africa: A Crosssectional Study", World Development 1992, 20: 303 – 308.

54. Gerdtham, U. – G. , J. Sdgaard, F. Andersson and B. Jinsson (1992a), "Econometric Analysis of Health Expenditure: A Cross – sectional Study of the OECD Countries", Journal of Health Economics 11: 63 – 84.

55. Gerdtham, U. – G. , J. Sdgaard, B. Jnsson and E. Andersson: "A Pooled Cross – Section Analysis of the Health Expenditure of the OECD Countries", In: P. Zweifel and H. Frech, eds. , Health Economics Worldwide, Kluwer Academic

Publishers, Dordrecht. 1992 (b).

56. Gerdtham, U. – G. , B. Jdnsson, M. MacFarlan and H. Oxley: The Determinants of Health Expenditurein the OECD Countries: In: P. Zweifel, ed. , Health, The Medical Profession, and Regulation, Kluwer Academic Publishers, Dordrecht, 1998.

57. Gerdtham, U. – G. , J. Sgaard, F. Andersson and B. Jnsson: Econometric Analyses of Health Careexpenditures: A Cross – Section Study of the OECD Countries: Center for Medical Technology Assessment (CMT) 1988: 9, University of Link/ping, Sweden.

58. Gottschalk P. , Wolfe B. , Haveman R. : "Health Care Financing in the U. S. , U. K. , and Netherlands: Distributional Consequences", In: Chiancone A. , Messere K. (EDS), Changes in Revenue Structures. Detriot: Wayne State University Press, 1989, pp. 351 – 373.

59. Grigoriou, C. , Guillaumont, P. , and Yang, W. : "Child Mortality Under Chinese Reform", China Economic Review, 2005, 16: 441 – 464.

60. Grosskoph, S. and V. Valdmanis: "Measuring Performance: A Non – Parametric Approach", Journal of Health Economics, 1987, (6): 89 – 107.

61. Grossman, M. : "The Demand of Health: A Theoretical and Empirical Investigation", National Bureau of Economic Research, New York. 1972.

62. Grossman, M. : "On the Concept of Health Capital and the Demand of Health", The Journal of Political Economy, 1972, Vol. 80, No. 2, 223 – 255.

63. Gupta, Sanjeev; Verhoeven, Marijn; Tiongson, Erwin, R. : "Public Spending on Health Care and the Poor", Health Economics, 2003, 12: 685 – 696.

64. Hadley J. : "More Medical Care, Better Health?" Urban Institute: Washington D. C. , 1982.

65. Hill, A. M. , King, E. : "Women's Education in the Third World: An Overview", In: King, E. , Hill, M. A. , Women's Education in Developing Countries: Barriers, Benefits and Policy, John Hopkins Press, Baltimore, 1992, pp. 1 – 50.

66. Hitiris, T. , and J. Posnett: "The Determinants and Effects of Health Ex-

penditure in Developed Countries", Journal of Health Economics 1992, 11: 173 – 181.

67. Hobcraft, J. : "Women's Education, Child Welfare and Child Survival: A Review of Evidence", Health Transition Review: The Cultural, Social and Behavioral Determinants of Health, 1993, 3, 159 – 175.

68. Hsiao, W. , C. L. : "The Chinese Health Care System: Lessons for other Nations", Social Science and Medicine 1995, Vol. 41, No. 8, pp. 1047 – 1055.

69. Jamison, Dean T. , Lau, Lawrence, J. : "Health's Contribution to Economic Growth in an Environment of Partially Endogenous Technical Progress", DCPP Working Paper, 2003.

70. Kakwani, N. , Wagstaff, A. , Van Doorslaer, E. : "Socioeconomic Inequalities in Health: Measurement, Computation, and Statistical Inference", Journal of Econometrics, 1997, 77, 87 – 103.

71. Keckel, D. S. : "Health Behavior, Health Knowledge and Schooling", Journal of Political Economy, 1991, 99, 287 – 305.

72. Kleiman, E. : "The Determinants of National Outlay on Health", In: M. Perlman, ed. , The Economics of Health and Medical Care, Macmillan, London and Basingstoke, 1974.

73. Kornai, J. : Economics of Shortage. Amsterdam, Elsevier North Holland. 1980.

74. Kornai, J. : The Softness of Budget Constraint. Kyklos, 1986.

75. Le Grand, D. S. : "Inequalities in Health: Some International Comparisons", European Economic Review, 1987, 31, 182 – 91.

76. Le Grand J. , Rabin M. : "Trends in British Health Inequality: 1931 – 1983", In: Culyer A J. , Jonsson B. (eds.), Public and Private Health Service. Oxford: Blackwell. 1986.

77. Leu, R. E. : "The Public – Private Mix and International Health Care costs", In: A. J. Culyer and B. Jnsson, eds. , Public and Private Health Services, Basil Blackwell, Oxford, 1986.

78. Limin Wang: "Determinants of Child Mortality in LDCs, Empirical Findings From Demographic and Health Surveys", Health Policy 2003, 65:

277 - 299.

79. Luoma K, Jarvio ML, et al. : "Financial Incentives and Productive Efficiency in Finnish Health Centers", Health Economics, 1996, Vol. 5: 435 - 445.

80. Mechanic, David: "Correlates of Physician Utilization: Why do Multivariate Studies of Physician Utilization Find Trivial Psychosocial and Organizational Effects?" Journal of Healthand Social Behavior 1979, 20: 387 - 96.

81. McKeown Thomas: The Modern Rise of Population, New York: Academic Press, 1976.

82. McKinlay, John B, McKinlay Sonja M. : "The Questionable Contribution of Medical Measures to the Decline of Mortality in the United States in the Twentieth Century", Milbank Memorial Fund Quarterly/Health and Society 1977, 55: 405 - 428.

83. Mark C. Berger, Jodi Messer: "Public Health of Health Expenditures, insurance, and Health Outcomes", Applied Economics, 2002, 34: 2105 - 2113.

84. Maxwell, R. J. : Health and Wealth, Lexington Books, Lexington, 1981.

85. Mayer, Susan, E. & Sarin, Ankur: "Some Mechanisms Liking Economic Inequality and Infant Mortality", Social Science & Medicine, 2005, 60: 439 - 455.

86. Murray, C. J. , Yang, G. , & Qiao, X. : "Adule Mortality: Levels, patterns, and Causes ", In R. G. A. Feachem, M. Philips, T. Kjellstrom, C. Murry, & M. Over (eds.), The Health of Adult in the Developing World. (pp. 23 - 110) . New York, NY: Oxford University Press. 1992.

87. Musgrove, P. : "Public and Private Roles in Health: Theory and Financing Patterns", World Bank Discussion Paper No. 339, Washington, D. C. , 1996.

88. Newhopuse, J. P. , Freidlander, L. J. : " The Relationship Between Medical Resources and Measures of Health: Some Additional Evidence", Journal of Human Resource, 1980, 15, 200 - 18.

89. Newhouse, J. P. : "Medical Care Expenditure: A Cross - National Survey", Journal of Human Resources 1977, 12: 115 - 125.

90. Nolan B. , Turbat V. : "Cost Recovery in Public Health Services in Sub – Saharn Africa", Mimeography. Washington, D. C. : Economic Development Institute, Human Resource Division, World Bank. 1993.

91. OECD : "Financing and Delivering Health Care: A Comparative Analysis of 72. OECD Countries", OECD Social Policy, No. 4 (OECD, Paris), 1987.

92. Ozcan Yasar A. , Michael J. McCue, Okasha A. A. : "Measuring Thetechnical Efficiency of Psychiatric Hospitals", Journal of Medical Systems, 1996, 20 (3): 141 – 150.

93. Parkin, D. , A. McGuire and B. Yule:"Aggregate Health Expenditures and National Income: is Health Care a Luxury Good?" Journal of Health Economics 1987, 6: 109 – 127.

94. Paul Hansen, Alan King: "The Determinants of Health Expenditure: A Cointegration Approach", Journal of Health Economics 1996, 15: 127 – 137.

95. Pfaff, M. : "Differences in Health Care Spending Across Countries: statistical Evidence", Journal of Politics and Law 1990, 15: 1 – 67.

96. Pierre – yves Cremieux, Pierre Ouellette, Caroline Pilon: "Health Care Spending as Determinants of Health Outcomes", Health Economics, 1999, 8: 627 – 639.

97. Roberts, J. : "Sensitivity of Elasticity Estimates for OECD Health Care Spending: Analysis of a Dynamic Heterogeneous Data Field", Paper Prepared for the Seventh European Workshop of Econometrics and Health Economics, STAKES, Helsinki, Finland, 9 – 12 September 1998.

98. Roberts, J. : "Spurious Regression Problems in the Determinants of Health Care Expenditure: A Comment on Hitiris", Applied Economics Letters, forthcoming, 1998.

99. Rundall T. G. , Wheeler J. R. : "Factors Associated with Utilization of the Swine Flue Vaccination Program Among Senior Citizens in Tompkins County", Medical Care. 1979; 17: 191.

100. Sahn, D. E. : "Public Expenditures in Sub – Saharan Africa During a Period of Economic Reforms", World Development 1992, 20: 673 – 693.

101. Sanjeev Gupta, Marijn Verhoeven: "The Effectiveness of Government Spending on Education and Health Care in Developing and Transition Econo-mies", European Journal of Political Economy 2002, Vol. 18: 717 – 737.

102. Sanjeev Gupta, Marijn Verhoeven and Erwin. R. Tiongson: "Public Spending on Health Care and the Poor", Health Economics 2003, 12: 685 – 696.

103. Schultz, T. P. : "Mortality Decline in the Low Income World: Causes and Consequences", Economic Growth Center Discussion Paper No. 681, Yale University, New Haven, CT. 1993.

104. Self S. & Grabowski R. : "How Effective is Public Health Expenditure in Improving Overall Health? Across – Country Analysis", Applied Economicc, 2003, 35: 835 – 845.

105. Sen, Amartya, K. : Development as Freedom, New York: Alfred A. Knopf, Inc. 1999.

106. Sexton T, Leilean A: "Evaluation Managenial Efficiency of Veterans Administration Medical Centers Using Data Envelopment Analysis", Med Care 1989, 12: 1125 – 1188.

107. Sherman H David: "Hospital Efficiency Measurement and Evaluation: Empirical Test of a New Technique", Medical Care, 1984, 22 (10): 922 – 938.

108. Sickles, Roobin C. , Abdo Yazbeck: "On the Dynamics of Demand for Leisure and the Production of Health", Journal of Business & Economics Sta-tistics 1998, 16: 187 – 197.

109. Tanner, James L. , William C. Cockerham, Joe L. Spaeth: "Predic-ting Physician Utilization", Medical Care 1983, 21: 360 – 369.

110. Tanzi, V. & Schuknecht, L. : "Reconsidering the Fiscal Role of Gov-ernment: The International Perspective", American Economic Review, 1997, 87 (2), 164 – 168.

111. Valdmanis Vivian Grace: "Ownership and Technical Efficiency of Hospitals", Medical Care, 1990, 28 (6) .

112. Valdmanis Vivian Grace: "Sensitivity Analysis for DEA Models: An Empirical Example Using Public Versus NFP Hospitals", Journal of Public Eco-nomics, 1992, 48 (2) .

113. Wang, L. : "Health Outcomes in Poor Countries and Policy Options: A Summary of Empirical Findings From DHS Data", Mimeo, World Bank, Washington, D. C. , 2001.

114. Whitehead M. : "The Concepts and Principles of Equity and Health", International Journal of Health Services. 1992, 22 (3): 429 – 445.

115. World Bank : "Philippines: Public Expenditure Management for Sustained and Equitable Growth", World Bank Report, No. 14680 – PH, Washington D. C. , 1995.

116. Wagstaff, A. : "Child Health on a Dollar a Day: Some Tentative Cross – Country Comparisons", Social Science and Medicine, 2003, 57 (9): 1529 – 1538.

117. Wagstaff, A. , Paci, P. , van Doorslaer, E. : "On the Measurement of Inequalities in Health", Social Science & Medicine 1991, 33: 545 – 557.

118. Wagstaff, A. : "Inequityin Health in Developing Countries : Swimming Against the Dide?" World Bank, Policy Working Paper 2795, 2001.

119. Wagstaff, A. : "Poverty and Health Paper ", Presented to the World Health Organization Commission on Macroeconomics and Health, 2001.

120. Wagstaff A. , van Doorslaer E. : "Equity in the Finance of Health Care : Methods and Findings", In: Wagstaff A. , van Doorslaer E. , Rutten F. , Equity in the Finance and Delivery of Health Care : An International Perspective, New York: Oxford University Press, pp. 20 – 49.

121. Wilkinson, R. G. : Unhealthy Society: the Affections of Inequity, London: Routledge, 1996.

122. Wolfe, B. : "Health Status and Medical Expenditures: Is There a Link? " Social Science and Medicine, 1986, 22 (10): 993 – 999.

123. Wolfson, M. , Rowe, G. Gentleman, J. & Tomiak. M. : "Career Earnings and Death: A Longitudinal Analysis of Older Cavadian Men", Journal of Gerontology, 1993, 48: 167 – 179.

124. Wong, C. P. : Financing Local Government in the People's Republic of China, Oxford University Press, Hong Kong. 1997, pp. 249 – 259.

致　谢

本书是在本人博士论文的基础上完成的，本书能够最终完稿并得以出版，我要感谢很多老师的帮助、支持和关心。首先是我的博士生导师——中国人民大学的李珍教授。2002年我考入李珍教授门下，李老师严谨的治学精神、高尚的人格魅力和智慧的思想一直影响、教育和鼓励着我，她不仅是我学习的榜样，在我心中，她还代表一种力量和精神。我还要感谢我的硕士导师，武汉大学经济与管理学院的王冰教授，他严谨治学的精神和对学生的爱护一直在感染着我。从1997年至今的13年中，与他的每一次谈话都传递给了我很多的鼓励，使我平添了很多自信和努力向前的动力。从他们的身上，我明白了老师究竟是因为什么而优秀，究竟是因为什么而赢得学生一生的尊敬和爱。

我还要感谢我所在的武汉大学政治与公共管理学院的领导以及公共管理一级学科的教授们，他们亲贤爱才，奖掖后人的精神将激励我不断进取。我还要感谢那些一直关心、帮助和鼓励我的同事们。尤其是我的两位师姐兼同事：吴湘玲教授和刘志英副教授，一直以来，她们以别样的方式在默默地关心、帮助和支持着我，想到能与她们一起学习和工作，心中感到无限的温暖和无比的快乐。

我还要感谢参加我博士论文匿名评审和答辩的专家学者们，感谢你们提出很多中肯且宝贵的意见和建议。我还要感谢卫生经济学界卫生财政相关研究领域的前辈和学者们，虽然我与你们当中很多人是素未谋面，但你们卓有成效的研究给了我很多启发，让我受益匪浅。在此一并表示感谢！

最后，我要表达对家人深深的感谢，因为家是个人前进的动力和力量的源泉，尤其是对女人。我要感谢我的丈夫，他是我的精神支柱。在博士论文写作阶段，他在自己繁重的工作任务之外，还要承担大量的家庭琐事。他的理解、支持和关心让我更深地理解了家庭和爱情的含义。我也想在这里告诉我的儿子，为了工作和学习，我没有能够时刻陪伴在他的左右，分享他每一点成长的快乐。我对他心怀愧疚。不过我想他会明白，我对他是无比热爱的。

再次深深地感谢所有帮助和关心过我的人，谢谢你们！